Heide Rieck | Azat Ordukhanyan (Hrsg.)

Wurzeln in der Luft

Im Gedenken an die Opfer des jungtürkischen und kemalistischen Völkermordes an den Armeniern, Griechen und Assyrern/Aramäern

INHALT

Roy Knocke: Der Genozid an den Armeniern 9
Heide Rieck: Ein Wort voraus 15

Stepan Gantralyan: Geschichten, Geschichten 21
Taguhi Hovsepyan: Meine Uroma, meine Schnorhik 26
Karen Gasparyan: Ich will jetzt endlich von meinem Großvater
erzählen 29
Muriel Mirak-Weißbach: Meine Familiengeschichte 32
Catherine Claude: Ein Brief 42
G. H. Chopourian: Sechs Tage von vielen 44
Arman Toghanyan: So starb sie 52
Aleksan Louis Ermazyan: Die Irrfahrten des Aleksan Ermazyan 54
Azat Ordukhanyan: Das Salz aus Kochb ist sehr süß 58
Lusin Arshaluys Bakircian-Dolas: Kein Wiegenlied in der
Muttersprache 67
Hasmik Martirosyan: Karot 70
Jaklin Tumak: Meine Großeltern 74
Krikor Beledian: Fragment Vater 80
Krikor Beledian: Gestürzte Lande, Gedicht 83
Saruhi Stamboltsyan: Einer für alle 88
Muriel Mirak-Weißbach: Die Steine werden aufschreien 93
Hrant Gyulasaryan: und es kommt ein Tag mit der Stunde der Erlösung...... 106
Anastasia Kasapidou-Dick: Du bist gekommen, mein Poulopom,
mein Küken 112
Efstathios Christoforidis: Was unsere Augen gesehen haben 145
Abdulmesih BarAbraham: Was empfinden die Nachfahren der
assyrischen Opfer des Genozids? 152
Barbaros Altuğ: Meine Heimat ist die Sprache meiner
Kindheitsträume.. 163
Sevgi Güleryüz: Haci Amca – Onkel Haci 166
Ali Ertem: Die Sprache die die Berge trägt 173
Janine Altounian: Meine drei Diwane 182
Tessa Hofmann: Vom Suchen und Finden (m)eines Lebensthemas 194

Literatur- und Medienliste 217
Autoren- und Autorinnenverzeichnis 225

Roy Knocke (Lepsiushaus Potsdam)

Der Genozid an den Armeniern

Die hier versammelten Beiträge thematisieren, meist in sehr persönlichen Zugängen, ein großes Menschheitsverbrechen, das noch vor der Schoah und anderen Gewaltverbrechen im 20. Jahrhundert stattfand. Die Sachverhalte waren schon den Zeitgenossen im Wilhelminischen Kaiserreich gut bekannt. So schreibt der deutsche Botschafter in Konstantinopel, Wangenheim, am 7. Juli 1915 an Reichskanzler Bethmann Hollweg über die Ziele der jungtürkischen Regierung, sie verfolge nach seiner Kenntnis der Dinge „tatsächlich den Zweck (...), die armenische Rasse im türkischen Reiche zu vernichten."[1] Das war eine klare Aussage, und sie zeigt, dass die Reichsregierung schon früh wusste, dass sich hier ein Völkermord vollzog. Eine Anfrage Karl Liebknechts im Reichstag im Januar 1916 über die „Ausrottung der türkischen Armenier"[2] blieb wegen der Kriegsbündnispartnerschaft zwischen dem Deutschen und Osmanischen Reich folgenlos. Die wichtigste Debatte in einem deutschen Parlament fand allerdings erst hundert Jahre später statt: 2016 verabschiedete der Deutsche Bundestag nach langen Vorläufen eine Resolution, in der die Verbrechen an den Armeniern im Osmanischen Reich eindeutig und unmissverständlich als „Völkermord" bezeichnet werden.[3]

In der historischen Forschung wird der Genozid an den Armeniern im Osmanischen Reich als „Prototyp der Genozide des 20. Jahrhunderts" charakterisiert. Im Ersten Weltkrieg wurde eine nationalistisch-rassistische Bevölkerungspolitik unter der Ein-Parteien-Diktatur des jungtürkischen „Komitees für Einheit und Fortschritt"[4] umgesetzt, die über eine Million Opfer forderte.

Aufgrund der anhaltenden staatlichen Leugnungspolitik der Republik der Türkei und ihrer wissenschaftlichen Einrichtungen war und ist die Vernichtung der Armenier immer wieder Gegenstand von revisionistischen Debatten. Ein Blick

---

[1] Politisches Archiv des Auswärtigen Amts, PA-AA/R14086; A 21257, pr. 12.7.1915 p.m.
[2] Politisches Archiv des Auswärtigen Amts, PA-AA/R14089.
[3] Deutscher Bundestag, 18. Wahlperiode, Drucksache 18/8613.
[4] Zur Struktur des jungtürkischen Regimes siehe Zürcher, Erik-Jan: *Jungtürkische Entscheidungsmuster 1913-1915*, in: Hosfeld, Rolf/Pschichholz, Christin (Hrsg.), Das Deutsche Reich und der Völkermord an den Armeniern, Göttingen 2017, S. 81-105.

in die historische Forschung der letzten vier Jahrzehnte lässt jegliche Umdeutungsversuche jedoch souverän hinter sich. Historiografisch zeigt sich durch eine quellengestützte Ereignisgeschichtsforschung – ähnlich wie in der frühen Holocaust-Forschung – eine Verschiebung von einer stark intentionalen Interpretation des Genozids[5] zu der Erforschung einer kumulativen Radikalisierung der jungtürkischen Eliten.[6] Verengten erstere Ansätze stark auf ideologische Faktoren, wie beispielsweise die Rolle der Religion (türkische Muslime gegen armenische Christen), so erweitern zweitere die Sicht auf eine sich gegenseitig radikalisierende spätosmanische Gesellschaft, ihre Institutionen und Entscheidungsträger. Welche Entscheidungsprozesse führten zum Genozid und wie ist er durchgeführt worden?

Als sich im Jahr 1908 im Osmanischen Reich durch eine Revolution ein politischer Machtwechsel abzeichnete, erschienen diese Tage „wie ein europäisches Wetterleuchten im Orient"[7]. Durch die Einführung eines konstitutionellen Systems hoffte das „Komitee für Einheit und Fortschritt" den Niedergang des Osmanischen Reiches aufhalten zu können. Hervorgegangen aus der Unzufriedenheit mit der theokratischen Regierung des Sultans Abdul Hamids II., entstanden in den 1890er Jahren verschiedene, im Geheimen operierende Gruppen, die sich als politische Avantgarde gegen ein verkrustetes System sahen.[8] Was anfangs wie ein liberaler politischer Wechsel aussah, war de facto der Weg zu einer Ein-Parteien-Diktatur, die Gewalt als politisches Mittel auch in der Innenpolitik für legitim hielt. Damit stand im 20. Jahrhundert erstmals ein revolutionäres Komitee an der Spitze eines Großreichs. Nach der Revolution lag die Macht offiziell beim Parlament, welches aber vom Komitee als eine Art

---

[5] So Dadrian, Vahakn N.: *The History of the Armenian Genocide. Ethnic Conflict from the Balkans to Anatolia and the Caucasus*, Oxford 1995.

[6] Unter anderem: Hosfeld, Rolf: *Tod in der Wüste. Der Völkermord an den Armeniern*, München 2015; Hilmar Kaiser: *Genocide at the Twilight of the Ottoman Empire*, in Bloxham, Donald/Moses, A. Dirk (Hrsg.), The Oxford Handbook of Genocide Studies, Oxford 2010, S. 365-385.

[7] Hosfeld 2015, S. 63.

[8] Hanioğlu, M. Şükrü: *The Young Turks in Opposition*, Oxford 1995, S. 18

„Nebenregierung"[9] kontrolliert wurde. Ab 1913 setzte sich der ultranationalistische Flügel des Komitees vollends mit einem Staatsstreich durch, und eine Melange aus türkischer Ethnisierung („Einheit") und säkularer Modernisierung („Fortschritt") sollte das Osmanische Reich zu neuer Größe führen. Ethnisch-nationale Homogenisierungsfantasien und existentielle Bedrohungsszenarien beherrschten das Denken des Komitees. Dass die nichttürkischen Nationalitäten im Osmanischen Reich dabei als Gefahr für die innere Sicherheit angesehen wurden, zeigte sich bereits in den Reaktionen und Handlungsmustern während der Balkankriege 1912 – 1913. Militärische Niederlagen gegen eine Koalition der Balkan-Staaten hatten den Verlust der Gebiete Mazedonien, Epirus, Kosovo und West-Thrakien zur Folge. Hunderttausende Muslime flüchteten in das Osmanische Reich.[10] Das Komitee reagierte mit einer Verschränkung von Untergangsstimmung und politisch-ideologisch ausgerichteter gewaltsamer Bevölkerungspolitik gegen die griechische und bulgarische Bevölkerung der Ägäis-Küste und Thraziens. Sie wurde vertrieben und ihr Besitz konfisziert. Auch die armenische Bevölkerung in der Nähe der Ostgrenze geriet – nach einer langen Vorgeschichte von Verfolgung und Massakern – als möglicher Kollaborateur mit dem potenziellen Feind Russland in den Blick des Komitees. Die ursprünglich als politische Propaganda- und Guerillatruppe eingerichtete „Spezialorganisation" (Teşkilât-ı Mahsusa)[11] wurde vorsorglich vergrößert und ein Hauptquartier weit im Osten in Erzurum eingerichtet. Im Armenischen Hochland, das als historische Landschaft den Osten der heutigen Türkei, die heutige Republik Armenien und Gebiete Georgiens und des Irans umfasst, lebten die meisten Armenier. Das Komitee wollte so gegen jeden imaginierten, vermeintlichen „inneren Feind" vorbereitet sein, der allerdings, analog zu einem Diktum Theodor W. Adornos über den Antisemitismus, nur als zum großen Teil bewusst produziertes Gerücht

---

[9] So die treffende Einschätzung des Theologen und Humanisten Johannes Lepsius in Lepsius, Johannes: *Bericht über die Lage des Armenischen Volkes in der Türkei*, Potsdam 1916, S. 158.

[10] Zu den Zahlen siehe Kaiser, S. 369 ff.

[11] Vgl. Kévorkian, Raymond: *The Armenian Genocide. A Complete History*, London 2011, S. 217-223 und Özel, Oktay: *The Role of Teşkilât-ı Mahsusa (Special Organization) in the Armenian Genocide*, in: Pschichholz, Christin (Hrsg.): The First World War as a Caesura? Demographic Concepts, Population Policy, Genocide in late Ottoman, Russian, and Hapsburg spheres, Berlin 2020, im Erscheinen.

über die Armenier Realität besaß. Dieses irreguläre politisch-militärische Kommando, das direkt dem Zentralkomitee des Komitees unterstellt war, spielte später eine tragende Rolle beim Genozid an den Armeniern.

Die politischen Eliten der Armenier versuchten seit der Revolution ihre auf dem Berliner Kongress 1878 garantieren Rechte zu sichern. Seit Ende des 19. Jahrhunderts hatte der fortschreitende Zerfall des Osmanischen Reiches (Staatsbankrott 1875, Niederlage im Krieg gegen Russland 1877/78) zu einem erhöhten Interesse der europäischen Mächte und Russlands an der Entwicklung des Reiches geführt. Auf dem Berliner Kongress erfolgte die Aufnahme der Armenier in das europäische Konzert, was unter ihnen zu großen Erwartungen führte. Das Osmanische Reich musste sich verpflichten, „ohne weiteren Zeitverlust die Verbesserungen und Reformen ins Leben zu rufen, welche die örtlichen Bedürfnisse in den von den Armeniern bewohnten Provinzen erfordern".[12] Die Reformen wurden jedoch nie umgesetzt. Sultan Abdul Hamid II. reagierte in den Jahren 1894 – 1896 mit Massakern an 90.000 – 150.000 Armeniern.[13] Erst ab 1912 kam wieder Bewegung in das Reformprojekt. Am 8. Februar 1914 wurde unter der Federführung Russlands ein „Armenischer Reformplan" unterzeichnet, der internationale Beobachter zur Durchsetzung der Reformen vorsah. Spätestens nach dieser Vereinbarung galten die Armenier als „fünfte Kolonne" der europäischen Großmächte. Nur wenige Monate später begann der Erste Weltkrieg und der Reformplan wurde aufgekündigt. Das Osmanische Reich trat als Teil der Mittelmächte in den Krieg ein. Was das für die Armenier bedeutete, zeichnete sich bald grausam ab. Die erste Welle von Deportationen fand von April bis Anfang Juni 1915 statt.[14] Am 24. April wurden reichsweit führende Armenier verhaftet, darunter 235 armenische Journalisten, Geistliche, Politiker und Lehrer in Konstantinopel. Viele von ihnen wurden gefoltert und getötet. Im Mai wurden Armenier aus dem Taurus-Gebirge, der östlichen Grenze des Reichs und der Provinz Mossul

---

[12] *Der Berliner Kongress 1878. Protokolle und Materialien*, hrsg. von Imanuel Geiss, Boppard a. R. 1978, S. 405.

[13] Verheij, Jelle: *Die armenischen Massaker von 1894–1896. Anatomie und Hintergründe einer Krise*, in: Hans-Lukas Kieser (Hrsg.), Die armenische Frage und die Schweiz (1896-1923), Zürich 1999, S. 69-129.

[14] Ich folge hier den Darstellungen von Rolf Hosfeld, Hilmar Kaiser und Raymond Kévorkian, die die Deportationen in ihren historischen Darstellungen minutiös rekonstruiert haben.

(heutiger Nordirak) nach Deir ez-Zor (im Osten des heutigen Syriens) deportiert. Die zweite Welle vollzog sich von Juni bis Anfang August 1915 und betraf die Armenier aus Erzurum, Trapezunt, Van, Bitlis, Harput (armenisch: Karberd), Diyarbakir und Sivas (armenisch: Sebastia). Auch die systematische Konfiszierung armenischen Eigentums durch das Ministerium des Inneren begann in diesem Zeitraum.[15] Im August setzte die dritte Welle ein, die die zentralen und westlichen Provinzen Kleinasiens umfasste. Die Stadt Aleppo und ihre Umgebung wurden zu Wegkreuzungen des Todes. Von dort aus wurden die Frauen, Kinder und Älteren in die mesopotamische Wüste getrieben, ohne Proviant und immer wieder organisierten großen Massakern der „Spezialorganisation" an ausgewählten Exekutionsplätzen ausgeliefert. Ende August bemerkte der Innenminister und Großwesir des Osmanischen Reiches Mehmet Talaat gegenüber dem deutschen Sonderbotschafter zu Hohenlohe-Langenburg: „La question arménienne n'existe plus.", die armenische Frage existiert nicht mehr[16]. Tatsächlich war die armenische Bevölkerung bis September 1915 aus den meisten Provinzen deportiert worden. Die Todesmärsche entlang des Euphrat in die Wüste zogen sich jedoch bis in den Herbst 1916 hin und hatten besonders im Sommer 1916 eine weitere Welle von großen Massakern zur Folge. Der deutsche Sanitätsunteroffizier Armin T. Wegner, der einen Teil der Deportationen fotografisch dokumentierte, beschreibt als Augenzeuge die Route entlang des Euphrats eindrücklich: „Bald begegnen wir den ersten Flüchtlingen. Die Ränder aller Wege sind mit ihren Knochen besät, die grell in der Sonne bleichen. [...] In einer Schlucht finde ich einen Haufen übereinander getürmter Menschengerippe. Weiße Schädel, die noch mit Haaren bedeckt sind, ein Becken, die Brustgerippe eines Kindes, zierlich gebogen wie eine Spange."[17]

Etwa 1,3 Millionen Armenier wurden während des Ersten Weltkriegs ermordet. Zählt man die Massaker und Verfolgungen von Armeniern in den 1890er Jahren, 1909 in Adana und der Nachkriegszeit bis zur Entstehung der türkischen

---

[15] Vgl. Akçam, Taner/Kurt, Ümit: *The Spirit of the Laws: The Plunder of Wealth in the Armenian Genocide*, New York 2015.
[16] Politisches Archiv des Auswärtigen Amts, Türkei 183/38, A 26474, Hohenlohe an Bethmann Hollweg, Pera, 4. September 1915.
[17] Wegner, Armin T.: *Das Zelt. Aufzeichnungen, Briefe, Erzählungen aus der Türkei*, Berlin 1926, S. 133, 137.

Republik dazu, ergeben sich höhere Zahlen. Die genaue Zahl der Opfer wird unbekannt bleiben, weil die vorhandenen Bevölkerungsstatistiken unvollständig und kritisch zu betrachten sind.[18] Auch wenn es wünschenswert wäre, jedes einzelne Opfer nennen zu können, bleibt es ein Fakt, dass es nahezu kein armenisches Leben mehr nach 1918 auf dem Territorium der heutigen Türkei gab.

---

[18] Vgl. Hilmar Kaiser 2010, S. 382 f.

Heide Rieck

Ein Wort voraus

> *Das Furchtbare so sagen, dass es nicht mehr furchtbar ist,*
> *dass es Hoffnung gibt, weil es gesagt ist.*
> (Elias Canetti)

Am 24. April 2015, dem Gedenktag der Armenier an den Völkermord im Jahr 1915, unterhielt ich mich mit einer armenischen Schülerin. Auf meine Frage „Kannst du mir sagen, was der *Völkermord an den Armeniern* für Dich bedeutet, für Dein Leben heute?" antwortete sie: „Wenn es den Genozid nicht gegeben hätte, würde ich heute in der Türkei leben und nicht hier." Sie sah mich traurig an, als sie hinzufügte: „Am meisten tut mir weh, dass ich mit meinen türkischen Freunden nicht darüber sprechen kann."

Die Idee zu diesem Sammelband hat sich aus dem deutsch-armenischen Kulturprojekt entwickelt, das wir, der Historiker Azat Ordukhanyan und die Autorin Heide Rieck, von 2013 bis 2015 in Bochum durchgeführt haben. Auf jede Kulturveranstaltung folgten Gespräche mit Menschen aus Armenien, diesem geheimnisvollen Land im Orient, von dem ich in der Schule nie etwas gehört hatte.

2021, das Erscheinungsjahr dieser Anthologie, halten die Herausgeber in doppelter Hinsicht für bemerkenswert: Erstens erkannte vor fünf Jahren, am 2. Juni 2016, der Deutsche Bundestag die größte Katastrophe in der 5000-jährigen Geschichte Armeniens als „Völkermord" an, als „Genozid", und zweitens wurde vor hundert Jahren, am 2. Juni 1921, Soghomon Tehlerian aus Armenien von einem deutschen Gericht in Berlin freigesprochen.

Am 15. März 1921 hatte er auf der Hardenbergstraße in Berlin-Charlottenburg Talaat Pascha, den Hauptverantwortlichen für die Vertreibungen, Todesmärsche und Massenmorde an den Armeniern, erschossen. Tehlerjan war der einzige seiner sehr zahlreichen Familie, der die größte Katastrophe seines Volkes überlebt hatte, und schloss sich nach Ende des Ersten Weltkrieges der armenischen „Operation Nemesis" an, um die Schuldigen zu strafen („Nicht ich bin der Mörder ...").

Durch einen Zeitungsartikel, in dem die Zeugenaussagen ausführlich zitiert waren, erfuhr der jüdische Student Raphael Lemkin in Polen von diesem Prozess und wechselte sofort von seinem Studienfach Philologie zu Jura. Mit 26 Jahren erwarb er den juristischen Doktorgrad an der Universität Lemberg.

1933 schlug er dem in Madrid tagenden Völkerbundgremium *eine internationale Konvention gegen „Völkermord"* vor, ein Wort, das Lemkin in seiner polnischen Muttersprache für den *Völkermord an den Armeniern* geprägt hatte.

1939 floh er nach Schweden, bat um Asyl und hielt bereits fünf Monate später Vorlesungen zu *Internationalem Recht* an der Universität Stockholm. Gleichzeitig analysierte er alle Rechtsvorschriften, die die Nationalsozialisten jeweils in den Ländern, die sie okkupiert hatten, erließen, und konnte so alle Merkmale dieser mörderischen Unrechts-, ja, Vernichtungsherrschaft aufweisen.

1941 erhielt er eine Einladung in die USA an die Duke University in Durham, North Carolina.

Sein Lebensziel war die Schaffung eines internationalen Rechtes, das Regierungen zwingen würde, bei einer gezielten Ermordung von ethnischen und religiösen Gruppen einzuschreiten und die Verantwortlichen vor Gericht zu stellen, unabhängig davon, an welchem Ort sie diese Verbrechen begangen hatten, und unabhängig von Status und Nationalität der Person. Wörter wie „Massaker", „Verbrechen", „Katastrophe" ... beschrieben nicht, was Lemkin meinte. Immer wieder hatte er nach einem international verbindenden Wort für das gesucht, was 1915 – 1918 bewusst und geplant an den Armeniern verübt worden war und sich seit 1933 an den Juden in einem Ausmaß wiederholte, das jegliche Dimension des Vorstellbaren sprengte.

Im Jahr 1944 gelang es Lemkin schließlich, das treffende Wort zu (er)finden: eine Verbindung aus dem griechischen *genos* – Volk (Stamm, Abstammung, Generation) und dem lateinischen *caedere* – töten (fällen, schlachten, schänden): „genocide" bzw. „Genozid" (Völkermord). Er definierte den Begriff: „... Ein koordinierter Plan verschiedener Aktionen, der auf die Zerstörung essentieller Grundlagen des Lebens einer Bevölkerungsgruppe gerichtet ist – mit dem Ziel, die Gruppe zu vernichten. [...] Genozid hat zwei Phasen: Eine erste, bei der die typischen Eigenschaften und Lebensweisen der unterdrückten Gruppe zerstört werden, und eine zweite, bei der die Eigenschaften und Lebensweisen der unterdrückenden Bevölkerungsgruppe der unterdrückten aufgezwungen werden. [...]" Nachzulesen in: Raphael Lemkin, Axis Rule in Occupied Europe, Laws of

Occupation, Analysis of Government, Proposals For Redress, Washington, Carnegie Endowment for International Peace, Division of International Law, 1944.

Raphael Lemkin, der im Holocaust seine gesamte Familie verloren hatte (bis auf einen Bruder und dessen Frau), arbeitete 1947 für die UNO einen Gesetzentwurf aus. Und 1948 wurde dieser als *Konvention über die Verhütung und Bestrafung des Völkermordes* von der Generalversammlung der Vereinten Nationen beschlossen.

Dem jungtürkischen Genozid an den Armeniern war vor einem Jahrhundert der Genozid an den Pontosgriechen und Assyrern gefolgt. Deshalb haben die Herausgeber auch zwei Erzählungen von Pontosgriechen und den Beitrag eines Assyrers in diesen Sammelband aufgenommen. Sie verneigen sich vor dem Mut der Autorinnen und Autoren dieser Anthologie, auf die Ausschreibung geantwortet zu haben: Erzählt uns Eure Geschichten, schreibt nieder, was Ihr von Euren Großeltern über deren Erfahrungen im Völkermord vor hundert Jahren gehört habt! Wie beeinflusst heute das Schicksal der Vorfahren Euer Leben?

Die in diesem Band versammelten authentischen Zeugnisse von heute sind keine leichte Lektüre. Sie heben den Schleier des Schweigens von einem Völkermord, der in unseren Tagen noch Millionen von Menschen in Traumaschmerzen gefangen hält – auch hier, in der Bundesrepublik Deutschland. Ja, wer denkt denn darüber nach, wer weiß das? Heute leben sie, die Enkel der zwei Millionen Opfer des jungtürkischen Genozids an den Armeniern, Griechen und Assyrern auch unter uns *in dem modernen Vielvölkerstaat* Deutschland – auf der Suche nach Sicherheit und Geborgenheit, nach Arbeit und einem neuen Leben in Freiheit. Seit Beginn der 1960er Jahre wandern sie unaufhörlich aus der Türkei, aus der Republik Armenien und aus Syrien nach Deutschland ein und finden sich hier in einer offenen Demokratie wieder. Doch leider ist diese zurzeit aufs Höchste gefährdet – durch Neonazismus verbunden mit Antisemitismus und islamischem Terrorismus. Wer oder was könnte helfen, die vererbten Traumata zu heilen?

Um diese Not kreisen die Texte unserer Anthologie.

Die Nachfahren der im Genozid Ermordeten durften in der ehemaligen Sowjetunion, die 1991 zerbrach, nicht über ihr Leid klagen und erst recht nicht in der Türkei, wo sie nur als Muslime versteckt überleben konnten; denn, wie allgemein bekannt ist, leugnet die Regierung der Türkei traditionsgemäß bis heute die Verbrechen ihrer Vorfahren gegen die Menschheit und lehrt an ihren Schulen seit drei Generationen etwas Gegenteiliges.

In literarischen Erzählungen und in kurzen Beiträgen, mit wenigen Strichen skizziert, sind hier Lebenslinien aus vier Kulturkreisen des untergehenden Osmanischen Reiches versammelt – in jeder Mitte eine Seelenwunde. Ein Schmerz, der durch die Psyche der traumatisierten Überlebenden in die ihrer Kinder und in die Seelen der Enkel und Urenkel zog – ein Jahrhundert lang – bis in unsere Tage, wo die Vertriebenen, verstreut über die Kontinente, fremd und abgetrennt von ihren Wurzeln, ausgeliefert sind: dem Familienschmerz; es gab kein Grab. Aber es gibt Bücher, die *das Furchtbare so sagen, dass es nicht mehr furchtbar ist, dass es Hoffnung gibt, weil es gesagt ist.*

Stellvertretend für Millionen von Opfern des Völkermordes an den Armeniern, Pontosgriechen und Assyrern fiel die Auswahl dieser Sammlung auf achtzehn armenische Beiträge, zwei griechische und einen assyrischen (bereits erwähnt). Zum Dialog wurden drei türkische sowie zwei deutsche Beiträge aufgenommen.

Zahlreich sind die Facetten der Beiträge:

- Wer bin ich, wo sind meine Wurzeln? – Fragen nach der eigenen Identität – mit dem vererbten Leid der Vorfahren als Last in der Seele (das Niederschreiben gelang nur mit großer Mühe).

- Die Bewunderung der Vorfahren, die sich im Widerstand bewährt hatten, und auf der anderen Seite die Freude über die Vorfahren, die nach tiefer Leiderfahrung sprudelnde Lebenslust entfalteten (siehe Gantralyan: *Die bitteren Jahre haben sein Leben bereichert*).

- Rettung durch Zusammenhalt.

- Rettung durch den Übertritt zum Islam.

- Rettung durch die mutige Hilfe türkischer und arabischer Bauern und Hirten (siehe u. a. Mirak-Weißbach).

- Die tiefe Sehnsucht nach dem Ararat, dem heiligen Berg der Armenier, den Stalin 1921 den Türken geschenkt hat.

- Die Suche nach vertrauten Spuren im Land der Vorfahren.

- Die Trauer des Sohnes über die Unmöglichkeit der Kommunikation mit dem geschändeten Vater.

- Und immer wieder der Aufschrei nach Verankerung des Völkermordes im Gedächtnis der Welt, das heißt nach Anerkennung des Genozids am eigenen Volk durch die Regierungen der Nationen aller Kontinente, insbesondere durch die türkische Regierung ... (siehe u. a. Ertem: *Die Sprache, die die Berge trägt,* eine chinesische Parabel).
- Der Wille, Zeugnis abzulegen und die Erinnerung wachzuhalten, auf dass sich nicht wiederhole, was die Vorfahren hatten erleiden müssen.

In dem Essay „Meine drei Diwane" bietet Janine Altounian Selbsthilfe und Hilfe durch Psychoanalyse an, Hilfe durch Umkehr von allem, was der verwundete Mensch bisher gedacht und gefühlt hat. Ein wichtiger, aber nicht leicht zu lesender Text.

In manchen Erzählungen blitzt eine gänzlich neue Sicht auf, und dann wieder wird das große Thema variiert.

Es gibt Texte, die vor Grauen atemlos machen; und andere, wie die von Beledian und Altuğ, trösten über Verzweiflung und Trauer hinweg durch die Schönheit der Sprache.

Mit welcher Absicht wurden diese Texte gesammelt?

Um Wissenslücken über das Schicksal einiger Ethnien in unserem Land zu schließen.

Um denen eine Stimme zu geben, die heute, oft von Ängsten gelähmt, unter uns in der Diaspora leben.

Um zu ermutigen, die Angst vor Kontakten mit Fremden abzulegen.

Um Grundlagen für Gespräche anzubieten – auch über Hass- und Trauergrenzen hinweg.

Um den Lastenträgern der Erinnerung an die Vorfahren ein Fenster zu öffnen, ein Fenster in die frische Zukunft eines neuen selbstbestimmten Lebens, wie Martin Buber vorschlägt: *Erst die Befreiung vom Mythos der Unfreiheit kann zur Freiheit führen.*

Um Lehrenden, die heute an Schulen und Universitäten die Geschichte vom Orient und Okzident zur Mahnung neu erzählen wollen, eine Auswahl authentischer Texte von Menschen der Gegenwart anzubieten – mit dem Blick zurück auf die Jugendzeit der Groß- und Urgroßeltern – *Jugend von damals spricht zur Jugend von heute* – die Überlebenden des Genozids waren zumeist

Kinder, und manche schrieben, was sie erfahren hatten, nach ihrer Rettung mit etwa siebzehn Jahren nieder (siehe Chropourian) oder schwiegen für immer (siehe Claude).

So schwer mir auch das Lesen mancher Texte fiel, half mir doch immer die Aussage der österreichischen Dichterin Ingeborg Bachmann: *Die Wahrheit ist dem Menschen zumutbar.*

Viele Gespräche im Sprachcafé mit Flüchtlingen aus dem Orient, mit ÜbersetzerInnen, StudentInnen und KünstlerInnen in Berlin, Bremen, in Braunschweig und Bochum haben uns in der Idee bestärkt, diese Vermächtnisse unserer Zeit ins Licht der Öffentlichkeit zu stellen.

Für die ersten Schritte zum Wachsen dieses Sammelbandes danken die Herausgeber dem Journalisten und Autor Dr. Jochen Mangelsen. Prof. Dr. Tessa Hofmann sind wir für entscheidende Hinweise und ihre ständige Bereitschaft zur Beratung dankbar. Das Lektorat der Historikerin Ulrike Landwig hat uns in schweren Stunden gestärkt. Es war eine große Hilfe – wie auch die Korrektur von Antje Johanna Kuhlemann. Dem Diplomingenieur Abdulmesih BarAbraham haben wir für seine ehrenamtlichen Übersetzungen aus dem Türkischen zu danken. Der Studentin Anna Sargsyan zollen wir Dank für Ihre Übersetzungen aus dem Armenischen. Nicht zu vergessen die Hilfsbereitschaft von Ulrich Zünkeler – merci! Unser größter Dank aber gilt den Autorinnen und Autoren dieser Sammlung für ihr Vertrauen, uns ihre zutiefst persönlichen Texte zuzusenden. Last but not least sei der Verleger Dr. Fred Pusch für seinen Mut bedankt, in Bochum unser Manuskript in ein Buch zu verwandeln – im Sinne Albert Einsteins:

Das Denken der Zukunft muss Kriege unmöglich machen.

Stepan Gantralyan

Geschichten, Geschichten ...

Aus dem Armenischen ins Deutsche übersetzt von Azat Ordukhanyan und Heide Rieck.

*

Es kam mir oft vor, als würden diese Geschichten mit den Jahren verblassen und in Vergessenheit geraten. Aber im Gegenteil. Diese Erinnerungen werden immer wieder in mir geknetet, prallen von Wand zu Wand und versuchen, ans Licht zu kommen. Doch in meinem Innern verhindert dies eine unsichtbare Kraft. Ob es die Angst ist, die mir sagt „wenn die Erinnerungen rauskommen, werden sie explodieren und meine Seele und Gedanken durcheinanderwirbeln"? Oder ist es die Vernunft der Jahre, die mich mahnt „du kannst sowieso nichts ändern"? Wie dem auch sei, Pflichtbewusstsein quält mich und zwingt mich, über die schmerzhaften Ereignisse zu sprechen. Denn in einem bin ich mir sicher: Solange wir leben, können wir diese Katastrophen nicht vergessen. Und um eine Wiederholung solcher Ereignisse zu verhindern, muss auch ich meine Geschichte erzählen.

Überlebende des Genozids und alle, die Krieg und Vertreibung erlebt haben, unterscheiden sich von anderen Menschen. Grausamkeiten hinterlassen tiefe Spuren. Nicht nur in den Überlebenden, auch in den Nachkommen. Laut den jüngsten Forschungsergebnissen vererben sich traumatische Erinnerungen bis in die siebte Generation. Sie sind wie in die Stirn gebrannt, schreien in unseren Ohren, begleiten uns überall hin – unabhängig davon, ob wir wollen oder nicht. Eine Freundin hat mir einmal gesagt: „Du quälst dich so, als ob du selbst in der Wüste gewesen wärst." Ohne zu überlegen, habe ich geantwortet: „Solange unser Genozid nicht anerkannt ist, waren wir in der Wüste, sind wir in der Wüste und werden in der Wüste bleiben."

Ich bin ein von vier Seiten vertriebenes Enkelkind – ein Enkel zweier Omas und Opas, die durch ein Wunder überlebt haben, und ein Sohn von aus der Diaspora eingewanderten Eltern. Alle drei Generationen meiner Familie sind in verschiedenen Ländern geboren und aufgewachsen. In Deutschland sagt man: „Zwei Umzüge gleichen einem Brand."

Wie viele Brände sind unseren Vertreibungen, unseren Auswanderungen gleich? Es geht nicht um Vertreibung einzelner Menschen, es geht um Hunderttausende, wenn nicht um Millionen.

Jeder von ihnen ist eine Persönlichkeit, hat das Recht zu leben und glücklich zu sein, eine Familie zu gründen, Verwandte zu haben. Viele dieser Millionen sind kämpfend gefallen, andere wurden von ihren Wurzeln gerissen und gezwungen, monatelang durch die Wüste zu laufen. Sie sind gelaufen – mit der Angst vor dem physischen Verfall. Aber auch mit der Erwartung, gerettet zu werden und irgendwann einmal glücklich zu leben.

Obwohl meine vier Großeltern Vertriebene waren, war nie eine Seele Vertriebener in ihnen.

Das Gehen, Gehen ... war nicht freiwillig, war erzwungen. Ihre von Land zu Land geretteten Schätze waren ihre Bücher, Reliquien ihrer prächtigen kulturellen Vergangenheit.

Dreißig Jahre nach dem Genozid zog mein Opa väterlicherseits mit seiner Familie von Griechenland nach Sowjet-Armenien. Der größte Teil seines Gepäcks waren Bücher. Eins davon war ein altes Liederbuch mit einer Sammlung patriotischer Lieder. Dieses Buch steht wie eine Reliquie in meiner Berliner Wohnung. Als sie im Hafen von Batumi ankamen, hat mein Opa dieses Buch heimlich auf den Haufen der geprüften Bücher geworfen. Wegen dieses Buchs hätte meine Familie in Sibirien landen können. Mein Opa väterlicherseits, Stepan Sahaki Kandralyan, war fünfzehn, als der Genozid mit den Vertreibungen begann. Von Izmit aus kamen sie schließlich in Deir ez-Zor an. Ein Araber hat ihn dort gerettet, indem er ihn in seinem Laden hat schuften lassen. Seine Schwestern wurden von anderen Arabern genommen. Nach harten Arbeitsjahren hat mein Opa mit seinen Ersparnissen seine Schwestern freigekauft und sie mit nach Konstantinopel genommen. Später sind die Schwestern in die USA ausgewandert, er nach Griechenland. Dort traf er auf meine Oma. Mein Vater wurde in Griechenland geboren wie auch seine Brüder und seine Schwester. Nach dem 2. Weltkrieg 1946 zog Opa mit seiner Familie nach Sowjetarmenien. Im Vergleich zu meinem Vater, der siebzehn Jahre nach dem Genozid geboren wurde und zur 2. Generation der Überlebenden gehörte, war mein Opa an Lebenslust nicht zu überbieten. Er strotzte vor Lebensdrang, immer fit – mit Humor. Was er nicht alles geschafft hat!!! In Griechenland hat er ein Fußballteam gegründet, war selbst Kapitän und Torwart – und sein Team war das beste des Jahres. In Thessaloniki hat er ein Café eröffnet und orientalische Süßigkeiten hergestellt. Selbst Eis hat er produziert, als es dort noch keine Kühlschränke gab. Er war ein fantastischer Reiter und ein erfolgreicher Tischtennisspieler.

Die bitteren Jahre haben sein Leben bereichert. Mein Opa war ein ehrlicher und ein hoch geschätzter Mensch. Zum Mittagsschläfchen hat er mich als Kind neben sich gelegt und von seiner Odyssee erzählt. An Einzelheiten erinnere ich mich nicht mehr. Als er starb, war ich erst acht. Ich trage seinen Vornamen, seinen Vatersnamen und seinen Nachnamen. Vielleicht hatte er aus diesem Grund eine ganz besondere Beziehung zu mir. Vielleicht hat er mich als seinen Erben angesehen und mir deshalb seine Geschichten anvertraut. Die Vorfahren meines Opas stammen vermutlich aus Kandira; denn die Türken haben die Einwohner „Kandirali" genannt, woraus sich Opas Nachname Kandralian ableiten lässt. Von Land zu Land hat sich die Schreibweise des Namens geändert: Kandralian, Kantralyan, Gandralyan, Gantralyan, Gantralian. Für eine einzige Familie so viele Namen!

Meine Oma väterlicherseits, Mari Kandralyan, geborene Nersisyan, kam aus Sivrihisar, wo sehr viele Armenier gelebt haben. Die riesige armenische Kirche in der Stadt, deren Fotos ich im Internet entdeckt habe, legt Zeugnis dafür ab, dass diese Stadt ein kulturelles und geistiges Zentrum von Armeniern war. Ich glaube, die Familie meiner Oma ist wohlhabend gewesen. Oma hat in Sivrihisar die Schule besucht und ein Streichinstrument gespielt. Ich vermute, Saz. Sie konnte auch ausgezeichnet Noten lesen.

Zur Zeit der Vertreibung wurde Omas Familie bei einem Nachbartürken versteckt. Ihr Vater hat im Keller gewohnt und als Schuster gearbeitet. Sie, ihre Mutter und ihr Bruder haben als Familienmitglieder der Türken oben gelebt. Ich weiß nicht, wie lange sie so gelebt haben, bevor auch sie vertrieben wurden. Meine Oma wollte nicht darüber sprechen, deshalb sind meine Informationen über ihr Leben spärlich. Auf meine Fragen hat sie immer gesagt: „Was soll ich über meine Vertreibung erzählen. Wir sind gelaufen und gelaufen ..." und hat sich sehr geärgert, wenn wir weiterfragten. Sie mochte nicht, dass man Schlimmes über Türken sagte, hat immer darauf geantwortet: „Sie sind Menschen wie wir." – Und das sagte eine einst schöne Frau, die den Völkermord überlebt hat und die Grausamkeiten der Türken mit eigenen Augen sah! Ich weiß nicht viel über sie und ihre Zeit. Ich weiß nur, dass die Mutter meiner Oma, Taguhi, die ich glücklicherweise noch erleben durfte, auf dem Todesmarsch ihren Sohn Hakob, den einzigen Bruder meiner Oma, wie ein Mädchen gekleidet und Asche auf das Gesicht beider Kinder getupft hat, damit sie in der Menge nicht auffielen und nicht Opfer der sexuellen Lust und Willkür der türkischen Soldaten würden. Dieser Hakob Nersisyan wurde später, weil er zehn Jahre vor meiner Oma, nämlich schon 1936, nach Sowjet-Armenien eingewandert war, ein Opfer des Zweiten Weltkrieges. Vor der Einberufung war er Student an der Universität von

Yerevan*. Meine Oma starb 1991 mit einundachtzig Jahren in Yerevan. Sie war mit meinem Opa und vier Kindern nach dem 2. Weltkreig 1946 von Griechenland nach Sowjetarmenien übergesiedelt. In ihrer aus Griechenland transportierten Truhe befanden sich uralte Notenhefte, die niemand von uns berühren durfte. Ihre Reliquien. Bis zu ihrem Tod hat sie sich nie von ihren Noten getrennt. Sie haben sie während der Vertreibung begleitet, in ihrer Zeit in Griechenland und auch in Sowjet-Armenien. Aber auf wundersame Weise waren diese Noten nach ihrem Tod verschwunden. Bis heute ist mir ein Rätsel, wie diese Noten die Massakerzeit, ihre Reisen von Land zu Land überleben konnten und nach ihrem Tod verschwunden waren – weg – für immer. Nach einem „Stoff" wie dem Leben meines Großvaters mütterlicherseits, Armenak Tashchyan, würde sich manch ein Romancier die Finger lecken: Krieg. Völkermord. Rettung. Auswanderung in den Libanon. Repatriierung in Sowjet-Armenien. Stalinistische Repressionen. Bedrohung mit Sibirien. Flucht über den Arax auf die andere Seite der Grenze. Türkisches Gefängnis. Flucht in den Libanon. Als ergrauter Opa erneut Repatriierung in der Republik Armenien.

Laut Überlieferung der Familiensaga stammen seine Vorfahren von den Artsruni-Fürsten ab. Im späten Mittelalter waren sie vor ihren türkischen Verfolgern aus der Stadt Adana in die Provinz Yozgat geflohen. Dort gründeten sie ihr Burunkisla-Dorf und lebten verdeckt unter den Namen Tashchyan, Torosyan und Arzumanyan. Während des Genozids und der Vertreibung verstreute sich die Familie über die ganze Welt. Mein Opa fand seine Liebe im Libanon und heiratete Maksen. Beide landeten als Überlebende des Völkermords in Beirut. Nach dem 2. Weltkrieg, 1946, zog er mit seiner Frau und fünf Kindern von Beirut nach Sowjetarmenien. Mein Opa war Mitglied der Daschnakzutyun Partei [Armenische Revolutionäre Föderation, ARF, seit Dezember 1920 im Exil]**. In jenen Jahren war dies allein Grund genug, nach Sibirien verbannt zu werden. Deshalb ließ er seine Familie in Yerevan zurück, floh über den Arax in die Türkei, wurde dort festgenommen, zwei Jahre in ein türkisches Gefängnis gesteckt und konnte erst viel später wieder nach Beirut gelangen.

Meine Mutter hat ihren Vater, den sie jahrzehntelang nicht gesehen hat, sehr verehrt. Nie hat sie die Hoffnung aufgegeben, ihn wiederzusehen. Die große

---

* Die Hauptstadt der Republik Armenien wird auf Deutsch „Eriwan" genannt. Inzwischen ist aber auch „Jerewan" oder „Yerevan" gebräuchlich.
** Kommentare der Herausgeber in eckiger Klammer.

Kraft für ihre Hoffnung und Ausdauer hat sie wohl von ihrer Mutter, meiner Oma, geerbt.

Nach Opas Flucht lastete die Sorge für die große Familie auf den verletzbaren Schultern meiner Oma Maksen – und das in den grausamen Nachkriegsjahren. Damals waren meine drei Onkel noch im Schulalter, meine Mutter noch ein Kind, und ihr neugeborenes Schwesterchen starb vor Hunger.

Es gab einen Film, der unsere Mutter immer zum Weinen gebracht hat. Der Film heißt „Warum lärmt der Fluß?" Hier wird eine Geschichte erzählt wie die unsere. Der Held des Films landet auf der anderen Seite der Grenze. Jedes Mal, wenn Mutter den Film sah, hat sie geweint. Ich und meine Schwester verstanden nicht, warum; wir waren nicht einmal zehn Jahre alt und haben traurig ihre großen weinenden Augen angeschaut. Heute bin ich mir sicher, sie hat an ihren Vater Armenak Tashchyan gedacht.

Erst in den 60er Jahren konnte mein Opa seine Familie in Armenien besuchen. Über zwanzig Jahre hatte er sie nicht gesehen. Er hatte die Entscheidung getroffen, nicht mehr in den Libanon zurückzukehren und in Armenien zu bleiben. Aber kurz darauf wurde er in der Frühe festgenommen und nach Beirut ausgewiesen. Erst viele Jahre später konnte er zurückkehren. Diesmal für immer. Kaum aber hatte er sich in Armenien eingelebt, starb meine Mutter, dann meine Oma und dann auch er.

Durch den Völkermord an den Armeniern und dessen Folgen wurde unsere Familie über die ganze Welt verstreut. Es gab Veränderungen, die schicksalhaft für jede Generation waren. Und in jedem Land wurde etwas von unserer Identität geraubt. Schaut bitte nur die Schreibweise der Namen an, dann werdet ihr auch die ganze Dramatik der Geschichte verstehen: Tashchyan. Taschtschjan. Tachchian. Tachtchian. Tashdjian. Tasciian. Tascioglu. Taşcıoğlu ...

Jetzt wird klar, warum das Thema „Genozid" eines der wichtigsten Themen meines künstlerischen Schaffens ist – sei es im Theater, im Film oder an Liederabenden in Köln, im *Lepsiushaus, Potsdam* oder im *Gorki Theater, Berlin*, im *Terzo Mondo, Berlin* ...

Geschichten, Geschichten...

Taguhi Hovsepyan

Meine Uroma, meine Schnorhik

Diese Geschichte meiner Urgroßmutter Schnorhik wurde zusammengetragen von meiner Familie, von Oma und Opa mit 4 Kindern. Ich bin eine Enkelin unter zehn Enkeln.

*

Selten sprach meine Großmutter über den Genozid, doch immer endete sie mit denselben Worten: „Ich sage nicht alles, damit ihr die Menschen nicht hasst."
Meine Uroma heißt Schnorhik Yervanyan. Im Jahr 1915 war sie 8 Jahre alt. Ein kleines Mädchen, das in eine große Familie hineingeboren war, in die Familie Yervanyan. Ihre Mutter hieß Haykuhi und ihr Vater Karapet Yervanyan. Ihr Bruder Baxdasar war damals schon verheiratet und hatte eine vierjährige Tochter, Anahit. Die Familie war reich, besaß viel Grundbesitz, Landarbeiter und Dienstboten waren bei ihr angestellt. Wir stammen aus West-Armenien, aus dem Bezirk Kharbert (heute türkisches Gebiet). Unser Dorf heißt Kuylu. Meine Uroma beherrschte in der 3. Klasse der Dorfschule die türkische Sprache so gut wie die armenische. Das hat ihr geholfen, zu überleben.

Eines Tages wurden alle armenischen Männer des Dorfes verhaftet. Niemand kehrte nach Hause zurück. Als die Frauen davon erfuhren, versteckten sie sich mit ihren Kindern im Keller unter der Geheimtür, die mit Teppichen bedeckt war. Türkische Soldaten und Nachbarn brachen in die armenischen Häuser ein, verwüsteten, raubten und schleppten davon, was sie tragen konnten. Die Mutter meiner Uroma hatte ihrer Tochter genau erklärt, was sie zu tun hätte, wenn sie überfallen würden, und ihr auch die Stellen in der Holzwand gezeigt, hinter denen das Geld und der Schmuck der Familie aufbewahrt war. Sie sollte im Garten übernachten, falls die türkischen Banden zurückkämen, damit sie nicht erwischt würde. Sie sollte sich immer vor ihnen verstecken, und wenn sie als Armenierin erkannt würde, sollte sie sich unter den Leichen verstecken und ein paar Minuten lang versuchen nicht zu atmen. Schnorhik merkte sich alles. Wie die Regeln eines Spiels. Dies aber war kein Spiel. Es war eine grausame, traurige Wirklichkeit. Hauptsache, am Leben bleiben! Am Morgen, nachdem sie im Freien übernachtet hatte, lief sie vom Garten ins Haus, weil sie Hunger und Durst verspürte. Da hörte sie plötzlich Schreie von Mutter und Oma, versteckte sich rasch und hielt die Ohren zu, und dann sah sie, wie ihre Familie brutal ermordet wurde. Sie hat einen solchen Schock bekommen, dass sie die Lippen zusammenpresste, um nicht laut aufzuschreien. Weil die Mutter verboten hatte, sich bei türkischen Nachbarn zu verstecken, blieb sie an dem blutigen Ort, bis es dunkel war. Danach schlich sie zum Haus ihres großen Bruders, um in seiner Familie Unterschlupf zu finden. Aber zu spät! Ihre Schwägerin lag dort ganz kalt. Die Brüste waren abgeschnitten. Es war überall Blut. Wo aber war Anahit, die vierjährige Tochter? Im Haus und im Garten suchte Schnorhik nach ihr. Dabei verletzte sie ihre Hand, sie blutete und tat so weh. Sie wollte ins Waisenhaus gehen, aber zuerst musste sie Anahit finden, die ihr jetzt als Einziges auf der Welt geblieben war. Mehrere Tage hatte sie schon gehungert und sich immer wieder unter Leichen versteckt. Im Dorf war eine armenische Kirche. Und sie sah, wie sie – mit Menschen gefüllt – verbrannt wurde. Die Schreie, das Blut überall, Hunger und Durst. Irgendwo fragte sie irgendwann jemanden auf Türkisch, wo die Waisenkinder seien, und erhielt zur Antwort, die armenischen Kinder, die noch am Leben seien, wären jetzt mit Erwachsenen unterwegs ... Auf dem langen Todesmarsch der Armenier.

Bald traf meine Uroma einen Soldaten, der vor dem Krieg auf dem Gut ihrer Familie gearbeitet hatte, und fragte ihn nach Anahit. Sie folgte seiner Wegbeschreibung, und endlich stieß sie auf eine endlose Schlange müder, sich mühsam dahinschleppender, trauriger Kinder und Frauen. Der Todesmarsch. Darunter jetzt auch sie, meine Uroma, bis sie Anahit gefunden hatte ... Wie aber war es den Kindern möglich, dem Tod zu entkommen? Auf Türkisch habe sie einem Wachmann erklärt, so wird berichtet, die kleine weinende Anahit sei eine Türkin wie sie selbst, und sie suche sie seit Tagen, um sie nach Hause zu bringen. Zum Glück konnte Schnorhik sehr gut türkisch sprechen, irgendwie hat es funktioniert. – Wie auch immer ... Anahit wurde als Türkin befreit. Bei Nacht rannten die Kinder durch den Wald bis Mezire Stadt. Schnorhik kannte diesen Weg gut. Sie war hungrig und durstig, ihre Wunde schmerzte, und sie pappte Erde auf die Hand, damit sie nicht mehr blutete. An der linken Hand hielt sie Anahit. In der Dunkelheit entdeckten die Kinder ein Haus und versteckten sich dort, bis eine Frau sie am Morgen fand. Sie hatten Glück. Die Türkin war Krankenschwester und verband die Wunde. Dann gab sie den beiden zu essen und zu trinken. Darauf aber schickte sie die Mädchen rasch fort. (Es war verboten, Armeniern zu helfen.) Gestärkt gingen sie weiter, und bald erkannte Schnorhik die Kurdin Miriam, die im Haus ihrer Familie gearbeitet hatte, und fragte sie nach dem Weg zum Waisenhaus. Mariam forderte Geld von der

Tochter der reichen Armenier, „sonst läuft gar nichts". Meine Uroma gab ihr widerspruchslos, was sie verlangte. In Kuylu angekommen, bestach Miriam einen Soldaten mit einem Teil der Summe, damit er die Mädchen zum Waisenhaus führte. In der Nähe des Hauses ließ er sie laufen. Sie hatten Durst, Hunger, nur noch wenig Geld und trafen Kinder, die weinend am Wegrand hockten, nicht wussten, wohin ... und nahmen sie alle mit. Vor dem Waisenhaus wartete stumm eine Gruppe von Kindern. Schnorhik gab ihr ganzes Geld ab und bat um Einlass. Die nette Krankenschwester lächelte: „Das reicht für alle. Kommt rein!" So gingen sie ins Waisenhaus, und die Kinder wussten, dass Schnorhik ihr Leben gerettet hatte. – Viele Jahre später erhielt meine Uroma Dankesbriefe von ihnen. Wir vermuten, dass es ein amerikanisches Waisenhaus war. Eines Tages erschien Baxdasar, der Bruder meiner Urgroßmutter. Mit einigen armenischen Freunden war er aus der türkischen Armee geflohen, um seine Tochter und seine Schwester aus dem Waisenhaus zu holen und in den Libanon zu bringen. Leider konnte er nicht bei ihnen bleiben, weil es für alle zu gefährlich war. Er und seine Freunde bezahlten auch für die anderen Kinder, die sie aus dem Waisenhaus mitgenommen hatten, und sie fuhren auf Schiffen in die USA. Und meine Uroma? Sie begegnete einem Mann, der dreizehn Jahre älter war als sie, Chachik Ohanyan. Hauptsache, man hatte überlebt – als Armenierin, als Armenier! Sie heirateten und fuhren nach Frankreich. Damals haben alle armenischen Frauen und Männer schnell geheiratet, um das Armenische Volk zu bewahren. Eine war meine Uroma, ein acht- bis elfjähriges Mädchen. Über meinen Uropa wissen wir nicht viel, weil alles vernichtet wurde und er früh starb. Im Jahr 1929 übersiedelten Schnorhik und Chachik aus Frankreich ins jetzige Armenien. Sie wollten endlich wieder in Armenien sein, wo wir alle hingehören. Gemeinsam mit vier anderen Familien aus dem Bezirk Kharberd gründeten sie dort ein Dorf und nannten es „Nor Kharberd". „Nor" bedeutet auf Armenisch „neu". Meine Urgroßeltern haben immer darauf gehofft, wieder nach Hause zurückkehren zu können. <u>Ich bin mir sicher, solange eine Person aus meiner Familie lebt, werden wir immer über den Genozid schreien, bis die ganze Welt es hört. Und irgendwann fahren wir vielleicht NACH HAUSE, nach KUYLU.</u>

Karen Gasparyan

Ich will jetzt endlich von meinem Großvater erzählen

Mit Karen Gasparyan haben Azat Ordukhanyan und Heide Rieck am 17. Februar 2018 ein Gespräch über Skype geführt. Gasparyan lehnte eine Tonaufnahme ab. Rieck verfasste das Gedächtnisprotokoll.

*

Als ich zehn oder elf Jahre alt war, hat mein Vater zum ersten Mal mit mir über den Völkermord an den Armeniern und über das Leben seines Vaters gesprochen.

Mein Großvater, geboren 1910, war als Kind in einem Waisenhaus der Amerikanischen Wohltätigkeitsorganisation Near East Foundation, früher: American Committee for Armenian and Syrian Relief von Gjumry gelandet. Gemeinsam mit drei Brüdern. Von einem ist jede Spur verwischt. Zwei wanderten in die USA aus. Die Schwestern Hranusch und Heghine haben nach 1918 ihre Brüder in dem Waisenhaus gefunden und zu Verwandten in Ujan gebracht, ein Dorf in der Nähe von Gjumry. Hier wuchs mein Großvater auf, wurde Lehrer, heiratete, und 1934 wurde sein Sohn Carlos geboren, mein Vater. Bald darauf brach der 2. Weltkrieg aus, und mein Opa wurde eingezogen. Als Soldat der Sowjetarmee kam er in deutsche Gefangenschaft. In dieser Zeit starb seine Frau mit 24 Jahren. Als er 1945 aus der Kriegsgefangenschaft entlassen wurde und bald nach Armenien zurückgekehrt war, wurde er [von Stalins Behörden als deutscher Kriegsgefangener] zu fünfundzwanzig Jahren Gulag in Kasachstan verurteilt. Nach Stalins Tod am 5. März 1953 wurde er mit vielen anderen Gefangenen frei gelassen. Mein Opa hat dann zum zweiten Mal geheiratet und noch drei Kinder bekommen. An der Dorfschule von Ujan hat er Deutsch unterrichtet. Ein freundlicher, stiller Mensch. Ich hatte ihn sehr lieb. Nie hat er über seine Vergangenheit gesprochen. Er wurde achtundachtzig Jahre alt.

Und mein Vater? Er hat drei Ausbildungen absolviert: Zuerst studierte er Armenische Sprache und Literatur, darauf Geologie und Hydrologie und dann noch Wirtschaft. Er war oft auf Reisen. Meine Eltern haben sich an der Universität von Jerevan kennen gelernt. Inzwischen sind beide gestorben. Ich habe noch einen Bruder.

Aber jetzt möchte ich Ihnen noch etwas anderes erzählen. Von dem Vater und dem Großvater meines Opas. Mein Urgroßvater Ischchan (bedeutet Fürst) Avetis und dessen Vater Ischchan Gaspar waren die Anführer des Aufstands von Sasun [im Osmanischen Reich] 1904. Nachdem sie sich geweigert hatten, ungerechte Steuern an die Türken zu zahlen und sich türkischen Angriffen widersetzt hatten, wurden sie zu 100 Jahren Gefängnis verurteilt. Aber sie konnten fliehen. Avetis wurde dann wieder gefangen, und, weil die Türken große Angst vor ihm hatten, denn er war geistig und physisch sehr stark, haben sie ihn im Gefängnis vergiftet. Sein Vater Gaspar wurde erschossen. Avetis und seine Frau Tamar hatten sechs Kinder: Muschegh hatte unter den Fedayis von General Andranik Ozanian gekämpft und wird seitdem vermisst. Nikolai wurde mit elf Jahren von den Türken ermordet. Überlebt haben Samson, mein Großvater Mirak und die Schwestern Heghine und Hranusch. Lili, die Enkelin von Hranusch, lebt in Schweden und hat mit ihrem Mann eine Reise nach Sasun unternommen und die Wohnorte von Gaspar und Avetis besichtigt. Sie erzählte, die Kurden, die jetzt dort wohnen, würden sich noch immer an Gaspar und Avetis erinnern. ... Nein, ich habe keine Hassgefühle. Vieles über meine Vorfahren wurde in einem Buch in den Vereinigten Staaten von Amerika veröffentlicht. Mein Vater hatte es für zwei Tage von einem Kollegen ausgeliehen. Von dem Namen „Gaspar" stammt unser Familienname Gasparyan ab. Nein, den Titel des Buches kenne ich nicht, ich habe ihn vergessen. Auch mein Großvater hat viele Notizen über unsere Vorfahren gemacht.

Meine Verbindung zu Armenien? Was für eine Frage! Jedes Jahr fliege ich mit meiner Frau nach Yerevan. Dort haben wir Freunde. Auch in Ujan und in dem Dorf, wo meine Frau aufgewachsen ist, besuchen wir Freunde und Verwandte. Wir fahren auch regelmäßig nach Georgien, in das Dorf, aus dem meine Mutter stammt. In der Armenischen Gemeinde von Wien hören wir Vorträge über Armenien, Konzerte und nehmen an Autorenlesungen teil. Ich lese gern und viel. Auch Gedichte. Mit unserer Tochter sprechen wir nur Armenisch. Sie soll ihre Muttersprache einmal gut beherrschen. Sie ist achtzehn Monate alt und heißt Sophia. In meiner Schulzeit sind wir am 24. April immer zusammen zu einer Feierstunde am Mahnmal in Yerevan gefahren. In Wien lege ich an diesem Tag mit Freunden und meiner Familie Blumen am Denkmal für Franz Werfel auf dem Schillerplatz nieder. In jedem Jahr ist dies für uns ein Tag der Trauer.

Zum Schluss möchte ich noch von der Familie meiner Mutter erzählen. Mein Urgroßvater war ein reicher Kaufmann in Ardahan nicht weit von Kars, Westarmenien (heute Türkei). Er hieß Simon Dschchunian und seine Frau Aghavni. Sie hatten sechs Töchter und vier Söhne. [Ardahan gehörte damals zum Zarenreich. Wegen der Russischen Revolution wurden die russischen Soldaten 1917/18 aus diesem Gebiet abgezogen, so konnten die Jungtürken 1918 die Vernichtung der Armenier ungestört fortsetzen.] Mein Urgroßvater Simon und drei seiner Söhne wurden [von Soldaten der Jungtürken] ermordet. Die älteste Tochter wurde vergewaltigt. Aber der zweijährige Haik konnte überleben, weil meine Urgroßmutter ihn als Mädchen verkleidet und mit sehr viel Geld ein paar russische Soldaten bestochen hatte, die ihren Kindern und ihr zur Flucht nach Tiflis verhalfen. Eine der Töchter war meine Oma. Sie ist nach Bugdanien gezogen, ein Dorf in der Nähe von Tiflis. Dort ist auch meine Mutter geboren. Sie hieß Swetlana Howassyan. In Yerevan hat sie Russisch studiert und dort vierzig Jahre lang an Schulen Russisch unterrichtet.

Was ich mir für Armenien wünsche? Dass man uns in Ruhe lässt. Nie wieder Krieg. Nie wieder solche Sachen.

Nein, nach Westarmenien zu fahren, habe ich mir nie gewünscht. Ich habe keine Wünsche. Außer dem einen.

Muriel Mirak-Weißbach

Meine Familiengeschichte

Erweiterter Auszug aus: Muriel Mirak-Weißbach, Jenseits der Feuerwand, Armenien – Irak – Palästina – Vom Zorn zur Versöhnung. Verlag Hans Schiler Berlin, 2011; (c) Schiler & Mücke 2020.

*

Meine Eltern sind beide im Jahr 1915 zu Waisen geworden, zu Opfern des Völkermords an den Armeniern. Zwar habe ich erst viel später, als ich erwachsen wurde, wirklich begriffen, was das bedeutete, doch waren meine Weltsicht und meine Arbeit schon von früh auf von diesem Schicksal geprägt. Meine Eltern waren zwei unter Zehntausenden Waisenkindern und Hunderttausenden von Erwachsenen, die den Genozid überlebt haben. Jeder einzelne hat eine eigene Geschichte, aber alle haben etwas Gemeinsames. Die Dokumentation dieser persönlichen Erfahrungen vor allem durch die Kinder in Memoiren, Erzählungen und wissenschaftlichen Studien ist absolut unentbehrlich, um festzulegen, daß es ja ein Genozid war. Kein Kind könnte solche Horrorgeschichten „erfinden", wie sie unsere Eltern erzählt haben.

Gleichzeitig sind die persönlichen Berichte historisch wichtig, weil einige, wie die meiner Eltern, dokumentieren, daß viele Armenier von Türken gerettet wurden. Meine Familiengeschichte ist eine Art Metapher für das Drama des Völkermords und auch, so wie ich die Ereignisse verstehe, ein Symbol der Hoffnung auf Verständigung und Versöhnung. Viele der ehemaligen armenischen Waisenkinder haben sich lange damit herumgeschlagen, was eigentlich mit ihnen passiert war. Das Trauma, das sie erlitten hatten, war so schmerzlich, dass sie sich nur durch „Verdrängen" – wie die Psychologen sagen – damit auseinandersetzen konnten: sie „vergaßen" die schreckliche Erfahrung einfach, so lange sie konnten. Aber plötzlich geschah es dann, dass irgendein Ereignis, das anscheinend gar nichts mit dem Massaker zu tun hatte, die Erinnerung wieder wachrief; die Schleusen vor dem Verdrängten öffneten sich, und sie wurden von den vergessen geglaubten Erinnerungen eingeholt:

So war es bei meiner Mutter. Nachdem sie erfolgreich alle Ereignisse bis auf ein paar harmlose Episoden aus ihren ersten Lebensjahren aus ihrem Gedächtnis verbannt hatte, wurde ihr Unterbewusstsein 1988 plötzlich durch die schweren Erdbeben in der Sowjetrepublik Armenien erschüttert. Die in den USA und der ganzen Welt gezeigten Fernsehbilder von verzweifelten Menschen, die aus ihren zerstörten Häusern flohen, wirkte wie ein Echo ähnlich dramatischer Ereignisse, ein Echo, das zwar noch unfertig, aber doch tief bewegend war. Als kurz danach der Konflikt über die umkämpfte Enklave Nagorny-Karabach ausbrach, waren erneut kämpfende Armenier zu sehen. Wenige Jahre später waren es die Bilder der schrecklichen Kriege auf dem Balkan, die meine Mutter weiter psychisch erschütterten und ihr wahre Albträume verursachten. Ob die Mädchen, die auf dem Balkan vergewaltigt und ermordet wurden, oder die Männer, die auf Feldern eingepfercht und dann erschossen wurden, nun Bosniaken oder Kroaten waren, die Botschaft, die diese Fernsehbilder vermittelten, war eindeutig: unschuldige Zivilisten, die zwischen die Fronten eines Krieges geraten waren, wurden grundlos hingeschlachtet, und die Welt schaute anscheinend tatenlos zu. 1992 zeigte ich bei einem Familienbesuch meinen Eltern einige Fotos, die mein Ehemann Michael und ich von irakischen Kindern gemacht hatten, die Opfer von dem Irak-Krieg „Operation Wüstensturm" geworden waren. Wir hatten eine humanitäre Hilfsaktion für Kinder im Irak geleitet. Auch diese Bilder weichten die psychologische Sperre bei meiner Mutter auf. Ich erzählte ihr von Sabreen, einem vierjährigen irakischen Mädchen, das in diesem Krieg verletzt und so stark traumatisiert worden war, dass sie nicht mehr sprechen konnte. Im Laufe der Behandlung in einem deutschen Krankenhaus hatte sie das Sprechen zwar wieder gelernt, aber nicht in der Muttersprache, sondern in Deutsch. Sabreens Schicksal und die Fotos lösten im Gemüt meiner Mutter eine regelrechte Explosion aus und sie erzählte mir auf einmal Geschichten aus ihrer eigenen Kindheit, die ich nie zuvor gehört hatte.

Es war gerade so, als hätte meine Mutter den verlorenen Schlüssel zu einer Schatztruhe wiedergefunden, in der sie im Geist Fotos, Briefe und Erinnerungen bewahrt hatte. Der Bericht, den sie später auf mein Betreiben hin für ihre eigenen Enkel und Urenkel aufgeschrieben hat, ist ein sehr wertvolles historisches Dokument – naiv, bescheiden, frisch und vollkommen ehrlich.

Ich wurde am 15. November 1915 in dem kleinen, nahe der Stadt Arabkir gelegenen Dorf Tsack geboren.* Mein Vater, der seit fünfzehn Jahren in den Vereinigten Staaten lebte, war 1910 in sein Heimatland zurückgekehrt, um mit seiner Familie zusammen sein zu können und vielleicht seine Eltern davon zu überzeugen, die Türkei zu verlassen und nach Amerika auszuwandern. Er war mit Mariam Dedekian verheiratet, einem der hübschesten Mädchen im Dorf. Sie stammten beide aus mittelständischen Familien. Sie waren Landbesitzer und mein Großvater Krikor Yeramian war der Schatzmeister des Dorfes, der jungen Männern Geld lieh, damit sie nach Amerika gehen konnten, um dort zu arbeiten und mit dem Verdienst ihre Familien in der Heimat zu unterstützen. Er fühlte sich in seinem Heimatland wohl und sicher, warum sollte er in die Fremde ziehen? Er überredete meinen Vater, seinen einzigen Sohn Garabed, in der Türkei zu bleiben, eine Familie zu gründen und mit ihnen zusammenzuleben.

Meine Mutter Mariam wohnte bei ihren Schwiegereltern und tat alles, was diese von ihr verlangten. Das war so üblich: sie war eben eine gute „Hars", die Braut – sie wurde Fremden immer als die „Hars" vorgestellt, als die Braut der Familie, ganz egal, wie alt sie war und wie viele Jahre sie Braut gewesen war. Sie war und blieb unsere „Hars".

Meine Mutter hatte Kinder gehabt, aber keines von ihnen hatte überlebt. Als ich geboren wurde, unternahm meine Großmutter Maigir eine Novene, auf Armenisch „Ooquth" genannt: Sie ging hin und sammelte vom Silberschmied und von Nachbarn vierzig unterschiedliche Gegenstände aus Silber und ließ daraus für das Kind ein Armband anfertigen. Natürlich wurde es vom Priester des Ortes geweiht und meine Mutter ließ die Aufschrift „Artemis" darauf anbringen. Bei meiner Taufe wurde dann das Wort „Abrisse" – „Mögest du leben" – hinzugefügt. Sie ließen auch einen Kinderkittel aus vierzig verschiedenen Stoffen nähen. Dieses Kleid trug ich als Baby immer und immer wieder. Meine

---

* Meine Mutter hat immer behauptet, es sei ihr Geburtstag gewesen, aber wenn das zutrifft, dann hätte sie die Massaker in Arabkir nicht erleben können, die nach Lepsius' Aussage schon im Frühjahr 1915 begannen. Aller Wahrscheinlichkeit nach waren sie und ihre Mutter Opfer des dritten Massakers, das nach Angaben meines Vaters Mitte 1916 stattfand. Da sie sich selbst als kleines Kind beschreibt, das ein Kleid trug, scheint dieses Datum sinnvoll zu sein, denn sie wäre damals mindestens sechs Monate alt gewesen. Ich habe ihre Erinnerungen als kleines Buch herausgegeben: Artemis Yeramian Mirak, *Story of My Life* (Geschichte meines Lebens), Dinges & Frick, Wiesbaden, 2000.

Familie war sehr glücklich, endlich ein Kind zu haben, das überlebte, auch wenn es kein Junge war. Jungen waren immer willkommener, weil sie den Namen der Familie weitertrugen. Aber egal, ich war am Leben.

1913 schloss die türkische Regierung alle Grenzübergänge. Niemand konnte das [armenische] Gebiet verlassen, jede Kommunikation mit der Außenwelt wurde unterbunden. Kein Brief kam ins Land herein oder hinaus. Das war der Anfang des Plans, des „Völkermords".

Ich war noch ein Kleinkind, als 1915 – 1916 das Morden begann. Die Menschen aus unserem Dorf wurden in der Kirche versammelt; alle Männer, Frauen und Kinder mussten tagelang dort bleiben. Dann führten die Gendarmen – türkische Soldaten – sie in Gruppen etwa fünf bis zehn Meilen weit weg und erschossen sie. Meine Mutter, meine Großmutter und andere Frauen und Kinder wurden zusammengepfercht und erschossen. Meine Mutter umklammerte ihr kleines Baby Artemis und hielt es eng an die Brust, damit das Kind mit ihr stürbe. Aber die Kugel hat mich verfehlt.

[Frau] Digin Bakerian hatte das Massaker überlebt. Sie sah mich und wusste, dass ich am Leben war, aber wohin sollte sie mit einem kleinen Baby gehen? Wenn es schrie, hätte man sie gefasst, darum ließ sie mich dort bei den Leichen liegen. Sie entkam in das nächstgelegene Dorf und wurde von türkischen Nachbarn gerettet.

Wenige Tage später hörte ein türkischer Schäfer, der in der Nähe seine Herde weidete, unter all den Leichen ein Baby weinen. Er hob das kleine Kind auf, nahm es mit und legte es auf den Stufen einer türkischen Moschee ab. Ich weiß nicht, wie lange dieses kleine Kind unter freiem Himmel liegengelassen wurde. Schließlich kam ein Gendarm dieser Stadt namens Omar. Er hatte Mitleid mit dem kleinen Kind, nahm es mit nach Hause und bat seine Frau Gulnaz, sich um das Baby zu kümmern. Sie hatten keine Kinder. Die Frau weigerte sich aber, das Baby aufzunehmen, denn sie wollte nicht für ein „Giavour"-Kind, eine Christin, sorgen und sagte, sie wäre ohnehin zu alt, um für ein kleines Kind zu sorgen. Aber schließlich willigte sie doch ein, das Baby über Nacht dazubehalten.

Am nächsten Morgen nahm sie das Kind und legte es auf die Treppe vor der Moschee. Während sie dasaß und mit den Nachbarinnen plauderte, krabbelte die Kleine plötzlich zu ihr hin und hielt sich an ihrem Rock fest. Gulnaz traten die Tränen in die Augen, sie schwor, Allah habe ihr dieses Kind geschickt und sie würde mich lieben und für mich sorgen, solange sie lebte. Sie nannten mich Noveria und jeder kannte mich unter diesem Namen.

Sie hat mich sehr geliebt, und ich wuchs auf und nannte sie „Anne", was auf Türkisch „Mutter" bedeutet. Ich hatte von allem nur das Beste: wunderschöne Kleider – ich war das einzige kleine Kind, das rote Schnallenschuhe trug – und das beste Essen. Ich sprach nur türkisch. Ich erinnere mich, dass jeden Abend zur Abendbrotzeit der Muezzin sein Abendgebet vom Minarett herunter sang, danach begann unser Abendessen. Das war ein Ritual.

Ich wusste nicht, dass ich ein armenisches Kind war, sie haben es vor mir geheimgehalten. Um das Jahr 1917 herum kehrten dann die überlebenden Armenier in ihre Häuser zurück. Es gab nichts mehr außer den nackten Wänden. Um etwas zu verdienen, arbeiteten einige dieser Frauen in türkischen Haushalten und wurden dafür mit Lebensmitteln bezahlt. So geschah es, dass eine meiner Tanten, Margret Dedekian, zusammen mit einer anderen Frau in unser Haus kam. Sie erkannte mich sofort, aber Gulnaz Hanim stritt zunächst ab, dass ich ein armenisches Kind war. Nach alter Sitte erzählte sie den Frauen, wie sie mich gefunden hatte. Sie zeigte ihnen den kleinen blutverschmierten Kinderkittel und mein silbernes Armband. Die Frauen freundeten sich miteinander an. Meine Verwandten erledigten ihre Hausarbeit und kehrten glücklich nach Hause zurück. Sie wussten nun, dass auch ich am Leben war und gut versorgt wurde. Sie kehrten in ihr Dorf zurück und erzählten meiner Cousine Joovar Millian, dass Artemis am Leben war und in einer türkischen Familie lebte.

Kurz nach 1917 durften sich die Armenier, die den Völkermord überlebt hatten, wieder frei bewegen. Meine Cousine Joovar kam, mich zu besuchen, aber ich wusste nicht, wer sie war. Ich erinnere mich, dass ich sehr scheu war und mich bei ihr nicht wohlfühlte. Man hatte mir ja gesagt, ich sei Türkin und sie wäre eine „Giavour". Sie besuchte mich häufig, es war eine lange Reise. Sie musste den ganzen Tag laufen. Sie hatte weder Pferd noch Karren und lief einfach den ganzen Tag, nur um mich zu sehen. Joovars Vater und mein Vater waren Brüder. Ihr Vater war gestorben, sie lebte bei ihrer Mutter und Großmutter. Meine Cousine Joovar hatte keine eigenen Kinder. Sie hatte ihre verwaiste Halbschwester Siranoush und Boghos, einen Neffen ihres Ehemanns, zu sich genommen. Sie lebten in einem Haus im Dorf Tsack. Sie verfügte über viel Ackerland mit Weinbergen, die ihrer und meiner Familie gehörten. Ihr Ehemann war in Amerika, aber sie hat bis 1918 oder 1920 nichts von ihm gehört.

Eines Tages, als ich nach dem Spielen mit den Nachbarkindern nach Hause kam, saßen bei uns sehr viele Menschen, und ich wollte wissen, warum. Mein Vater, der türkische Gendarm Omar, war krank geworden und plötzlich gestorben. Bis heute erinnere ich mich daran, wie alle Menschen aus dem Dorf kamen und weinten, die alten Menschen umarmten sich unter Tränen. Auch ich weinte. Ich hatte keinen Vater mehr, der mich auf dem Pferd reiten ließ oder mir schöne Kleider kaufte. Was sollte nun aus mir werden? Aber ich hatte meine Anne, die mich mehr denn je liebte. Sie war eine sehr warmherzige und liebevolle Person, die mich immer auf den Arm nahm und alles für mich tat. Ich liebte sie innig, meine Anne, meine Mutter.

Kurze Zeit danach, vielleicht ein Jahr später, heiratete meine Mutter einen jungen türkischen Soldaten, einen hübschen Mann, der viel jünger war als ihr erster Ehemann Omar. Gulnaz Hanim war eine reiche Witwe, der junge Mann heiratete sie ihres Geldes wegen. Er hatte noch eine weitere Frau und Kinder. In diesen Tagen durften die türkischen Männer mehr als eine Ehefrau haben.

Ein Jahr oder vielleicht zwei vergingen. Meine Cousine besuchte mich immer noch und alle verstanden sich gut. Als Omar noch am Leben war, hatte er meine Cousine gewarnt, sie sollte nicht einmal daran denken, mich ihm wegzunehmen, er werde sie sofort umbringen. Seine Warnung machte ihr keine Angst, sie kam weiterhin so oft wie möglich. Als er starb, standen die Dinge anders. Gulnaz' neuem Ehemann war ich gleichgültig, er hatte ja eigene Kinder. Sie sprachen mit meiner Cousine darüber. Wenn sie mich haben wollte, dann konnte sie mich mitnehmen.

Damals erließ die türkische Regierung gerade ein neues Gesetz, wonach armenische Kinder, die bei türkischen Familien lebten, an ihre armenischen Verwandten – Mütter, Schwester, Brüder oder Vetter und Cousinen – zurückgegeben werden sollten, wenn diese rechtmäßige Ansprüche geltend machen konnten. Das geschah in guter Absicht; aus jedem Bösen erwächst auch etwas Gutes.

Also zog mir meine Anne ein schönes Seidenkleid und rote Schuhe an. Gemeinsam mit ihrem Mann brachte sie mich in das Dorf Tsack. Wir ritten auf einem Pferd. Ich saß zusammen mit meiner Mutter im Sattel, ihr neuer Ehemann führte das Pferd. Ich weiß nicht mehr, wie lange die Reise gedauert hat. Wir kamen in der Abenddämmerung in dem Dorf an, zufällig war es der Tag vor Ostern. Alle Menschen aus dem Dorf kamen, uns zu begrüßen, sie brachten selbstgemachte Leckereien, das armenische Brot Cheoreg, Käse, Eier und Kharma, gekochtes Lamm. Wir hatten ein wunderbares Abendessen. Was für ein Fest! Alle hier waren Armenier und ich verstand kein Wort armenisch.

Am nächsten Tag kehrten meine Anne und ihr Ehemann wieder in ihre Heimatstadt Agin zurück. Ich weinte ihnen lange nach. Ich wollte mit ihnen zurück reiten. Doch ich blieb, ich musste bleiben. Der einzige Mensch, den ich kannte, war meine Cousine Joovar (Ablah). Wohin sie auch ging, ich hing an ihrem Rockzipfel. Dann war da noch Siranoush (ihre Halbschwester), ein paar Jahre älter als ich, und Boghos, der Neffe ihres Mannes.

Siranoush mochte mich nicht, sie nannte mich immer die „Türkin", weil ich nicht armenisch sprach. Innerhalb von sechs Monaten begann ich aber armenisch zu lernen und zu sprechen. Wir besuchten eine armenische Schule im Dorf und ich fand dort viele Freunde. In diesem Dorf gab es nur Frauen und Kinder, keine Männer. Ich kann mich nicht erinnern, je eine Hochzeit oder die Geburt eines Kindes erlebt zu haben. Wir Überlebende waren Waisenkinder des Massakers.

Mein Vater konnte eine ähnliche Geschichte erzählen, aber sie kam unter anderen Umständen ans Licht. 1965, anlässlich des 50. Jahrestages des Völkermords an den Armeniern, hatten ihn die Leiter einer Fernsehstation in Boston angesprochen, die für eine Dokumentarsendung Überlebende des Völkermords interviewen wollten. Mein Vater sprach mit meiner Mutter darüber, und beide kamen nach langer und quälender Überlegung zu dem Schluss, es wäre zu schmerzhaft, sich solche traumatischen Erinnerungen ins Bewusstsein zu rufen. Sie lehnten deshalb diese Einladung dankend ab. Doch dann brach 1988 eine Debatte aus über ein Buch eines gewissen Justin McCarthy, eines revisionistischen Historikers, der den Völkermord an den Armeniern bestritt.* Vielleicht, weil es zeitlich mit den schrecklichen Erdbeben in Armenien zusammenfiel, reagierte mein Vater dieses Mal anders. Er kannte den Inhalt des Buchs und entschloss sich, dem Autor einen Brief zu schreiben:

Lieber Herr McCarthy,

Mein Name ist John Mirak. Ich wurde 1907 in Arabkir in der Türkei geboren. Der Wohnort meiner Familie war ein Dorf in der Nähe von Arabkir. Da es in der Umgebung viele Dörfer gab, wurde 1914 im Stadtzentrum ein großes Schild

---

* Justin A. McCarthy gehört zu den führenden amerikanischen Revisionisten in der Frage des Völkermords an den Armeniern. Er war Ende der 1960er Jahre als Mitglied der amerikanischen Entwicklungshilfe-Organisation Peace Corps (Friedenskorps) in der Türkei tätig und unterrichtete an der Universität Ankara. 1978 erwarb er an der University of California of Los Angeles den Doktorgrad. Er hat zahlreiche Werke über das Osmanische Reich und die armenische Frage veröffentlicht. Es ist nicht klar, auf welches Buch oder welchen Artikel mein Vater damals reagierte.

aufgehängt, das besagte, die türkische Regierung werde in etwa sechs Monaten Krieg führen. Alle Armenier wurden aufgefordert, ihre Waffen abzugeben, damit in unserem Gebiet Frieden herrsche. Die Armenier folgten diesem Befehl. Einige Zeit war vergangen, als um das Jahr 1915 herum eine Gruppe türkischer Soldaten in das Dorf geritten kam und alle gesunden und kräftigen Männer, darunter auch mein Vater, sowie die Priester und die Lehrer zusammentrieben, sie fesselten und mit ihnen aus dem Dorf heraus marschierten, etwa zehn Meilen weit, bis zum Fluss Euphrat. Einige haben sie getötet, die anderen ertränkt. Das war das so genannte Erste Massaker.

Das Zweite Massaker fand etwa sechs Monate später statt. Sie trieben alle Jungen, Mädchen und Frauen, die 12 Jahre oder älter waren, zusammen, führten sie etwa sechs Meilen aus der Stadt heraus und brachten sie um. Darunter waren auch Verwandte von mir, auch meine Vettern und Cousinen.

Zum Dritten Massaker kam es Mitte 1916. Dieses Mal waren alle alten Menschen, Männer, Frauen und die Kinder an der Reihe. Sie trieben sie zusammen, schlossen sie vier Tage lang in der Kirche ein und brachten sie am fünften Tag ins Stadtzentrum. Ich lief in unser Haus, das knapp 100 Meter entfernt war. Wenn man ins Haus kam, traf man auf meine Großmutter, die sehr krank auf einer Couch lag. Ich lief in den Stall hinter dem Haus und versteckte mich dort. Ich hörte, wie Topal Nury kam und meine Großmutter fragte, wo ich wäre. Sie antwortete, sie hätte mich nicht gesehen, also ging er fort. Topal Nury war der leitende Henker der ganzen Gegend in diesem Teil der türkischen Provinz. „Topal" ist das türkische Wort für „lahm", es muss also ein Spitzname gewesen sein.

Das letzte Massaker fand nicht einmal eine Meile von der Stadt entfernt statt. Weil die Menschen nicht weitergehen konnten, wurden alle an dieser Stelle umgebracht.[*] Ungefähr einen Monat später war ich mit unserer Nachbarin, einer türkischen Frau, in der Nähe des Dorfplatzes. Topal Nury kam auf einem Pferd geritten, packte mich und schrie: „Du bist der, der entkommen ist." Da sah ihn die türkische Frau an und schrie zurück: „Habt Ihr denn noch nicht genügend Menschen umgebracht? Warum lassen Sie den Jungen nicht in Frieden, damit er sich um seine sterbende Großmutter und seinen kleinen

---

[*] Wenn mein Vater sich hier darauf bezieht, dass die Menschen nicht mehr gehen konnten, dann meint er wohl armenische Deportierte, die aus einem anderen Ort in seine Heimatstadt gekommen waren. Die Menschen aus seiner Heimatstadt waren bereits in den ersten drei Massakern umgebracht worden.

Bruder, einen Säugling, kümmern kann?" Also ließ er mich in Ruhe. Eine Woche später starb meine Großmutter. Ich fragte den Ehemann dieser Nachbarin, ob er mir helfen könne, sie zu begraben und er war so freundlich, auf unserem Grundstück ein Loch auszuheben und sie zu begraben. Noch eine Woche später musste ich wieder zu ihm und ihn bitten, meinen kleinen Bruder zu begraben; er war noch nicht einmal ein Jahr alt, als er verhungerte. Jetzt war ich der einzige verbleibende Armenier im Dorf. Eine andere freundliche türkische Frau, die Mitleid mit mir hatte, nahm mich auf und gab mir zu essen. Ich arbeitete mehrere Monate lang für sie.

Dann kam das Jahr 1917. Damals wurde ein Gesetz erlassen, wonach kein Türke ein armenisches Kind gegen dessen Willen behalten durfte. Eines Tages erschien plötzlich meine Tante, die ihre drei Kinder suchte, die beim Dritten Massaker umgebracht worden waren. Sie hörte, dass ich am Leben war und kam, um mich mitzunehmen. Ich hatte Angst, die türkische Frau zu verlassen, aber sie sagte, ich solle mich nicht fürchten und mit meiner Tante gehen. Wir gingen dann den ganzen Tag und die Nacht zu Fuß, bis wir Arabkir erreichten. Dort angekommen, fanden wir zwei andere armenische Frauen. Das einzige Essen, das wir hatten, kam einmal in der Woche von Near East Relief, der aus Amerika finanzierten Hilfsorganisation für den Nahen Osten. Gewöhnlich ging ich hin und bekam eine Portion Weizen für zwei Personen; damit konnten wir die Woche überstehen. Der für diese Hilfsorganisation zuständige Mann war ein Herr Knapp. Für uns alle war er ein Gott.

Wir blieben fast ein Jahr in Arabkir. Ich hatte entfernte Verwandte in der syrischen Stadt Aleppo. Wir schrieben ihnen und sie halfen uns, mit einer Karawane dorthin zu gelangen. Wir lebten ungefähr ein Jahr bei ihnen. Dann musste ich in ein Waisenhaus, meine Tante blieb bei den Verwandten. Ihr Mann, mein Onkel also, lebte in Boston, in Amerika. Er war 1912 [nach Amerika] gekommen. Sie schrieb ihm schließlich, berichtete ihm über unser Schicksal, und mit seiner Hilfe gelangten wir nach Amerika. Am 20. Januar 1921 kamen wir auf Ellis Island in New York an.

Herr McCarthy, ich bin gerne bereit, ihre gesamten Reisekosten zu übernehmen, wenn Sie mit mir gemeinsam nach Arabkir in mein Dorf reisen, damit ich ihnen unsere Schule und unsere Kirche zeigen kann – wenn die Überreste noch da sind – sowie das Haus der freundlichen türkischen Frau, die mir damals das Leben gerettet hat. Ich würde ihnen auch die Namen unserer damaligen türkischen Nachbarn geben. Ich werde Sie mit zu meinem benachbarten

Elternhaus nehmen und ihnen die Überreste zeigen, und wenn der wunderbare Boden in unserem Hof noch da ist, dann werde ich die Erde entfernen und ihnen die Gebeine meiner Großmutter und meines kleinen Bruders zeigen, damit sie nicht behaupten, alles wäre erfunden."

Mein Vater schloss seinen Brief mit der Versicherung, er werde in dem Fall, falls er den Historiker – den er einen „Heuchler erster Güte" nannte – nicht davon überzeugen könne, dass es wirklich einen Völkermord an den Armeniern gegeben habe, eine Million Dollar an eine Wohltätigkeitsorganisation spenden, die McCarthy aussuchen könne. Aufgrund des fortgeschrittenen Alters meines Vaters und bestimmten anderen Erwägungen verblieb dieser Brief bei den Papieren, die ich nach seinem Tode gefunden habe. Aber die Aussage war eindeutig.

Die Berichte meiner Mutter und meines Vaters machen zwei Dinge deutlich. Zum ersten: den Völkermord gegen die Armenier hat es wirklich gegeben. Weitere Augenzeugenberichte, von dem Schweizer Jakob Künzler aus Urfa oder Dr. Johannes Lepsius aus Konstantinopel sowie die neu veröffentlichten Unterlagen aus dem deutschen Auswärtigen Amt bestätigen die Details. Zum zweiten: das tragische Geschehen war kein Ausdruck von anti-armenischem Rassismus „des türkischen Volkes". Hätte der besagte türkische Schäfer damals nicht den armenischen Säugling unter all den Leichen wimmern gehört und das Kind mit in die Moschee genommen oder hätte die Türkin Gulnaz den Hilferuf des Kindes nicht als ein Zeichen Allahs betrachtet, dann wäre ich nicht am Leben und hätte dieses Buch nicht schreiben können. Ich wäre nie geboren worden, hätte eine Türkin dem Gendarmen Topal Nury nicht befohlen, meinen Vater in Ruhe zu lassen, und hätte eine andere Türkin ihm nicht zu essen gegeben und ihm Unterschlupf gewährt.

Catherine Claude

Ein Brief

Übersetzt aus dem Französischen von Uta Kampendonk.

Liebe Heide,

ich habe Deinen Text sehr aufmerksam gelesen. Was mir sofort auffiel, war das Wort „schweigen"; denn genau darum geht es. Schweigen, das Verschweigen des Genozids, der einfach nicht existiert.

Mein Großvater hieß Léon (bzw. Levon, bevor man seinem Vornamen im Rahmen der Einbürgerung eine französische Form angedeihen ließ) Tuysuzian. Er wurde 1904 in Konstantinopel geboren.

Levon Tuysuzian (1904 – 1992) und Blanche Montchanin (1909 – 1997)

Ich erinnere mich, dass ich im Alter von sieben oder acht Jahren einmal meine Großmutter fragte, warum nie jemand etwas von Großvaters Eltern erzählte. Vielleicht hatte er keine? Jedenfalls war dies die Antwort, die ich mir in meinem Kindergemüt zurechtgelegt hatte. Wenn man von einer Sache nicht redete, konnte der Grund nur sein, dass sie nicht existierte.

Meine Großmutter sagte damals, dass die Eltern meines Großvaters tot seien, aber es sei besser, nicht mit ihm daüber zu reden. „Warum?" wollte ich wissen. „Weil sie unter seinen Augen getötet wurden, und es ihm zu weh tun würde", war ihre Antwort.

Da ich meinem Großvater nie weh tun wollte, habe ich also niemals mit ihm darüber gesprochen.

Aber ich habe andere Leute gefragt und erfahren, dass er auf dem Treck mit einer Schwester an jeder Hand war, dann auf einem Schiff nach Marseille. Danach sei er zu Fuß nach Paris gewandert (unwahrscheinlich, aber so hat man es mir erzählt ...), um in den Renault-Fabriken zu arbeiten, da Renault jeden einstellte. Später, als er die französische Sprache beherrschte, arbeitete er im Hotelgewerbe.

Dann lernte er meine Großmutter kennen.

Mein Großvater hatte das Vergessen und das Schweigen als Überlebensstrategie gewählt. Er hat mir nie von jenen Massakern berichtet, und ich habe ihn auch nie davon zu andern reden gehört.

Er erzählte mir von dem Licht über dem Bosporus und gab mir Lokum, Turkish Delight, zu essen. Er verleugnete seine Herkunft nicht, aber den Genozid klammerte er aus.

Ja, das ist alles, was ich weiß.

Catherine

G. H. Chopourian

Sechs Tage – von vielen

Die Chronologie eines Todesmarsches

Ins Deutsche übertragen von Lore Ajemian-Schäfer.

Als Junge von zehn Jahren hat G. H. Chopourian in Kanada seinen Onkel nach dessen Erlebnissen auf dem Todesmarsch des Völkermordes an den Armeniern befragt und später nach diesen Notizen den Roman „Blessings in bitter cups" verfasst. Als Lore Ajemian-Schäfer dem armenischen Autor in Kanada begegnete, bat sie Chopourian um die Erlaubnis, seinen Text aus dem Englischen ins Deutsche zu übertragen: „Segen aus bitterem Kelch". Das folgende Kapitel, das Ajemian-Schäfer den Herausgebern in Form eines Dialogs zugesandt hat, wurde zur Erleichterung des Verständnisses von Jochen Mangelsen für diese Sammlung als Erzählung wiedergegeben.

*

Diese große Menschenmasse sollte eine Reise ins Unbekannte antreten, hilflos und ohne etwas dagegen unternehmen zu können. Sie hatten keinerlei Waffen. Die Behörden hatten bereits im Voraus alle Häuser der Armenier durchsucht und dafür gesorgt, dass alle Waffen abgegeben wurden. Alte Männer und junge Burschen konnten gegen die schwer bewaffneten Gendarmen nichts ausrichten, und die stärkeren Männer waren bereits früher umgebracht worden. Unsere Familie war entsetzt, als wir zahlreiche weitere Familien aus Adana auf den Feldern antrafen. Sie waren aus der ganzen Stadt zusammengetrieben worden. Viele waren Freunde und Bekannte.

Tag 1

Es konnten etwa 500 Familien sein, möglicherweise 2000 bis 2500 Personen. Etwa um drei Uhr nachmittags pfiffen alle Gendarmen gleichzeitig zum Aufbruch: Die Reise begann. Dreißig Gendarmen waren aufgeboten, fünfzehn auf jeder Straßenseite. Am Ende des Deportiertenzuges führten diese Zaptiehs[*] einen von zwei Pferden gezogenen großen Wagen und vier Pferde mit Satteltaschen, vollbeladen mit Verpflegung und Getränken und kleinen Zelten mit

---

[*] Polizisten

den dazugehörigen Stangen. Etliche Gefangene besaßen Einspänner. Darauf hatten sie das Nötigste geladen, das sie für die Reise nach Unbekannt retten konnten, bevor sie ihre Häuser verlassen mussten. Gegen Abend, als es bereits dämmerte, ertönten wieder die Pfiffe. Der Konvoi wurde außerhalb eines ärmlichen Dorfes aus Lehmziegelhäusern angehalten. Soweit war die Reise ohne Zwischenfälle verlaufen. In etwa drei Stunden hatten wir etwa neun Kilometer zurückgelegt.

Für die Nacht zog jeder seine Decken heraus, legte eine auf den Boden und deckte sich mit der zweiten zu. Die Menge verteilte sich auf einem großen, leeren Feld.

Es gab absolut nichts. Keine Kantinen, wo diejenigen, die noch Geld übrig hatten, etwas kaufen konnten. Keine Toiletten jeglicher Art. Kein Wasser. Am Freitag, dem ersten Tag der quälenden Reise, als der Zug in der Dämmerung angehalten wurde, konnten die Familien das essen, was sie mitgenommen hatten, als der Befehl zum Verlassen der Häuser ergangen war. Im Dorf hatten die Bewohner Gruben in ihren Gärten gegraben, die sie als Toiletten benutzten. Hier aber hatten sie keine Schaufeln, um solche Gruben zu graben. Als es dunkel wurde, konnten wir nicht sehen, was die Leute taten, um sich zu entleeren. Aber als am Samstagmorgen die Sonne aufging und es auf dem Feld hell wurde, bot sich ein Anblick, der für ein kultiviertes Volk verletzend und demütigend war. Was wir sahen? Hunderte hatten sich auf dem großen, offenen Feld verteilt. Viele Männer standen da, um Wasser zu lassen. Hunderte saßen in der Hocke, um ihren Darm zu entleeren. Was hätten diese Menschen tun können, um ihre Scham zu verbergen? Nichts! Diese Obrigkeit war grausam, herzlos und tückisch.

Tag 2

Und dann der Samstag, der zweite Tag. Er begann wieder mit den schrillen Pfiffen der Zaptiehs. Das Frühstück wurde jäh unterbrochen, da die Zaptiehs zum Gehen drängten. Mein älterer Bruder begann, mit Jungen seines Alters über Widerstand zu sprechen. Sie stimmten nicht zu, denn jede Mühe wäre vergeblich gewesen. Wo sollten sich die Aufständischen in Sicherheit bringen? Wohin immer sie geflohen wären, war feindliches Land. Als sich gegen 8 Uhr früh der Konvoi wieder in Bewegung setzte, war es noch recht kühl, aber im Laufe des Tages wurde es heißer und heißer. Auch feucht. Gnädigerweise durften wir gegen Mittag anhalten. Die meisten fühlten sich nicht gut und der vierstündige Marsch fiel ihnen sehr schwer. Sie stöhnten und ächzten. Eine unserer Nachbarinnen, eine ältere Frau, fiel zur Seite und konnte nicht mehr aufstehen. Sie konnte ihren rechten Arm nicht mehr bewegen. Die den Sturz bemerkt hatten, dachten, sie habe sich den Arm gebrochen. Eine Krankenschwester, die auch im Zug mitging, untersuchte sie und stellte fest, dass sie einen Schlaganfall erlitten hatte. Da sie unmöglich weiter zu Fuß gehen konnte, ließ Jakob sie auf dem Wagen mitfahren. Nach etwa einer Stunde Pause wurde wieder gepfiffen, um den Weg fortzusetzen. Was dann folgte war Erschöpfung, Schwäche, Wassermangel und Mutlosigkeit.

In der Dämmerung erreichten wir eine größere Stadt mit Namen Ceyhan am Ceyhanfluss. Der Anblick des Flusses weckte neues Leben. Aber war das Wasser sauber genug zum Trinken? Ich glaube nicht, dass irgendjemand so weit dachte. Wenn ein Mensch erst so hungrig, durstig oder ohne Hoffnung ist, denkt er nicht an die Folgen.

Dann der Abend. O mein Gott, ich wünschte ich könnte die brutalen Erniedrigungen dieses Abends vergessen. Es war schrecklich. Es war beschämend. Offensichtlich hatten zwei Zaptiehs sexuelle Absichten. Tagsüber hatten die beiden zwei junge Mädchen beobachtet und für ihr Abendvergnügen ausgesucht. Da sie wussten, wo die Mädchen die Nacht verbringen würden, war es leicht, sie von dort wegzuholen. Als man den Mädchen befahl, mitzugehen, fühlten sie instinktiv, dass dies kein gutes Omen war. Sie weigerten sich. Daraufhin packten die Männer sie bei den Armen und Taillen und zogen sie buchstäblich zu ihren Zelten. Die Mädchen schrien so laut sie konnten. Sie traten und bissen und stöhnten um Hilfe. Ihre Mutter war hilflos und beobachtete das traurige Geschehen, ohne auch das Geringste dagegen tun zu können.

Am Morgen kamen die beiden Mädchen aus den Zelten, unordentlich, zerknittert und mit verwirrten Haaren. Tränenströme hatten ihre geschwollenen Augen purpurrot gefärbt. Sie gingen auf Ihre Mutter zu und hielten sich vor Scham die Hände vor die Augen. Die armen Kinder, sie fühlten sich schuldig. Der gesamte Konvoi hob die Hände und schrie im Chor: „Schämt Euch, Ihr Tiere! Gott wird Euch strafen für diese Taten", was natürlich auf taube Ohren stieß. Bis dahin waren die Deportierten von Freitagmorgen bis Sonnabend etwa 45 km gegangen und ahnten nicht, wie weit sie noch gehen mussten.

Tag 3

Eine Abordnung von Frauen und zwei Priester, die ebenfalls in den Zug gezwungen worden waren, baten die Zaptiehs um Erlaubnis, ihren Gott anbeten zu dürfen. Merkwürdigerweise erlaubten sie es ohne jede Widerrede. Die beiden Priester trugen ein paar Gegenstände zusammen und versuchten, eine Kanzel zu bauen. Eine Stunde lang lasen sie aus der Heiligen Schrift und eine Messe. Das hat uns aufgebaut. Plötzlich fühlten sich die Leute angeregt und belebt. Sie priesen Gott für die Liebe, die Jesus in ihr Leben gebracht hatte. ‚Dies ist mein Leib, der für euch hingegeben wurde' und ‚dies ist mein Blut, das für euch vergossen wurde' – diese Worte berührten die Menschen in einer Weise, wie sie es auf den bequemen Kirchenbänken und inmitten festlich geschmückter Gotteshäuser nie erlebt hatten. Dies war eine völlig neue und wunderbare Erfahrung. Die armenischen Protestanten und die Gregorianisch-Orthodoxen fühlten sich wie ein einziger Körper in Jesus Christus. Für das Abendmahl gab es kein Brot und keinen Wein. Anstelle des Brotes wurden die Teilnehmer gebeten, mit dem Zeigefinger ihre Zunge zu berühren. Anstelle des Weines sollten sie mit zwei Fingern ihren Adamsapfel berühren, um das Trinken nachzuahmen. Der Gottesdienst endete mit einem gesungenen Vaterunser. Nie, wirklich nie zuvor hatte ich die Kraft dieses Gebetes so gespürt. In der Geborgenheit der Kirchen hatte ich es aus Gewohnheit mitgesungen. Hier draußen in der Wildnis bewegte es jeden Einzelnen und gab uns Hoffnung und Mut.

Aber bald waren wir wieder auf der Straße, getrieben wie Vieh. Inzwischen war es stündlich heißer geworden. Um die Mittagszeit war es so heiß, dass der Konvoi eine Pause verlangte. Gnädig erlaubten die Zaptiehs, dass angehalten wurde. Die Erholungspause wurde jedoch von der traurigen Nachricht unterbrochen, dass die Frau, die den Schlaganfall erlitten hatte, gestorben war. Wir hatten keine Schaufeln, um ein Grab zu graben. Die Bewacher hatten zwar welche, weigerten sich jedoch zu graben. So wurde der Leichnam etwas abseits der Straße niedergelegt und der Gnade wilder Tiere überlassen. Die Schakale, Wölfe, Wildkatzen, Geier, Krähen und ähnliche Wildtiere würden den Körper schon kurzfristig beseitigen. Die Zaptiehs hatten überhaupt kein Gefühl oder Verständnis für die Heiligkeit des Lebens. Das aber ist noch nicht alles. Am späten Nachmittag dieses heiligen Tages setzte sich eine ältere Frau auf den Boden. Sie war so sehr erschöpft, dass sie nicht mehr gehen konnte. Niemand war in der Lage, sie zum Aufstehen zu bewegen. Die Zaptiehs befahlen ihr aufzustehen und weiterzugehen. Sie konnten sie nicht überzeugen. Sie war zu müde und mutlos, sie sagte den Zaptiehs, sie sollten sie einfach sitzen lassen und weitergehen. Einer der Leidensgenossen, der die Gegend bereits als Geschäftsmann bereist hatte, sagte ihr, dass sie nach nur fünf Kilometern die Stadt Osmaniye erreichen würde. Ihre Antwort war ein entschlossenes „Nein". Da die Zaptiehs fürchteten, sie könne sich wieder erholen und sie dann anzeigen, zogen sie es vor, das Leben der alten Frau zu beenden und zwar durch zwei Hiebe mit dem Gewehrschaft deutscher Machart auf den Kopf und dann auf den Körper. Daraufhin ließen sie die Tote liegen, zum Fraß der wilden Tiere. Endlich erreichten wir am Abend den Stadtrand von Osmaniye, etwa 45 km hatten wir seit Ceyhan zurückgelegt, insgesamt 90 km von Adana. Das war keineswegs das Ende unserer Reise. Wie bereits in den Nächten zuvor mussten wir wieder die Nacht draußen auf dem Feld verbringen. Wir litten unter der Hitze des Tages und unter der Kälte der Nacht. Es wurde unerträglich.

Tag 4

Am Morgen hatten viele von uns Muskel- und Rückenschmerzen, Hunger und Durst. Wir hatten keine Hoffnung mehr. Dazu kamen noch besondere Probleme. Am Morgen kamen eine Menge neugieriger Dorfbewohner, um zu sehen, was vor sich ging. Es war, als seien die Leute gekommen, um einen Zirkus anzusehen. Das war der Tag, an dem das Lieblingspferd meines Cousins Jakob nicht mehr weiter konnte. Er hatte so liebevoll für das Tier gesorgt. Am Tag zuvor hatte er ihm die letzte Handvoll Hafer und den letzten Tropfen Wasser gegeben. Aber jetzt konnte es kaum noch auf den Beinen stehen. Ein Bauer, der in der Zuschauermenge stand, bemerkte, was vor sich ging, kam näher und sagte zu Jakob: „Das ist ein wunderschönes Pferd". Jakob freute sich über die Bemerkung und fragte: „Möchtest du es haben?" Der Bauer war durchaus interessiert und bot ihm zwei Medjids (etwa 6 Euro). „Den Wagen musst du aber auch kaufen", sagte Jakob. „Ich kann nur fünf Medjids dafür geben", antwortete der Bauer. Jakob wollte schon das Angebot annehmen, als plötzlich der Gendarm, der schon vor Antritt der Reise Mitleid gezeigt hatte, von seinem Pferd stieg und den Mann anschrie: „Jetzt reicht es! Warum willst du diesen hilflosen Mann berauben? Schäm dich! Ich befehle dir, du zahlst fünfundzwanzig Medjids für das Pferd und fünfzig für den Wagen, und selbst das ist ein Schnäppchen." Verlegen stimmte der Bauer zu. Offensichtlich war er dem Gendarmen als reicher Mann bekannt.

Und dann geschah etwas, das mir noch heute, Jahre danach, Albträume bereitet. Ein türkischer Soldat stand in der Zuschauermenge. Er mischte sich unter die Armenier und machte sich die ganze leidvolle Lage klar. Als ihm ein armenisches Mädchen auffiel, ging er mit dem süßesten Lächeln auf es zu und bot ihm einen Sesamring an. Wie konnte da ein hungriges Kind ablehnen? ES biss hinein. Der Soldat sprach charmant mit ihm, nahm das Mädchen bei der Hand und führte es aus der Menge zu seinem Pferd, das von einem Fußsoldaten gehalten wurde. Der Hauptmann sprang auf sein Pferd, befahl dem Soldaten, das Mädchen hinaufzuheben und mit einem kurzen Druck der Steigbügel gegen den Bauch des Pferdes schoss er davon. Eine Sekunde später drehte er das Pferd ruckartig um und gab dem Fußsoldaten ein Goldstück im Wert einer Lira. Das solle er der Mutter des Mädchens geben. Das Kind, Anoushig, begriff, dass es der Mutter weggenommen werden sollte. Das Mädchen wurde immer verzweifelter in seinem Bemühen, loszukommen. Es kratzte ihn, trat ihn, bat und schrie, raufte sich die Haare und rang die kleinen Hände – vergebens. Ihre Mutter schrie sich die Seele wund, weinte und rief um Hilfe: „Gott, o mein Gott, warum lässt Du das zu?" Einige versuchten, die Mutter zu trösten und sagten ihr, dieser Hauptmann sei ein besonders guter Mann und habe keine Kinder. Er würde das Mädchen als gute muslimische Frau erziehen. Dies war kein Trost für eine Mutter, deren Kind getauft war und die versprochen hatte, es christlich zu erziehen. Der Schmerz wurde vielmehr verdoppelt. Ähnliches passierte immer wieder. Viele Mütter starben unterwegs. Ihre Kinder wurden zu Freiwild. Mit dem Versprechen, sie als gute Muslime zu erziehen, wurden sie aus dem Deportiertenzug entfernt. Die Verzweiflung war inzwischen so groß, dass viele Selbstmord verübten. So auch eine Frau mit guter Erziehung und immer bereit zu helfen, eine Krankenschwester, die im amerikanischen Missionskrankenhaus gearbeitet hatte. Sie hatte den Deportierten sehr geholfen, wenn es ihnen nicht gut ging. Als sie aber die vielen Schändungen sah, die unterwegs vorkamen, bekam sie große Angst, dass auch sie in die Hände der Bewacher fallen könnte. Mit Gift beendete sie ihr Leben. Immer wieder wurde die Frage gestellt: „Warum nicht die beiden Zaptiehs töten?" Die Frage wurde in kleinen Gruppen erörtert, die sich heimlich trafen und immer wieder zu dem Schluss kamen: Wir würden noch mehr Leben riskieren.

Tag 5

Gegen zehn Uhr an diesem Dienstagmorgen begann der fünfte Tag unserer Reise. Gegen Mittag fiel der Himmel auf uns herunter. Hunderte der Frauen und alten Männer und auch einige Jüngere fingen an zu fallen wie reife Feigen. Erschöpft und schwach waren sie nicht in der Lage, aufzustehen und weiterzugehen, wie ihnen befohlen wurde. So blieben 150 bis 200 Personen mit zwei Bewachern zurück. Nach etwa einer Stunde Pause, mehr um auszuruhen als zu essen, waren wir wieder auf dem Marsch. Die zwei Gendarmen, die mit den Erschöpften zurückgeblieben waren, holten unseren Konvoi nach etwa drei Stunden in einem kleinen Dorf wieder ein. Die Dorfbewohner kamen mit frischgebackenem, dünnem Brot, das auf einer großen, flachen Kupferplatte gebacken wurde. Diejenigen, die noch Geld hatten, konnten das lebenspendende Brot kaufen. Der nächste Halt kam bei Einbruch der Nacht auf einem großen, offenen Feld, ohne Dorfleben. Die Nacht war sternenklar. An diesem Tag hatten wir 45 km zurückgelegt. Was geschah mit der großen Gruppe, die zurückgeblieben war? Ich weiß es nicht. Oder: Sie haben sie umgebracht. Leider war die Nacht wieder voll Schrecken. Es war immer weniger zu essen da, kaum noch Wasser, nirgendwo Toiletten, viele starben, mehrere junge Mädchen wurden geschändet und das alles brachte immer mehr Ärger, der in unseren Herzen brannte, aber wir waren hilflos und konnten uns nicht rächen. Die Mutter der beiden Mädchen, die zu Anfang geschändet worden waren, wurde in der Nacht krank. Sie nannte uns deren Namen: Anahid, 15, und Ashkhen, 17. Beide waren nach Göttinnen genannt.

Tag 6

Am Mittwochmorgen, dem sechsten Tag, wachten wir von Stöhnen und Schluchzen auf. Ahanid und Ashkhen lagen auf den Knien und umarmten ihre tote Mutter. Auch wir weinten bittere Tränen und fragten uns, was wir für die Mädchen tun könnten. Dann sahen wir, wie unser Jakob zu den Mädchen hinüberging und sie mit einer zärtlichen Umarmung hochzog. Er legte seine Hände auf ihre Köpfe, als wolle er sie taufen und sagte: „Fürchtet euch nicht, wir werden uns um euch kümmern. Von jetzt an seid ihr unsere Adoptiv-Töchter." Natürlich musste der Konvoi weiterziehen. Was konnten die Deportierten tun, um Anahid und Ashkhen zu beruhigen, um ihnen zu helfen, das Endgültige anzunehmen, das sie nun ertragen mussten?! Der Leichnam der Mutter musste ohne Begräbnis liegen bleiben. Die Mädchen baten darum, dass auch sie zurückbleiben könnten. Sie sagten, sie würden mit ihren Fingernägeln ein Grab graben und die Mutter mit Erde bedecken. Nachdem sie Halbwaisen geworden waren, als ihr Vater getötet wurde, bedeutete das Leben nichts mehr für sie. Sie wollten lieber mit ihrer Mutter sterben. Jakob aber sagte: „Ihr wisst, dass wir euch adoptiert haben. Wir verbürgen uns dafür, dass wir euch beide lieben und beschützen werden. Warum solltet ihr nicht leben und euch eines Tages an der Regierung rächen? Findet einen Sinn für euer Leben und arbeitet daran, ihn zu erfüllen. Diese Deportation wird zu Ende gehen. Rüstet euch, für Gerechtigkeit zu streiten. Das würde euren toten Eltern Freude machen." Und indem er sie umarmte und drückte, führte er sie an den Anfang des Konvois. Anahids und Ashkhens Mutter war nicht die einzige, die zurückgelassen wurde. Etwa zwanzig andere blieben zurück, weil sie nicht mehr weitergehen konnten. Zwei Zaptiehs blieben bei ihnen – zwei Stunden später hatten sie den Konvoi wieder eingeholt. Sehr wahrscheinlich benutzten sie Mauser-Gewehre deutscher Herkunft für ihre schmutzige Arbeit. Der sechste Tag war genau wie der fünfte. Als die Nacht hereinbrach, wurden wir außerhalb eines Dorfes angehalten. Nach einer Nacht voll Schmerzen wachten wir an einem kühlen, hellen Tag auf. Wir fanden, dass wir sogar in dieser Trostlosigkeit Freude an Gottes Schöpfung empfinden konnten. Zum Beispiel freuten wir uns, als wir in der Nähe eine Quelle entdeckten, wohin die Dorfbewohner kamen, um Wasser zu schöpfen. Die Gefangenen stürmten zur Quelle. Mit einem langen Seil konnte man den Wassereimer heraufziehen. Eine Gruppe junger Burschen wurde zum Wasserholen abkommandiert. Wenn einer müde wurde, übernahm der nächste. Auf diese Weise tranken die Deportierten und füllten ihre Krüge für die Weiterreise am nächsten Tag. Viele konnten nicht weitergehen. Wie viele? Wir vermuteten, dass es sehr viele waren und dass alle erschossen wurden. Wann wird diese Reise enden? Wann wird Gott Mitleid zeigen, fragten sich alle, die noch im Konvoi verblieben waren. [...]

Arman Toghanyan

So starb sie

Aus dem Armenischen ins Deutsche übersetzt von Azat Ordukhanyan und Heide Rieck.

[Auszug aus dem zugesandten Beitrag]

Über die Toghanyans gibt es sehr viele Geschichten, die ich von Kindheit an mitbekommen habe. Eine aus der älteren Generation handelt von einem besonderen Schmerz, der alle immer zum Weinen gebracht hat. Ich erinnere mich, dass sie jedes Mal, wenn sie diese Geschichte erzählt hatten, ausriefen. „Wenn unsere Söhne diese Katastrophe je vergessen sollten, soll die ganze Welt die Armenier verachten." Jetzt bin ich an der Reihe, diese Geschichte weiterzugeben:

*

Toghanyan Familie

Gevorg Toghanyan und Taguhi Manukyan haben 1910 in dem Dorf Kamarak im Kreis Sebastia geheiratet. Beide stammen aus bekannten und wohlhabenden Familien. 1912 kam ihr Erstgeborener Tatul zur Welt. Die Familie war glücklich und genoss das friedliche Leben in der Heimat. Bis der Feind mit seinen grausamen, hinterhältigen Angriffen einbrach. All diese Angriffe haben einen Namen: Vernichtung der Armenier. Mir wurde erzählt, die Türken hätten in der ganzen Region die Armenier zusammengetrieben, in Ställe und Steinhäuser gesperrt und ermordet. Bevor sie sie abgeschlachtet hätten, hätten sie schöne Frauen ausgewählt und sich genommen. Die Frauen aber, die sich nicht gefügt hätten, seien vor den Augen ihrer Ehemänner oder ihrer Eltern vergewaltigt und anschließend getötet worden.

Eines Tages wollte ein Türke die ältere Schwester von Gevorg Toghanyan, Yetter, zur Frau nehmen. Aber Yetter wehrte sich hartnäckig. Da band der Türke sie an den Schwanz eines Pferdes und trieb es durch das Dorf. So starb sie.

Zur selben Zeit verkündete der Bürgermeister, die besten armenischen Handwerker in Arbeit zu nehmen. Daraufhin bot der fleißige Gevorg seine Arbeitskraft unter der Bedingung an, dass seine Familie ihn begleiten dürfe. So wurden seine Eltern, seine Frau, seine jüngere Schwester, zwei Brüder und das kleine Kind im Haus des Bürgermeisters untergebracht. Bald darauf bat Gevorg einen Tscherkessen, ihn, seine Frau und sein Kind für 60 Goldstücke zu entführen, zu retten. Der Tscherkesse war mit dem Handel einverstanden. Eine Woche später entführte er Gevorg, seine Frau Taguhi und den kleinen Tatul in einer Kutsche. Auf der Flucht wurden sie von türkischen Banditen angehalten und gefragt: „Wo bringst du diese Armenier hin?" Der Tscherkesse antwortete: „Ihr habt so viele Armenier umgebracht. Ich will jetzt auch meinen Anteil. Der Bürgermeister hat mir befohlen, sie außerhalb des Dorfes zu ermorden." So wurden diese drei Menschen gerettet. [...]

Aleksan Louis Ermazyan

Die Irrfahrten des Aleksan Ermazyan

Aus dem Armenischen übersetzt von Azat Ordukhanyan und Heide Rieck.

Ich bin der Enkel von Aleksan Ermazyan, und jedes Mal, wenn ich mir vergegenwärtige, was meine Familie durchgemacht hat, kann ich nicht ohne Tränen lesen, was mein Vater notiert hat. Unsere Familienfotos kann ich nicht anschauen, ohne zu weinen. Immer, wenn ich diese Notizen lese und die Fotos anschaue, frage ich mich: „Warum?" „Warum brach 1915 dieser Völkermord aus?" „Warum impfen die Türken ihre Kinder mit Hass gegen die Armenier?"

*

Aleksan Ermazyan (1888 – 1934), geboren im Dorf Gemerek (Kamarak), Bezirk Tonus, Kreis Sebastia, West-Armenien[*] (heute Region Sivas, Türkei), gestorben 1934 in der Republik Armenien.

Sein Vater war Handwerker. Als er 25 war, heiratete Aleksan 1913 die schöne Zardar Ter-Yegiayan, die Tochter des Dorfpastors Karapet Ter-Yegiayan. Ein Jahr später, zu Beginn des Ersten Weltkriegs, wurde Aleksan wie viele seiner armenischen Altersgenossen zum Militärdienst in der Osmanischen Armee eingezogen. Hier war er oft Augenzeuge von Unterdrückung und Entwürdigung, wurde ungerecht und brutal behandelt. Deshalb beschloss er, aus der Armee zu fliehen. Nach gelungener Flucht kehrte er zuerst zurück in sein Dorf Gemerek.

---

[*] Gemerek, oder Kamarak, Dorf im Bezirk Tonus, Kreis Sebastia, West-Armenien. Gemerek liegt 80 km südwestlich von Sebastia, auf der linken Seite des Flusses Alis, war Zentrum von Tonus und wurde im 16 Jh. von zwanzig armenischen Familien, ausgewandert aus Kilikien, gegründet. Die Hauptbeschäftigungen der Dorfbewohner waren Landwirtschaft, Handel, Viehzucht. Es gab zahlreiche Handwerker mit ihren in der Gegend bekannten Werkstätten und kleinen Fabriken (Lederverarbeitung, Webereien, Teppich- und Farbenproduktion usw.). Vor dem Genozid und Patriozid an den Armeniern existierten im Dorf zwei prächtige Kirchen, die Hl.-Gottesmutter-Kirche und die Hl.-Gregor-der-Erleuchter-Kirche, zwei Schulen für Knaben, die Aramyan-Schule und die Lusinyan-Schule mit 200 Schülern, sowie zwei Schulen für Mädchen mit ebenso vielen Schülerinnen. In der Umgebung von Gemerek lagen 30 weitere armenische Dörfer, die alle ab 1915 ausnahmslos zerstört und deren Bewohner mit wenigen Ausnahmen niedergemetzelt wurden. (Von den Herausgebern eingefügt.)

Hier verstand er bald, dass er illegal auch im eigenen Dorf nicht lange bleiben konnte. So floh er nach Frankreich. Der Erste Weltkrieg war schon in vollem Gange, und Aleksan schloss sich einer armenischen Legion an. Sie wurde 1916 in Kairo gegründet, war als „La Légion d'Orient" bekannt und wurde am 1. Februar 1919 in „La Légion Arménienne" umbenannt. Im Zuge der Franko-Armenischen Vereinbarung von 1916 war La Légion Arménienne als eine Fremdenlegion innerhalb der französischen Armee gebildet worden. Nach dem Ersten Weltkrieg, im Jahre 1921, bestand sie – kurz vor ihrer Auflösung – aus 10.150 armenischen Soldaten und Offizieren, die für die Befreiung ihres Heimatlandes kämpften. Unter dem Kommando von Louis Romieu (1872 – 1943).

Aleksan Ermazyan (1888 – 1934)

1915 begann der Völkermord an den Armeniern. Im Jahr 1914 lebten in dem Dorf Gemerek 1.252 Familien, davon 902 armenische und 350 türkische, wobei die türkischen Familien hier großenteils auch armenischsprachig waren. Von den mehr als 7.000 Armeniern aus diesem Dorf konnten sich nur Einzelne retten.

An einem sonnigen Tag im Sommer 1915 galoppierten türkische Askaren (Soldaten) ins Dorf und zerstörten mit unerhörter Brutalität alles, was armenisch war. Den Vater von Zardar, den Dorfpastor Karapet Ter-Yegiayan, trieben sie mit anderen armenischen Dorfbewohnern in die Gemeindekirche und zündeten die Kirche an. Die wehrlosen Armenier wurden im eigenen Gotteshaus hilflos verbrannt. Zardar, die Tochter des Geistlichen und Ehefrau von Aleksan Ermazyan, wurde in eine türkische Familie verschleppt, um bei ihr als versklavte Hausdienerin zu schuften.

Währenddessen kämpfte Aleksan als Soldat bei der Armenischen Legion der Französischen Armee und wurde sogar 1916 zum Hauptmann befördert. Bald nahm die Legion ihre militärischen Operationen von Zypern aus auf. Den glänzendsten Sieg errang sie über die zahlenmäßig größere Osmanische Armee am 19. September 1918 in Palästina in der Schlacht von Arara, und Aleksan

Ermazyan wurde mit der Medaille für Tapferkeit ausgezeichnet. Nach Ende des Ersten Weltkriegs änderte die französische Regierung ihre militärisch-diplomatischen Prioritäten. Für die neuen Ziele brauchte man die Armenische Legion nicht mehr. 1921 wurde „La Légion Arménienne" aufgelöst, und die armenischen Soldaten und Offiziere wurden entlassen, jeder ging, wohin er wollte und konnte. Aleksan Ermazyan kehrte in sein Heimatdorf zurück. Dort traf er seine Frau Zardar wieder. Sie blieben eine Weile zusammen. Aber das Glück dauerte nicht lange. Und wieder war Aleksan gezwungen, gegen seinen Willen aus seinem Heimatort zu fliehen. Der einzig sichere Rettungsweg führte ihn aufs Neue nach Frankreich. Kurz nach seinem Abschied geschah etwas Freudiges in Gemerek: Zardar hatte ihren ersten Sohn zur Welt gebracht. Als Aleksan die frohe Nachricht erreichte, bat er seine Frau, ihrem Kind zu Ehren seines französischen Befehlshabers den Namen *Louis* zu geben.

Aleksan war ein guter Schreiner. Durch sein Geschick und seinen Fleiß konnte er in Frankreich innerhalb kürzester Zeit eine gewisse Summe verdienen. Das Geld war für die Flucht seiner Frau und seines Sohnes aus der Türkei, aus seinem Gemerek, gedacht. Drei seiner Freunde, die fließend türkisch sprachen und mit der Gegend von Sebastia sehr vertraut waren, schickte er verkleidet in türkischen Soldatenuniformen nach Gemerek. Das Ziel dieser „Soldaten" war es, Zardar und Louis aus dem Dorf zu entführen und dadurch die beiden schließlich zu retten. Eines Nachts erreichten die Freunde Gemerek, fanden Aleksans Familie und nahmen sie heimlich mit. Nach einem langen und gefahrvollen Weg gelangten sie heil ans Meer und flohen auf einem Rettungsschiff nach Griechenland. Als Aleksan dies erfuhr, machte er sich, ohne eine Sekunde zu verlieren, auf den Weg nach Griechenland. Nach der lang ersehnten Familienzusammenführung ließ sich die Familie in der nordgriechischen Stadt Thessaloniki nieder. Auch in der neuen Fremde arbeitete Aleksan als Schreiner. 1923 gab es Zuwachs in der Familie, die Zwillingstöchter Nvard und Zvart wurden in Thessaloniki geboren, und im Jahr 1926 brachte Zardar das vierte Kind der Familie, die schöne Araksya, zur Welt.

Aleksan Ermazyan hatte als Kind in seiner Heimat sieben Geschwister. Die Türken haben sie alle umgebracht. Von der großen Familie Ermazyan hatte er als einziger überlebt. Seine Kinder waren ihm jetzt ein großer Trost; es gab für ihn wieder eine Familie. In den 1920er Jahren hatten armenische Überlebende die Möglichkeit, nach Sowjetarmenien zu ziehen und dort ein neues, ein sozialistisches Leben zu beginnen. 1927 entschieden sich auch die Ermazyans, wie viele Überlebende, die Gelegenheit wahrzunehmen und von Griechenland nach Sowjet-Armenien umzuziehen. Auf großen überfüllten Schiffen erreichten sie zusammen mit anderen armenischen Familien die Armenische-Sowjetisch-Sozialistische Republik (ASSR). Nach langjährigen Strapazen und Irrfahrten endlich Rettung! Glück für die Familie! So schien es.

Leider war es nicht der Fall. Im Lande herrschte das grausame stalinistische Regime.

Aleksans überempfindsames Herz und sein geschwächter Körper konnten den unmenschlichen Verhältnissen des bolschewistischen Regimes nicht standhalten. Er starb 1934 in Sowjetarmenien. Im Alter von sechsundvierzig Jahren. Seine Frau und seine Kinder blieben dem schweren Schicksal ausgeliefert.

Azat Ordukhanyan

Das Salz aus Kochb ist sehr süß

Übersetzt aus dem Armenischen von Azat Ordukhanyan und Heide Rieck.

I

Immer sagte meine Oma Parandzem Dallakyan, wenn wir, ihre *ohrenlosen* Enkelkinder (so nannte sie uns), sie mit ihrer Sehnsucht nach ihrem Geburtsort Kochb necken wollten: „Das Salz aus Kochb ist sehr süß." Meine Schwester, mein Bruder und ich waren sorglose Kinder und wussten ganz genau, dass Salz nie süß sein kann, aber wir haben gelacht, wenn wir sie auf den Arm nehmen konnten. Für sie war in Kochb alles besser – alles war wunderbar, sogar das Salz war süß.

Parandzem Dallakyan

Von Kochb sprach sie immer in der Gegenwart. Nie sagte sie: „Das Salz aus Kochb *war* sehr süß." Sie sagte: „Das Salz aus Kochb *ist* sehr süß." Für sie waren ihr Heimatdorf und sein im ganzen Orient berühmtes Salzbergwerk stets gegenwärtig. Tag für Tag. Immer da. Sie lebte parallel zu diesem Gedanken und ließ ihn niemals Vergangenheit werden. Nicht verloren waren für meine Oma ihr Dorf und das Salz, sondern mit Waffen und Blut geraubt. Ihr Dorf befindet sich für alle Zeit in Gefangenschaft. Denselben Gedanken wiederholte mein Opa, dasselbe sagten die Nachbaropas, wenn sie sich trafen und auf den Steinbänken an der Hauswand über ihr Heimatdorf, die Kurden, die Türken und die Russen diskutierten. Auch die Nachbaromas sprachen so, obwohl sie alle vor mehr als fünfzig Jahren aus dem Dorf vertrieben worden waren.

Den Schmerz der Vertreibung bewahrten unsere Großeltern in ihren Herzen und Gedanken – bis zum Ende ihres Lebens, nachdem sie ihn längst auf ihre Enkel übertragen hatten. Obwohl ich selbst nie in diesem Dorf gewesen bin, sondern nur den Erzählungen darüber gelauscht und in späteren Jahren viel darüber gelesen habe, ist dieser Schmerz unaufhörlich unterschwellig in meinen Gedanken und in meiner Seele. Wenn ich den Salzstreuer für das Frühstücksei auf den Tisch stelle oder nach der Arbeit meine Suppe salze, denke ich an das sprichwörtlich süße Salz von Kochb. Dieser Gedanke ist ebenso in mir wie in Tausenden von Enkeln, deren Großeltern aus Kochb stammen, als ob er ein genetisch übertragenes Phänomen sei oder mit der Muttermilch eingesaugt. Ich vermute, dass ich ihn auch auf meine Kinder übertragen werde.

II

Die zweite Redensart, die wir von unseren Großeltern geerbt haben, war politisch und erzieherisch: „Lenin hat unser Kochb an die Türken verkauft." oder: „Die Bolschewiken haben sich mit den Türken verbrüdert und den Türken unser Kochb geschenkt." Durch die Vertreibung über die Grenze und den Fluss Arax in Richtung Yerevan und die leidvollen Jahre davor hatte meine Großmutter keine Möglichkeit zu einer vollständigen Schulausbildung. Sie hat die Verträge von *Moskau und Kars 1921* nie gelesen, wonach Lenin und Stalin den Armeniern Kochb und den heiligen Berg Ararat stahlen und beides den Türken schenkten, um sie in ihre Weltrevolution mit einzubeziehen. Dennoch kannte sie die Namen der Verursacher ihres Leids genau und schimpfte auf sie ihr Leben lang.

Baregam Dallakyan (links), Großvater v. Azat Ordukhanyan

Als Schüler lernten wir – vom ersten bis zum zehnten Schuljahr – Erzählungen über *Opa Lenin*, über die *Humanen Kommunisten* und über das *Paradiesland Sowjetunion* kennen und mussten Heldengedichte auswendig lernen und sie immer wieder auf Veranstaltungen vortragen. Mit sieben Jahren kam ich eines Tages stolz nach Hause. Mein Opa saß im Sessel und fragte: „Mein Kind, was hast du denn heute in der Schule gelernt? Trag mir doch mal ein Gedicht vor!" Stramm stellte ich mich vor ihn hin und begann: „Opa Lenin." Pause. Ich holte tief Luft und begann aufs Neue:

Opa Lenin

Opa Lenin war auch einmal ein Kind, klein wie wir, flink und hübsch ...

„Halt", rief mein Opa, „schweig! – Dieser Name darf nie in unserm Haus ausgesprochen werden." So wuchsen wir als Schüler auf: Alles, was in der Schule in Bezug auf Lenin und die Bolschewiken Pflicht war, wurde zuhause abgelehnt. Absolut unerwünscht. Die zurückweisende Atmosphäre hat in unseren Seelen oft einen heftigen Zwiespalt verursacht, zugleich aber auch neue Fragen ausgelöst und uns geholfen, die Lerninhalte in der Schule und später auch an der Universität kritisch zu hinterfragen. Auch Wörter der türkischen Sprache waren von den Großeltern verboten. Diese Verbote haben unsere Identität geformt und unsere Persönlichkeit politisch früh reifen lassen.

III

Auch die dritte Redensart hat einen festen Platz in meiner Erinnerungswelt – entscheidend hat sie mein Fühlen und Denken geprägt: „Ach, vielleicht werden die Straßen einmal geöffnet, und wir können unser süßes Kochb wiedersehen und in Frieden sterben." Dieser Wunsch blieb bis zum Ende ihres Lebens ein bitteres Opfer der Politik.

Die drei Redewendungen unseres Familienlexikons haben wir von unseren Großeltern geerbt und verinnerlicht. Wir Enkel wurden zu Begleitern ihrer verzehrenden Sehnsucht nach Kochb, wir wurden so zu Zeugen ihrer Seelenqualen. Die drei Redewendungen sind das Fundament unserer Persönlichkeitsentfaltung und Identitätsfindung. Sie sind in uns – eine unheilbare Wunde: mit dem Verlust von vielen Familienangehörigen, mit dem Verlust unseres Vaterhauses, unseres Heimatdorfs und Dialekts, unserer Schule, Kirche, unseres Salzbergwerks, unseres Schlosses.

Wie ist es möglich, parallel dazu zu leben? Welche Facetten hat dieser Schmerz?

Seit Jahrtausenden war Kochb ein armenisches Kultur- und Wirtschaftszentrum. Generation auf Generation hat dieses Dorf stetig weiterentwickelt. In den Jahren 1918 – 1921, als Armenien eine freie Republik war, brachen zwei militärische Kräfte, genauer gesagt, zwei revolutionäre Bewegungen, die bolschewistische und die kemalistische, in die dörfliche Idylle ein. Mit Waffen und Blut eroberten sie die gesamte Region um Kochb, teilten sie unter sich auf, ermordeten Dorfbewohner und verjagten die Überlebenden – bis jenseits des

Flusses Arax am Fuß des Ararats. Nach der Vertreibung der Armenier aus ihrer tausendjährigen Heimat bezogen Kurden und Türken aus den Nachbargebieten die verlassenen Häuser. Nie wurden weder Bolschewiken, für die wir Enkel Heldengedichte auswendig lernen mussten, noch Kemalisten, deren Anführer sich *Vater der Türken* nannte, für ihre grausame Politik zur Rechenschaft gezogen.

Parandzem Dallakyan, links ihre Tochter Anastasia Ordukhanyan, rechts Enkelkind Azat Ordukhanyan

Meine Großeltern sind beide in Kochb geboren, Opa 1885 und Oma 1900. „Das Dorf lag zu jener Zeit im Bezirk Surmalu im Kreis Ayrarat in Ostarmenien – in einer Ebene, die sich vom Fuß des Bardughgebirges bis hin zum Fluss *Mutter Arax* erstreckte", belehrte mich Opa, „hier waren Armenier seit Urzeiten ansässig." Nach der Zerstörung der Hauptstadt Erwandaschat und der Stadt Erwandakert im 4. Jahrhundert v. Chr. durch die Perser flohen viele Bewohner in das nahe gelegene freie Kochb. In den antiken Zeiten und den folgenden späteren Jahrhunderten war dieses im ganzen Orient bekannte Dorf ein wichtiger kulturell-wirtschaftlicher Bestandteil der armenischen Königreiche oder Fürstentümer. Seit dem Sieg der russischen Armee über die Perser im russisch-persischen Krieg 1828 stand die Provinz Surmalu unter der Verwaltung des Zaren. Drei klare Seen umgaben das Dorf und Hunderte von Heilquellen. Der Fluss Vardemarg (*Rosengarten*) spendete Wasser für die Obst- und Gemüsegärten. Achtzig verschiedene Kräuter wuchsen in den Wäldern. Oma schwärmte: „Alle Bewohner waren verliebt in unser Dorf wie junge Paare." „Vor der letzten Verwüstung im zwanzigsten Jahrhundert", erfuhr ich von Opa, „gab es hier zwei Kathedralen aus dem 7. Jahrhundert, mehrere Schulen, uralte Kirchenruinen, das Schloss von König Aschot dem Eisernen (914 – 929) und riesige Steinskulpturen in Form von Fischen aus dem Zeitalter der Naturkulturen. Kochb war der Kreuzpunkt von vier wichtigen Handelsstraßen." „Salzstraßen", unterbrach Oma, „Onkel Zakar, der Bruder meines Vaters, brachte Salz, unseren kostbaren Schatz, in die Hauptstadt von Georgien, während Vater es hier in der Provinz verkaufte. Wir Kinder warteten abends auf ihn, er brachte immer was Schönes ..." An dieser Stelle unterbrach Opa mit leiser Stimme seine Frau: „Nun lass mich mal weitererzählen. Also, die Salzstraßen: Eine führte nach Westen in die Tiefe des Osmanischen Reichs über Kars und Ardahan, eine in Richtung Tiflis bis in die Mitte des russischen Reiches, die dritte verlief in Richtung Alexandrapol/Gyumri und die vierte nach Yerevan. Weißt du, mein Junge, *Yerevaz* bedeutet *sichtbar geworden*. Du kennst doch die Geschichte von Noah aus der Bibel. Am Ende heißt es: *... und siehe, die Taube trug ein Olivenblatt in ihrem Schnabel,* was ja nichts anderes bedeutet als: *Land in Sicht.*" Opa liebte es sehr, mir Denkaufgaben wie diese zu stellen. Besonders gern sprach er über die *Bekanntheit* und *Berühmtheit* seines Geburtsortes: „Kochb ist nicht nur durch sein reines, kristallklares Salz im ganzen Orient bekannt, sondern auch berühmt durch den größten Sohn des Ortes, den Philosophen Eznik von Kochb. Er lebte von 380 bis 450 n. Chr., war ein Schüler von Mesrop Mastosch, dem Erfinder der armenischen Schrift. Eznik wurde von unserem Katholikos heiliggesprochen. In jedem Mai gab's ihm zu Ehren eine Kirmes, als ich jung war. Die Menschen strömten von weit her. Unser Haus quoll über von Verwandten und Freunden, manche haben sogar auf dem Dach übernachten müssen. Wir Kinder hatten großen Spaß und zwei Tage lang schulfrei."

Vertreibung und neues Leben

Bis zum Ausbruch des 1. Weltkriegs 1914 hatte das Dorf über Jahrhunderte ein relativ ruhiges Leben geführt. Plötzlich war alles anders: Kurden und Türken aus den Nachbarregionen fielen in Scharen raubend und mordend über die Dorfbewohner und die Händler auf den Salzstraßen her – wieder und wieder, vier Jahre lang. „Wir mussten uns wehren", sagte Opa, seine Augen blitzten, „wir gründeten ein bewaffnetes Verteidigungskomitee, ich war damals dreißig Jahre alt und kannte deine charmante Großmutter noch nicht, sie war erst fünfzehn und mutig, oho! Sie versorgte uns Kämpfer mit Munition und Proviant. Auch 370 Frauen schlossen sich uns an. Ich war mit Begeisterung dabei – wie auch mein Bruder. Wir versteckten uns im Gebirge, kannten jeden Baum und hatten eine gute Sicht auf das Dorf. Gottseidank kamen uns 1917/18 armenische Einheiten zu Hilfe. Traditionsgemäß haben sich Armenier, wie du weißt, oft in der Geschichte verteidigen müssen. Als sich die Situation im Frühjahr einigermaßen beruhigt hatte und wir die Pferde wieder zum Pflügen einspannen konnten, erhielten wir unerwartet die Nachricht des Befehlshabers der Zarentruppen, die in Igdir, vier Kilometer von Kochb entfernt, stationiert waren: ‚Die türkische Armee rückt an – mit kurdischen Räuberbanden. Alle Einwohner von Kochb haben innerhalb von vier Stunden den Fluss Arax zu überqueren und Richtung Yerevan zu ziehen.' In rasender Eile verließen wir, mehr als 9 000 Männer, Frauen und Kinder, unsere Häuser und irrten bald in der Ararat-Ebene umher – auf der Suche nach einer Herberge für die Nacht. Viele Bauern nahmen Flüchtlinge in ihren Häusern und Scheunen auf. Waisenkinder wurden ins Kloster Etschmiadsin gebracht. Die meisten von uns aber mussten im Freien übernachten und Hütten bauen. – Ach, wir hatten uns doch so gut verteidigt!"

Nach Ausbruch der Russischen Oktoberrevolution 1917 wurde die Armee des Zaren im Kaukasus Schritt für Schritt aufgelöst, und die russischen Soldaten eilten zurück in ihre Heimat. Zahlreiche armenische junge Menschen und auch die armenischen Soldaten, die im Heer des Zaren gedient hatten, formierten sich zu einer selbstständigen Truppe, von armenischen Offizieren geführt, – unter dem Oberkommando ihres Generals Drastamat Kanayan. Er stammte aus Igdir und hatte verkündet, er würde Kochb so gut verteidigen, dass weder Türken noch Kurden je wagen würden, das Dorf noch einmal zu überfallen. In drei großen Schlachten wurde im Mai 1918 das türkische Heer besiegt: in Sardarabat, nicht weit von Kochb, vor den Toren von Yerevan und vor Etschmiadsin, in Basch-Abaran und in Karakilise. Nach diesen Siegen erklärte das Komitee der Armenischen Revolutionäre aus Tiflis am 28. Mai 1918 Armenien für unabhängig, zu einer freien Republik.

Vier Monate später, im Oktober 1918, erhielten die Kochber die Chance, mit staatlicher Hilfe in ihre Heimat zurückzukehren. Freudig begaben sie sich auf den Heimweg. Aber welch ein Schrecken! Leer waren die Häuser, die Scheunen, die Ställe. Überall Trümmer. Dreck. Das Salzbergwerk lag still. Verwüstung ringsum: die Obstbäume waren zerhackt, die Saat zerstört, die Gärten zerschlagen. Dennoch hatte man noch vor Einbruch des Winters die Häuser bewohnbar eingerichtet, und auf eigene Faust wurde Salz geschabt, noch nicht *gefördert*. Die Industrie lag lange Zeit brach. Dies waren die Folgen einer kurzzeitigen Besatzung Kochbs durch die Türken und Kurden.

Meine Oma war 18 Jahre alt, als ihr Vater, Alexander Sahakyan, viele Wochen nach der Schlacht von Sardarabat (Mai 1918) aus dem Krieg heimkehrte und bald seinen Beruf als Salzhändler wieder aufnahm, mit dem selbstgeschabten Salz über Land zog. Eines Abends aber kehrte er nicht wieder heim. Nachbarn trugen den Leichnam ins Haus, damit die Familie und die Freunde sich für immer von ihm verabschieden konnten, bevor Omas Vater auf dem Friedhof von Kochb bestattet wurde. Ein Kurde habe ihn erschlagen und das Salz geraubt, sagte der Mann, der ihn am Wegrand gefunden hatte. Der Winter stand vor der Tür – und somit Kälte und Hunger. So blieb die Mutter meiner Oma mit ihren drei Kindern in einem zerstörten Haus im Dorf dem Schicksal allein überlassen. Im kommenden Mai wurde den Kochbern angeboten, ihre 580 Waisen- und Halbwaisenkinder in die Bezirkshauptstadt Igdir zu bringen, um sie dort in einem Heim vor dem Hungertod zu retten. Diese *Reise* von vier Kilometern hat Abraham, der sechzehnjährige Bruder meiner Oma, nicht überstanden. „Mit diesem Tod ist die Familie Sahakyan ausgestorben", hat Oma oft gestöhnt, und sie klagte: „Mein lieber Bruder, du schöner Junge ..." und dann hat sie geweint und von ihrer Mutter erzählt, wie tapfer sie – ohne männlichen Schutz – für ihre kleine und große Tochter gesorgt hat.

Im Herbst 1919 kam überraschend die Nachricht: „Türkische Truppen marschieren wieder auf Kochb zu." Diesmal hieß es: „Frauen und Kinder müssen sofort das Dorf verlassen." Die Männer schlossen sich General Kanayan an, tapfer kämpften sie bis zum letzten Tag für die Freiheit ihrer Heimat – oh!

Omas Mutter war durch die Trauer um ihren Mann und ihren Sohn Abraham so geschwächt, dass sie auch von dem wenigen, das Nachbarn ihr brachten, nichts essen konnte. Nun musste sie mit ihrer Jüngsten von acht Jahren und der neunzehnjährigen Tochter in einem verzweifelt vorwärts drängenden Menschenstrom versuchen, den Fluss Arax zu erreichen. Plötzlich, als in der Dämmerung endlich die Brücke in Sicht war, kam Leben in die schlurfenden Massen. Ihrer Müdigkeit entkommen, stürmten sie voran, rissen das Kind von der Hand der Mutter. Vorwärts. Vorwärts. Jeder wollte die rettende Brücke erreichen, bevor sie einstürzen würde. Die Angst vor den Verfolgern löste sich in einem nie gehörten Schrei, und reißend schwoll der Fluss in der Nacht. Niemand weiß, wie viele Leiber er davongetragen hat. Als meine Oma sehr alt war, sagte sie nach dem Begräbnis eines Nachbarmädchens am Abendbrottisch leise: „Nie werde ich den Schrei meiner Mutter vergessen, bevor sie lautlos am Ufer in meine Arme sank. Der Weg zum Kloster Etschmiadsin war weit. Sehr weit. Meine Mutter sprach nicht mehr. Sie weinte, sie war krank vor Trauer, ich musste sie tragen. Dann ruhten wir uns eine Weile aus, und weiter ging es, immer weiter, bis sie nicht mehr atmete. Nachbarn begruben sie am Straßenrand. Ich weiß nicht, wo ihr Grab ist, und weiß auch nicht mehr, wie ich das

Kloster erreicht habe, wo ich ein paar Wochen unter Tausenden von Waisenkindern verbrachte. Bis Onkel Zakar mich fand. Er hatte in Tiflis Salz verkauft und dort von unserem Unglück gehört. Er nahm mich mit nach Yerevan."

Und die Männer? Die Männer von Kochb hatten bis zur Erschöpfung gekämpft. Die das Gemetzel der Dreifrontenschlacht überlebt hatten, begaben sich auf die Suche nach ihren Frauen und Kindern. Durch ihre Verteidigung waren sie der totalen Ausrottung ihrer Dorfgemeinschaft sowie der Zwangstürkisierung durch die Atatürk-Regierung entgangen, viele aber waren in der Schlacht gefallen. Die armenischen Offiziere sollen gefoltert und zerstückelt worden sein, bevor man sie erschoss. Nur einmal hat mein Opa mit mir über diese Schlacht gesprochen: „Zuerst rückten die Türken von Westen an, dann die Bolschewiken von Norden, und die kaukasischen Tartaren ließen es sich nicht nehmen, von Osten anzugreifen ... alles Dreck." Durch die russisch-türkischen Verträge von Moskau und Kars, die 1921 hinter dem Rücken der Armenier geschlossen wurden, gehörte seitdem der den Armeniern seit Jahrtausenden heilige Berg Ararat zum Gebiet der Türkei, wie auch die Provinz Surmalu, und unter dem neuen, dem Persischen entnommenen Namen *Aserbaidschan* wurden die armenischen Provinzen Nachidjevan und Berg-Karabach zur Enklaven der kaukasischen Tartaren erklärt. Nach dieser endgültig letzten Vertreibung siedelten sich die Bewohner von Kochb an drei Orten im Süden von Yerevan an. Die Tante meiner Oma holte ihre Nichte bald in ihr Dorf Getap, was *Am Fluss* bedeutet. Hier ließen sich seit dem Sommer 1920 dreißig Kochber Familien nieder, und hier verliebten sich meine Großeltern ineinander. Mein Opa baute mit eigenen Händen ein Haus, bevor sie heirateten, Kinder und Enkel bekamen. Hier wurden sie beide begraben, am Hang des Hügels mit dem Blick auf Kochb.

Oft hat mich Oma zu sich gerufen: „Komm, mein Kind, schauen wir unser Kochb an. Gehen wir in die Hügel. Grüßen wir unseren Berg." Dann rannte sie los. Bei klarem Wetter konnte man Kochb in der Ferne erkennen. Warum rennt sie immerzu den Hügel hinauf, habe ich mich als Kind gefragt: nur hundert Meter hinter unserem Haus. Wollte sie eine Minute früher oben sein, um eine Minute länger genießen zu können? Auf dem Hügel war der Dorffriedhof, wo drei ihrer fünf Kinder begraben waren. Sie saß immer schweigend da – hat lange hinübergeschaut – wenig gesprochen. Sie war nur physisch anwesend – mit ihren Gedanken, ihrer Seele war sie jenseits der Landesgrenze in ihrem Kochb.

Parandzem Dallakyan mit Enkelkindern Hasmik und Arayik Ordukhanyan

Ich habe sie einmal gefragt: „Was siehst du da? Ich sehe nur Berge." Sie: „Du kannst da nichts sehen, mein Kind. Aber ich sehe das Grab meines Vaters und daneben das Grab meines Bruders. Ich sehe die Salzberge. Ich sehe *den Boulevard** unseres Dorfes. Die Kirche und den Obstgarten. Ich sehe alles im Dorf." In seinen letzten Lebensjahren war Opa blind. Zu Hause fragte er dann: „*Papar*, mein Schatz, hast du unser Kochb gesehen? Wie geht's ihm?" und drehte sich weg, damit wir sein Gesicht nicht sahen. Sie antwortete: „Mein lieber Baregam, unserem Kochb geht es gut. Alles ruhig im Dorf. Und den Berg hab ich auch gesehen. Der Berg war friedlich." Je nach Jahreszeit sagte sie: „Es hat ein bisschen geschneit in Kochb." „Es ist regnerisch heute." oder: „Kochb ist schon gelb." So bin ich aufgewachsen, verliebt in unser Kochb von fern. Eine platonische Liebe. Du siehst deine Geliebte, bist verrückt nach ihr, willst sie umarmen und küssen. Aber du kannst es nicht. Sie bleibt schön und einmalig, aber unerreichbar.

---

* Der Platz mit Bänken in der Mitte des Dorfes wurde in Kochb „Boulevard" genannt.

Lusin Arshaluys Bakircian-Dolas

Kein Wiegenlied in der Muttersprache

Lusin Arshaluys Barkician-Dolas kam 1968 als sechstes von dreizehn Kindern in Ra's al-'Ain bei Urfa in der Türkei als versteckte Armenierin auf die Welt und wurde öffentlich „Necla Bakirci" genannt. In Deutschland wagte sie den Schritt, ihren ursprünglichen armenischen Nachnamen anzunehmen – sowie den Vornamen ihrer Großmutter Arshaluys. Sie weinte, als sie am Telefon von ihrer Namensänderung sprach. „Mit achtzehn Jahren heiratete ich einen Armenier, der schon fünf Jahre in Deutschland lebte. Wir führen eine glückliche Ehe in Waldbröl, und ich bin schon Oma." Sie erzählte: „Als versteckte Armenierin war es wichtig, einen Armenier zu heiraten. Das wurde schon Jahrzehnte lang so praktiziert, weil man nach dem Völkermord und der darauf folgenden Unterdrückung trotz allem die eigene Kultur bewahren wollte. Man hatte ja schon die Sprache und so viele andere kulturelle Traditionen verloren. Die einzige Möglichkeit, nicht jede Verbindung zu unserer Herkunft zu verlieren, bestand darin, Ehen nur unter Armeniern zu schließen." „Ich hatte eine glückliche Kindheit. Meine Mutter sang oft kurdische – oft traurige – Lieder über die Erfahrungen ihrer Eltern und Großeltern. Das war ihre Art mit dem Schmerz umzugehen. Wenn Verwandte bei uns waren, redeten sie oft über meine Oma, die zu Unrecht als „verrückt" bezeichnet wurde. Wegen ihrer schlimmen Erlebnisse hatte sie ein Trauma, das hat man gemerkt. Aber sie war sicher nicht verrückt! Man hat sie während des Völkermords umbringen wollen, indem man sie einen Berg hinab warf, als sie ein Kind war. Sie wachte unter Leichen auf und harrte acht Tage lang unter den Toten aus, bevor man sie fand. Meine Tante erzählte, dass ihre Mutter trotz all ihrer schlimmen Erlebnisse sehr vielen Menschen geholfen hat. Sie war Hebamme im Dorf." Sie stöhnte: „Warum müssen wir alle so sehr leiden? – Wir tragen das Leid unserer Vorfahren in uns. – Es tut so weh." „Nein", sagte sie am Telefon, „ich habe meine Muttersprache nie gesprochen. Jetzt lerne ich Armenisch. Ich will meinen Enkeln armenische Lieder vorsingen. In der Schule haben wir Türkisch gesprochen." Sie erzählte von Siranush, der Großtante ihres Vaters, die das Überleben der Familie gerettet habe ... und von ihrem Opa, der als Kind von mitfühlenden Nachbarn versteckt wurde. Als die Soldaten die Häuser nach Armeniern durchsuchten, habe einer der Helfenden eine Matratze über das Kind geworfen und sich daraufgesetzt.

Sie versprach, uns ihre Familiengeschichte per E-Mail zu schicken, und sagte zum Schluss des Gesprächs: "Jedes Jahr am 24. April wird uns das Herz schwer – es ist als würde eine dunkle Wolke über uns schweben. Denn es hat ein Jahrhundert gedauert, bis man in Deutschland den Völkermord anerkannt hat. Es macht einen so traurig, wenn unser Leid nicht gesehen wird. Deshalb gehört unsere Geschichte in die Schulbücher. Die Menschen sollen das wissen. Die Geschichte soll sich nicht wiederholen." Sie weinte: „Am Ende sind wir doch alle Menschen. Wir sollten in Frieden miteinander leben." [Aufgezeichnet von Heide Rieck]

*

Die Barsamyans sind die Vorfahren der Bakirdjians [zum Überleben hatte ihr Name geändert werden müssen]. Unser Urgroßvater Barsom wurde *Aga* genannt, was Großgrundbesitzer bedeutet. Ihm gehörten siebenundzwanzig Dörfer und die Altstadt in Kahta/Adiyaman. Er konnte den Anblick seiner enthaupteten Söhne und des enthaupteten Bräutigams seiner Tochter und den Anblick der enthaupteten armenischen Nation nicht ertragen. Er stürzte sich in den Euphrat. Seinem Bruder Kirkor Aga gehörten die Dörfer Gerger, Holbis und Kahta, er war berühmt. Alle Mitglieder der Familie Bakircian aus Kahta/Adiyaman waren Studierte, also gebildete Menschen. Als Siranush, die Großtante meines Vaters, ein Jahr verheiratet war, begann der Völkermord an den Armeniern. Der kurdische Großgrundbesitzer Mehmet Nuri Aga hatte, als sie noch frei war, vergeblich um die schöne Siranush gefreit. Im April 1915 war seine Stunde gekommen: Er enthauptet Siranushs Ehemann und auch die drei Brüder des verhassten Rivalen: Giragos, Seko, Hagop und den Ehemann ihrer Schwester Hemig vor den Augen der Frauen auf der Cendere Köprüsü-Brücke (Septimius Severus Bridge). Nun will der Mörder Mehmet Nuri Aga die Armenierin Siranush zwingen, ihn zu heiraten. Die Frauen und Kinder sind schon auf dem Todesmarsch Richtung Deir es Zor. Er folgt ihnen. Siranush wehrt ihn ab. Der Mörder bedrängt sie, gibt keine Ruhe, und je mehr sie sich weigert, desto stärker wird sein Drängen. Am Ende ergibt sie sich.

So rettete die Armenierin Siranush die zehn Kinder der Familie Barsamyan durch die Heirat mit dem Mörder ihres Ehemannes, sieben Jungen und drei Mädchen. Während der Zeit des Völkermordes und auch später wurden diese Kinder in verschiedenen kurdischen Familien versteckt groß gezogen.

Der Mörder zwingt auch Yeghsepo, die Witwe von Siranushs Bruder Seko, zur Heirat. Hemig, die Schwester von Siranush, hatte zwei Söhne, einer stürzte sich in den Euphrat. Ihr Leben lang weinte sie um ihre enthauptete Familie, und wurde schließlich blind. Hemigs zweiter Sohn hat überlebt. Er schenkte ihr acht Enkelkinder.

Siranush bekam mit dem Mörder Nuri Aga drei Söhne.

Am Ende des 1. Weltkriegs wurden in dem Gebiet von Sükrü aga armenische Waisenkinder gesammelt. Dort findet Siranush die junge Arshaluys Uzunyan in unserem Dorf Narince. Sie nimmt sie (meine Großmutter) zu sich ins Haus, und als diese ins heiratsfähige Alter kommt, arrangiert Siranush eine Ehe zwischen Arshaluys Uzunyan und Garabet Bakircian, einem der zehn von ihr geretteten Kinder (Großvater von mir). Mein Vater und zwei Onkel kommen in Konak (was *Herrenhaus* bedeutet) zur Welt und ziehen später fort von Konak. Danach kommt in Narince meine Tante zur Welt.

Der älteste Sohn von Arshaluys Uzunyan, meiner Großmutter, starb 1995, die Tochter starb 2012. Der jüngste Sohn starb 2014. Das letzte Mitglied der Familie Bakircian war mein Vater. Er starb am 16.05.2016!!! Das Grab von Siranush liegt in ihrem Geburtsdorf Gerbu. Wir sind unserer Großtante Siranush, die viele Bakircians gerettet hat, dankbar.

Hasmik Martirosyan

Karot - կարոտ

Übersetzt aus dem Englischen von Uta Kampendonk.

Ich war noch ein kleines Kind, dem die Begriffe Genozid, Folter, Tragödie, Trauer, Schmerz, կարոտ, und Tod völlig fremd waren. *Karot* (կարոտ) bezeichnet im Armenischen die Art Seelenschmerz, die einen befällt, wenn man jemanden oder etwas verloren hat und sich danach zurücksehnt. In vielen Sprachen hat das Wort keine Entsprechung: deutsch ‚Sehnsucht' oder russisch ‚toska' treffen seine Bedeutung noch am ehesten. *Karot* ist etwas, das dein Leben grundlegend verwandelt.

Ich hatte durchaus schon Berichte vom Völkermord gehört, denn die Familienmitglieder meines Großvaters waren Überlebende des osmanischen Völkermordes gewesen. Sie zogen von Kars nach Krasnodar im Süden Russlands, von wo aus mein Großvater nach Ostarmenien, damals Sowjetarmenien, auswanderte. Ich kannte diese Geschichten von Kindheit an, aber sie sagten mir nicht viel, ich war nur am Spielen interessiert und genoss das Leben in vollen Zügen.

Erst als mein Vater starb, erfuhr ich, was Tod bedeutet. Ich war erst sieben Jahre alt, und mein Schmerz muss jedem der vielen Kinder während des Völkermordes geglichen haben, die ihre Familien durch Verschleppungen und Massaker verloren hatten. Ich kam mir völlig verlassen vor, es fühlte sich an, als sei mein Rückgrat gebrochen, und Gott schien sich meiner nicht mehr zu erinnern. Ich hätte meinen Vater so sehr als Beschützer im Leben gebraucht, und dies war das erste Mal, dass ich *Karot* empfand.

Nach diesem furchtbaren Verlust gerieten wir in große finanzielle Schwierigkeiten, und meine Mutter sah sich nach Hilfe um. Sie stieß auf eine Frau aus Deutschland, die alles tat, um uns zu helfen. Sie sprach von ihr voller Bewunderung, aber ich konnte mir nicht recht vorstellen, was es mit dieser Person auf sich hatte. Ich erinnere mich nur verschwommen an meine Kindheit, da ich diese unerquickliche und schwierige Zeit schlicht verdrängt habe. Jedoch habe ich im Gedächtnis behalten, dass wir von dieser Frau aus Deutschland Geschenke und Postkarten erhielten und dass sie uns gelegentlich in Armenien besuchte. Sie mochte meine Mutter, sie genoss die Gespräche mit ihr, und für meine Mutter spielte sie eine sehr wichtige Rolle. Mutter war voller Dankbarkeit dieser Frau gegenüber für den Beistand, den sie von ihr erfuhr, und die Sicherheit, die sie ihr gab. Ich selber hatte nur eine unscharfe Vorstellung von ihren Aktivitäten. Dass sie sich im Zusammenhang mit dem Völkermord für Armenier einsetzte, wusste ich dunkel, aber das war auch schon alles.

Einige Jahre später, als ich elf war, verstarb auch meine Mutter. Nun war ich vollends allein auf dieser Welt. Ich war eine Vollwaise. Dies war der größte Schmerz meines jungen Lebens. Nie zuvor hatte ich mich so einsam und verlassen gefühlt. Ich beneidete meine Spielgefährten, die Eltern hatten, mit denen sie lachen und Spaß haben konnten, während ich von diesem Schmerz, diesem *Karot* erfüllt war. Wir hatten plötzlich nichts mehr gemeinsam, die anderen Kinder und ich. Mein Leben würde von jetzt an nie mehr dasselbe sein, das spürte ich deutlich.

Ich nahm mich als ein hilfloses Opfer des Völkermordes wahr, das irgendwie weiterleben musste. Eine solche Erkenntnis lässt einen für das einem gebliebene Leben umso dankbarer sein.

Später erfuhr ich, dass meine Mutter einige Tage vor ihrem Tod diese Dame aus Deutschland gebeten hatte, sich um mich und meinen Bruder zu kümmern.

Diese Frau, die sich so gütig uns gegenüber erwiesen hatte, ist Tessa Hofmann. Richtig kennengelernt habe ich sie erst nach dem Tod meiner Mutter. Immer wenn sie nach Armenien kam, kümmerte sie sich liebevoll um uns, und ich erfuhr, dass sie seit vielen Jahren für die internationale Anerkennung des Völkermordes an den Armeniern kämpfte. Später im Leben inspirierte und motivierte mich diese Tatsache, mich auf demselben Gebiet zu engagieren. Tessa Hofmann war mir ein wunderbares Vorbild mit ihrer Stärke und Kampfbereitschaft.

Damals jedoch mochte ich mich mit dem Thema Genozid erst einmal nicht beschäftigen; ich verdrängte es, wie viele andere Menschen mit schlimmen Erinnerungen und Lebenserfahrungen dies ebenfalls tun.

Als ich sechzehn war, erfüllte mir Tessa Hofmann meinen Traum und ließ mich nach Europa, nach Deutschland kommen. Diese Erfahrung, dass es tatsächlich auch grundanständige, uneigennützige Menschen gab, die in der Welt Gutes bewirken, erschien mir wie ein Wunder. Dass Menschen, die keine Blutsverwandten sind und die auch gar keine Mitschuld an deinem Leiden haben, dir das Leben erleichtern und verschönern und dich glücklich machen können, das

Erleben dieser essentiellen Fähigkeit, dieses reinen Humanismus wandelte meine Wertvorstellungen. Doch trotz der engen Beziehung, die zwischen Frau Hofmann und mir entstand, machte ich mich mit dem Thema ihres Engagements vorerst kaum vertraut, obwohl es andererseits doch auch mich selbst betraf. In der Folge reiste ich oft nach Deutschland. Das Land wurde meine zweite Heimat, und Tessa Hofmann gab mir ein Zuhause.

Als ich zwanzig war und im dritten Studienjahr steckte, benötigte ich Geld und fand eine Anstellung im armenischen Genozid-Museum- und Institut. Im Rahmen einer ausführlichen Beschäftigung mit der Geschichte des Genozids vertiefte ich mich in die dortige photographische Dokumentation meiner Landsleute und musste feststellen, dass es mir im Laufe der Tage immer schwerer fiel, die dort abgebildeten Gesichter zu betrachten, diese Augen voller Hoffnung und Zuversicht wie meine eigenen, als ich noch ein Kind war. Konnten die armenischen Familien sich vorstellen, dass das Leuchten ihrer Augen eines Tages verschwinden und sich in einen Ausdruck von Trauer, Verzweiflung, in *Karot,* verwandeln würde? Obwohl ich keine Augenzeugin, keine direkte Überlebende des Genozids bin, konnte ich doch den Schmerz dieser Menschen nachfühlen, weil ich am eigenen Leib erfahren habe, was es bedeutet, die wichtigsten Menschen in seinem Leben zu verlieren. Ich verfiel in eine Depression und beschloss, dem Museum so bald wie möglich den Rücken zu kehren. Doch zugleich wurde mir bewusst, wie wichtig es ist, sich in anderer Menschen Schmerzen und Leiden, die man selbst nicht durchgemacht hat, hineinversetzen zu können, und dass nicht jeder Beliebige dazu fähig ist, ich selber aber wohl. Die Einsicht reifte heran, dass ich diese Fähigkeit umsetzen musste.

Parallel zu meiner Museumserfahrung setzte ich die Besuche in Deutschland fort und hielt die enge Verbindung zu Tessa Hofmann aufrecht, die immer wieder das Thema *Völkermord* anschnitt und mich immer erneut mit Bewunderung für ihr Engagement erfüllte.

Einmal – ich erinnere mich nicht mehr genau, wann – erwähnte sie, dass sie das letzte lebende Glied ihrer Familie sei, dass also mit ihrem eigenen Tod ihr Geschlecht ausgestorben sein wird. In diesem Moment dachte ich: „Ich will ihre Arbeit weiterführen", denn ich fühlte mich ja als ihr Kind, auch ohne mit ihr verwandt zu sein. Ihr ganzes Leben hatte sie in die von ihr als notwendig erkannte Aufgabe gesteckt und mich durch ihre Haltung inspiriert und soziales Gespür in mir erweckt.

Von nun an lief ich vor dem Thema des Völkermordes nicht mehr weg, sondern begann, mich in persönliche Biographien anderer Menschen zu vertiefen; ich ließ mir deren Erfahrungen und Verluste als jemand, der Katastrophen am eigenen Leib erfahren hat, zu Herzen gehen und wurde mir der Kraft bewusst, dagegen ankämpfen zu können. Ich befasste mich eingehend mit weiterführender Literatur, belegte am Zorian Institute in Toronto einen Ferienkurs zu Genozid und Menschenrechten und nahm an einer internationalen Konferenz zu Genozid-Studien in Südkorea teil, auf der ich den Genozid an den Armeniern zur Sprache brachte, der zuvor dort noch nie thematisiert worden war. So habe ich nicht nur gelernt zu leiden, sondern allmählich erwuchs mir auch die Kraft zu kämpfen.

Ich lese immer noch eifrig, nehme an vielen Veranstaltungen teil, bereise die halbe Welt und suche besonders solche Länder auf, die nichts von dem Völkermord an den Armeniern wissen, und ich versuche, dort meine Kenntnisse zu vermitteln. Dies ist zu meiner Mission geworden. Ich arbeite weiterhin im Museum und mache dort Führungen, tue dies aber auch im Ausland, wo auch immer sich eine Möglichkeit bietet, da ich der Überzeugung bin, dass Bewusstseinsschärfung für eine Problematik vor Wiederholungen schützt.

In diesem Geist arbeite ich zurzeit an meiner Promotion.

Als großes Vorbild der Menschlichkeit hat mich zu meinen obigen Aktivitäten Tessa Hofmann angeregt.

Jaklin Tumak

Meine Großeltern

Sehr geehrter Herr Ordukhanyan,
liebe Frau Rieck,

mit Begeisterung habe ich von Ihrem Buchprojekt gelesen und würde mich gerne mit meinen Erinnerungen an den Erzählungen beteiligen. Leider hatte ich selbst keine Gelegenheit meine Großeltern persönlich zu fragen, da sie entweder lange bevor ich soweit war, verstorben waren oder – wie meine Oma – nicht bereit waren zu erzählen. Als ich 14 Jahre alt war, habe ich meine Oma gefragt, wie es denn so war. Die arme Frau ist vor lauter Aufregung rot geworden und hat vehement bestritten, den Völkermord erlebt zu haben, nach dem Motto – sie wäre ja erst 50 Jahre alt. Nach meinem Einwand, dass doch mein Onkel schon 50 Jahre alt sei, verließ sie wütend den Raum. Damals habe ich gedacht, was für eine eitle Frau, sie mag ihr Alter nicht preisgeben. Jetzt weiß ich, dass sie alles verdrängt hatte. Nur aufgrund der Erzählungen meines Opas lässt sich unsere Geschichte einigermaßen rekonstruieren. Denn mein Opa gehörte zu den Wenigen, die in der Lage waren den Kindern die Ereignisse wiederzugeben. Meine Mutter hat mir dann diese Erinnerungen weitergereicht.

Mein Vater ist 1961 nach Deutschland ausgewandert und meine Mutter 1964. Ich selbst bin in Berlin geboren und lebe mit meiner Familie in Königswinter bei Bonn. Die Geschichte beider Großeltern ist sehr bedrückend, und natürlich belastet sie uns noch heute. Sogar meine Kinder sind nach wie vor traumatisiert.

*

Meine Großeltern väterlicherseits:

Mein Großvater (Vater meines Vaters): Sarkis Ohannesjan (später: Tumak)

Geburtsdatum: unbekannt. Zum Zeitpunkt des Völkermordes war er wahrscheinlich 8 Jahre alt. Geburtsort: unbekannt. Gelebt haben sie dann später in Konakalmaz.

Geschwister:

- Opas Zwillingsschwester Kohar ist in den 40er Jahren mit ihrer Familie nach Sowjetarmenien ausgewandert.
- Seine ältere Schwester, der mein Großvater sein Überleben zu verdanken hat. Ob noch weitere Geschwister vorhanden waren, ist unbekannt.

Korrektur (hab meine Tante gefragt): der ältere Bruder Kirkor (18 Jahre) wurde von einem Türken gerettet. Aber man hat ihn verraten. Der Türke hatte ihn und einen weiteren jungen Mann im Heu in seinem Schuppen versteckt; aber noch bevor er ihm zu Hilfe eilen konnte, wurde Kirkor vom Mob umgebracht.

Während der Deportationen hat sich ein Türke die ältere Schwester meines Opas zur Zweitfrau genommen. Damit hat er meinen Opa, seine Zwillingsschwester und die Mutter gerettet. Die ältere Schwester war – laut Aussagen – sehr hübsch, blond, grüne Augen. Sie war zu diesem Zeitpunkt verheiratet und hatte drei Kinder. Aber nachdem die [armenischen] Männer und älteren Jungs eingesammelt und umgebracht worden sind, blieb diese kleine Gruppe übrig und hat ihr Überleben jener jungen Frau zu verdanken. Mein Opa hat für den Mann als Hirte arbeiten müssen. Die Kinder seiner Schwester [meiner Großtante] wurden von der Erstfrau des Türken vor den Augen ihrer Mutter ertränkt; sie sollte keine Erinnerung an ihren armenischen Mann und ihre armenische Herkunft mehr haben.

Meinen Opa nannte man *Topal-Sarkis* (der humpelnde Sarkis). Seine Geschichte war uns bis vor Kurzem nicht bekannt. Diese Generation hat nie etwas erzählt. Ich selbst habe meinen Opa nie kennengelernt, da er bereits 1964 gestorben ist. Allein die Tatsache, dass wir den Namen der Schwester, der wir alle unser Leben verdanken, nicht kannten, sagt schon Vieles aus. Name der älteren Schwester: *Khatun* (nur meine Tante kann sich an sie erinnern).

Mein Opa hatte noch eine Cousine, auch sie hat irgendwie [den Völkermord] überlebt. Aber nach wie vor waren junge [armenische] Mädchen und Frauen Freiwild für die Türken/Kurden. Es gab dort einen türkischen Herren, der hatte es auf dieses junge Mädchen abgesehen. Aber man hatte sie noch rechtzeitig verstecken können. Der Türke stürmte in das Haus meines Opas und nahm ihn mit; verschleppte ihn außerorts. Dort verlangte er, dass mein Opa ihm den Aufenthaltsort seiner Cousine verriet. Eine Woche quälte er ihn, verprügelte ihn bis zur Bewusstlosigkeit. Schließlich ließ er ihn dort liegen, weil er annahm, dass der Junge verstorben sei. Er wurde aber gefunden und man brachte ihn zu einem „Heiler". Er wurde zwar gesund, aber fortan hinkte er. Nachdem seine Cousine von den Torturen erfahren hatte, die mein Opa ihretwegen durchleben musste, wählte sie den Freitod, schmiss sich in den nächsten Fluss. Mein Opa hatte ihren Aufenthaltsort nicht verraten.

Nach den ganzen Wirren um den Völkermord ging jeder seinen Weg.
Die ältere Schwester blieb – gezwungenermaßen – bei dem Türken, gebar ihm auch einen Sohn. Die Familie hatte keinen Kontakt mehr zu ihr. Im Jahre 1958 besuchte sie meinen Opa in Istanbul.

Foto mit Großeltern (sitzend links: Oma Satenik, in der Mitte sitzend Opa Sarkis, rechts daneben seine ältere Schwester, die der Familie das Leben durch die Heirat mit einem Türken gerettet hat), Üsküdar 1958

Mein Opa heiratete wahrscheinlich Anfang der 30er Jahre. Seine Frau – meine Oma Satenik:

Meine Oma war zum Zeitpunkt des Völkermordes ca. 4 Jahre alt. Sie selbst hat keine Erinnerungen daran (ich war 6 Jahre alt, als sie starb). Sie kam aus Varto (Gebiet Erzurum). Die einzige Geschichte, die uns Nachfahren übermittelt worden ist, ist die über ihr „verlorenes Auge". Sie saß mit anderen Kindern auf der Straße, als ein mit Blut überströmter Überlebender ihr Dorf erreichte. Man hatte ihm die Zunge herausgeschnitten (und wer weiß noch was für Gräueltaten angetan). Er hat es aber geschafft, den Bewohnern über die bevorstehenden

Gräuel zu erzählen. In diesem ganzen Chaos hat sich meine Oma, die gerade dabei war, etwas zu schnitzen, das Messer in das linke Auge gerammt. Wohlmöglich ist sie in der ganzen Hektik angerempelt worden. Auf jeden Fall verlor sie so ihr Augenlicht.

Auch dieses Dorf blieb leider vom Massaker nicht verschont. Meine Oma und ihr Cousin waren die einzigen Überlebenden des Massakers.

Zu dem oben genannten Zeitpunkt befand sich meine Oma bei ihrer Tante – im Nachbardorf, als der Überlebende aus „ihrem" Dorf zu ihnen kam. Sie und ihr Cousin haben sich versteckt und das folgende Massaker überlebt. Die genauen Umstände, wie sie die folgenden Jahre überlebt haben, sind uns leider unbekannt. Nach dem Unfall brachte sie ein Türke ins Krankenhaus und nahm sie anschließend bei sich auf. Dort arbeitete sie als Dienstbotin. Sie hatte keinerlei Erinnerungen an ihre Herkunft; nicht einmal ihr Nachname war ihr bekannt. Irgendwann wurde sie von einer Organisation als armenische Überlebende ausfindig gemacht und mit meinem Opa vermählt.

Die Geschichte meiner Großeltern mütterlicherseits:

Mein Großvater (Vater meiner Mutter): Nisan Bedoyan (später: Nisanli)

Geburtsdatum u. Geburtsort: unbekannt

Gelebt hat er während der Zeit (um den Völkermord herum) in Cemisgezek (Provinz in Tunceli). Ob er auch aus diesem Gebiet stammt oder während der Deportationen dort gelandet ist, ist unbekannt.

Mein Großvater stammt aus einer sehr wohlhabenden Großfamilie; 3 Brüder mit ihren Familien haben zusammengelebt. Er hat erzählt, dass beim Tischdecken seine Aufgabe war, die Löffel zu tragen; 47 Löffel wurden ihm jeden Tag in die Schürze gelegt.

Bevor die Deportationen anfingen, gruben die Brüder drei Krüge – ganz klischeehaft – gefüllt mit Geld und Gold aus. Jeder sollte zusehen, wie er seine Familie rettete.

Nachdem die Männer von ihren Familien getrennt worden waren, hat sich mein Urgroßvater mit seinem älteren Sohn aus den Zwängen seiner Peiniger retten können und ist auf einem sehr beschwerlichen Weg über die Berge in den Iran geflohen. Zwischendurch hat er als Freiheitskämpfer mitgekämpft, hat aber immer wieder nach Überlebenden seiner Familie suchen lassen.

Mein Opa hat nur überleben können, weil ihn ein Türke/Kurde während der Deportationen bei sich aufnahm und als Hirte auf die Felder schickte. Mein Opa erzählte, dass er an der Hand seiner Mutter ging, als der Türke ihn ihr aus der Hand riss und ins Gebüsch zerrte. Seine Mutter ließ seine Hand los und ging weiter, ohne auch nur nach hinten zu ihm zu blicken. Das war das Letzte, was er von seiner Mutter sah: Seine Mutter gesenkten Hauptes von dannen ziehend und auf ihrem Arm seine kleine Schwester.

Er hat die Zeit bei seinem „Retter" als Hirte auf den Feldern/Bergen verbracht. Er und 10 weitere, den Völkermord überlebende Jungs haben sich schließlich nach drei Jahren zusammengetan und sind in die nächstgelegene größere Stadt [geflohen] – Kharput (Elazig).

Dort wurden diese Jungs von anderen Familien aufgenommen.

So auch mein Opa. Er hat dort bei einer armenischen Familie als Geselle zu arbeiten angefangen und wurde mit 14 Jahren mit der Tochter verheiratet – meiner Oma Yeghsa.

Jahre später erst hat er einen seiner Brüder gefunden. Dieser war schon verheiratet. Die Familie seines Bruders (Frau und drei Töchter) ist dann 1948 nach Aleppo gezogen.

Im Jahre 1947 hat schließlich der Vater meines Opas auch ihn gefunden. In der Zwischenzeit hatten sich sein Vater und sein älterer Bruder ein kleines Teppich-Imperium in Isfahan aufgebaut. Der ältere Bruder war auch verheiratet, hatte aber keine Nachkommen. So hat man beschlossen, den ältesten Sohn – meinen Onkel Migir – in den Iran kommen zu lassen. Im März 1948 schickte mein Opa seinen Sohn (12 Jahre alt) per Zug in den Iran – alleine. Er verpasste aber irgendwie den richtigen Anschluss, landete zunächst irgendwo im arabischen Gebiet und traf mit etlicher Verspätung in Isfahan ein. Vor lauter Sorge und Kummer ist sein Opa (mein Urgroßvater) gestorben; er hat seinen Enkel nicht mehr sehen können.

Meine Großmutter: Yeghsa (Nachname wahrscheinlich Vartian)

Geburtsdatum + Geburtsort: unbekannt.

Wahrscheinlich ist sie zwischen 1913 – 1914 geboren. Zum Zeitpunkt des Völkermordes war sie 3 Jahre alt. Mit 11 Jahren wurde sie verheiratet.

Gelebt haben sie in Konakalmaz.

Meine Oma hat nur überleben können, weil ihre Mutter mit einem Türken mitgegangen war. So hat sie sich und ihre beiden Töchter (drei und eineinhalb Jahre alt) retten können.

Nach dem Völkermord, bzw. nachdem sich alles etwas beruhigt hatte, hat ihre Mutter diesen Türken verlassen. In der Zwischenzeit hatte sie auch eine Tochter von ihm bekommen. Sie nahm ihre beiden armenischen Töchter und ging weg. Heiratete dann einen armenischen Überlebenden. Die beiden nahmen dann meinen Opa bei sich auf und verheirateten ihn mit einer ihrer Töchter. Die jüngere Schwester meiner Oma ist irgendwann verstorben. An was sie gestorben ist, weiß man nicht; wahrscheinlich Schwindsucht o. ä.

Wer diese „Retter" waren, wie sie hießen und wie es mit den Nachfahren aussieht, ist unbekannt. Die Familie hat nie Kontakt zu dem „türkischen" Zweig aufgenommen.

Krikor Beledian

FRAGMENT VATER

Auszug aus Beledians Buch Հատուածներ հօր, vom Autor aus dem Armenischen ins Französische übersetzt: „Fragment du père". Übertragen aus dem Französischen ins Deutsche von Heide Rieck, korrigiert mit Hilfe von Prof. Dr. Miran Dabag, Ruhr-Universität Bochum anhand des Originals.

I
Warum stehen bleiben? Ich hätte weitergehen können, an anderen Orten immer dieselbe Frage stellen oder schweigen; am Boden durchbrachen Rohre die Keller, an denen wir vorübergingen, in den feuchten Gängen war Wasser. Es war ein Ort der Finsternis, hart und nicht klar. Kein Ort etwa, wo ich hätte eintreten können. Ein Punkt, unvorstellbar, der kein Punkt ist, der ständig meiner Sprache entflieht. Im Mund ein festgehaltenes, unerträgliches Hindernis, Leben spendend. Wie ist es möglich zu denken?

II
Soll ich warten oder stehen bleiben, soll ich fortgehen? Er redet, und ich verstecke mich in der Sprache, die mich rausschmeißen möchte. Er wird mich erobern, ich gehe verloren in den zerbrochenen, zerrissenen Sätzen, die sich von der Schwelle meines Munds zurückziehen. Ich klammere mich fest, als ob er mich mit einem Schwert durchbohren wollte. Hinter jedem Wort steht ein Verstorbener, widersprechend und doch Gesprächspartner.

III
Du bist da, in Parenthese da, jenseits von mir. Ich ducke mich, ein Gefangener im Wort, langsam mit dem Wort, schweige ich, ich werde schweigen, ich schaue ihn an, indem ich rede, als würde sich das Wort aus dem Schrei des Schweigens gebären. Ich ducke mich, ich schaue ihn an, sein Kommen bezweifelnd, ich habe Angst, dass er nicht kommt.

IV
Wann er kommt, erfahre ich vielleicht nicht. Jemand sitzt da im Sessel, den Tisch beherrschend, und schaut dem Verfall seines Körpers zu. Plötzlich erschien sein Gesicht: das dreckige Haar seines Bartes, schweißdurchtränkt, seine Haut hat sich aufgelöst, aus der Ferne erscheint sein Skelett. Er kam von draußen. Wie sah er mich an von weit und wie ausgelöscht? Dieses Verlöschen,

das fortwährend aus der Tiefe seiner Augenlider strömte, verzehrte mich wie die Wüsten, durch die er lief. Die Linsensuppe unterbrach dieses sinnlose Sich-Verströmen. In der Traurigkeit und der warmen, dunstigen Atmosphäre waren wir erleichtert, längst gewöhnt an dieses bekannte Sich-Verzehren, als ich sagte: „Das mochtest du, Vater", als wäre er nicht mehr da. Schweigen trat ein nach dem unbedachten Wort. Er sagte nichts oder sprach, fast taub sich an die Kehle fassend, unhörbar. Wir verstanden ihn nicht. Dann starb er. Seitdem spreche ich, und dieses Wort hat keinen Anfang.

V
Jammer auf Jammer. Ich muss ihn erreichen, den Bruch, der mich beginnt, die Wiederholung des Anfangs, der kein Anfang ist, ein sich wiederholendes Nichts. Er läuft, er lief unter der brennenden Sonne, gepeitscht. Verloren. Namenlos. In der Dunkelheit ergoss sich das Blut in die Nacht, erleuchtete sie, wuchs, er würgte, als er die Hand an die Kehle legte. Fast hätte er geschrien. Plötzlich war er allein mit seinem beschnittenen Glied. Sie haben ihm einen Namen gegeben, er erinnerte sich nicht, er erinnerte sich nicht an seinen Namen, er hatte nichts. Ihn gab es nicht, er sollte sterben, wahrscheinlich. Seinen Namen haben sie geändert, als ob er stumm wäre – vor dem Nichtzubenennenden. Als Waisenkind trat er in die Fremde. Er stand auf, ausgehungert kehrte er mit der Kraft des Wortes zurück, das ich aus meinem Mund schneide wie Fleisch.

VI
Warum hat er sich mir entzogen? Die Zeit wurde Zeit, die Weite der Stadt. Er wollte es, vielleicht wollte er diese Trennung von mir, diese Entlastung, diese Wunde, die ich bin. Vielleicht gar nichts gewollt. Er sah auf der anderen Seite die letzten Schatten der Mauer, die andere Seite, geheim, nicht erzählt, verschlossen. Er in sich selbst. Während seine Hand unter der Decke blieb, gelb, ausgetrocknet, als ein Zeichen, als Entwurf eines Zeichens. Nichtssagend. So geschah die Unvaterschaft.

VII
Ich habe nichts, nicht einmal den Impuls zum Schreiben über das, wo du in Leben spendender Leere stehst wie ein heller Spalt in Ausweglosigkeit, oder aufschauend, jemand, der mich von draußen betrachtet. Nun muss ich auf der Schwelle zum Dialog stehen, ich muss deine Migration bewohnen, das durchsichtige und unerträgliche Haus.

VIII
Wer warst du? Eine Nähe, beinahe. Vielleicht die eines sogenannten Bewahrers, der schon abwesend ist. Du schautest. Was? Wie sahst du? Vielleicht warst du jemand andres. Gesichter. Irgendjemand. Vielleicht warst du ein andrer unter uns. Einer der Familie. Warst du vielleicht ein Gefangener, dort, wo du bliebst, wolltest bleiben, ohne Verantwortung, du selbst, für dich allein lebend, andre Orte liebend, in der Vertrautheit andrer Orte? Ich konnte dich nie anreden, dich nie rufen. Du. Du warst ein bekannter und unbekannter Schatten, eine Rolle, ganz nah; deshalb war ich nicht fähig, dich zu verstehen, dich anzunehmen, dich zu lieben. Als ob es uns unmöglich gewesen wäre, mit dem Ursprung zu sprechen. Dieses Schweigen, das du warst, neutral, ohne Geschlecht mit gesichtsloser Sprache. Du warst die Leere. Und du, du hattest kein *Du*.

IX
Das Schweigen, in dem du bliebst, könnte jener Gedanke gewesen sein, der dich aushöhlte. Du stürztest dich in ihn hinein, um ihn zu verlieren, letztendlich. Auf ihn übertrugst du den Verlust ohne zu sprechen, ohne ihn zu entschleiern, ohne ihn zu meiden. In ihm. Aber konntest du mich auf diese Weise, ohne die Gefahr zu bannen, retten? Wahrscheinlich wusstest du auch, ich war verurteilt. Wahrscheinlich hattest du nichts weiterzugeben als das, was sich nicht weitergeben lässt.

X
Du wolltest einfach vergessen, wie andere. Nichts sollte über das Sehen hinaus sein. Du warst gleichgültig. In Gleichgültigkeit versteinert zu einem kalten Schmerz. Auch wir waren traurig, wenn wir sangen, wenn wir tranken, wenn wir liebten, wenn wir gebaren. Eine leere Trauer. Ohne Traurigkeit. Es war da. Ein Wasser ohne Bewegung. Sumpf, immerdar. Gestank nach Öl. Dein Körper löste sich auf, geriet von selbst in Vergessenheit und wird zum Zeichen für das Vergessen.

[. . .]

Krikor Beledian

Gestürzte Lande*

ich habe vom Tod gelernt: es gibt kein Bild
                                        eingeschneit, oh, das Land wo ich
versinke, Höhle, kalt erleuchtet, Berge
die sein könnten
      die der Heimat
und wachen, sich über dich beugend,
weißer Schlamm
      zwischen dem Tag und deinem versteinerten Auge
in der Schwebe
zerfallene, zum Wanken gebrachte Städte
abwesend
steigend
      im Fallen,
           Delirium in
Verwesung, Dürre, Brand
      Schreckgespenst schneebedeckt
das
du berührst
           und betastest
                und das dich einhüllt in
unüberwindbare Verdummung
faulig in Dunst
           in jenem Zwischenraum
alles was da ist:
      durchlöcherte Trümmer
gefüllt mit Leere
      mit Schreien
Lachen oder versiegten Tränen
alles flimmert unter den fahlen Strahlen dumpfer Bestürzung
und hier die Wüste

---

* Im Original „**Terres Renversées**". *Übertragen aus dem Französischen ins Deutsche von Heide Rieck.*

                    wesentlich
unwiderlegbar
die sich dir nähert
nach dem Schnee
mit ihrer Hitze ihrer Sonnengier und ihren Fata Morganen
und du gehst
                du springst über
Steine hin zu dem Nichtraum
                      deiner Geschichte
die
diese unerforschbare Ruine bleibt,
die Seitenwände
faszinieren dich wie Überbleibsel,
die letzten absurden Zweiglein
wo Sandkörner und Kieselsteine abbröckeln,
Blech, Balken und all die über die Welt verstreute Zerstückelung,
                Büschel von Haar,
die unter dem Staub in deinen Fingern zergehen zum Unvorstellbaren
zerfallener Gesichter
                      und nicht ein einziges
Haus um dich hinzukauern
zu lieben,
zu sterben in der Vertrautheit von Bildern.
                      Vergiss
die Bäume die nicht mehr sind
und die Verwüstung die sich auf dich stürzt
                    nah am Ufer
das Doppelbild:
   niemand,
      jemand, wenn doch
jemand da wäre
nicht ein einziger Prophet kein Schauspieler
kein verrückter Altertumsforscher kein Erleuchteter
nur ein Körper, der
nicht mehr deliriert
                niemand

auch kein Schatten;
                             es ist ein Ort ohne Ausgang
Schlucht, Mauer
die dich forttragen in das namenlose Getöse
zwischen dem Wind und dieser schwarzen Weiße
gestürzter Lande
                        in Wolken
die ziehen und sich in deinem Schädel auflösen
                                            Lande
geworden
Explosion von Kratern
                             unbegehbar;
                                    alles ist
außen, jetzt, innen,
                        du bist außen
uneinnehmbar
absolut herausgerissen aus dem Traum
                             auf nimmermehr
ohne Boden
und immer ist da dein stechender Schmerz dein dich Verzehren
nach dem Raum ohne Ausgang
                        in dem Verstreuten
                        „Denn in jenem Augenblick..."
nein, in keinem Augenblick
in dieser wankenden
            Nicht-Zeit
in der die Orte verschwunden sind
            „... schwankten die Fundamente." (Nersés le Gracieux, 1102 –
            1173, Élégie sur la chute d'Edesse.)
Spalten, Verwerfungen, Schluchten, Gletscher haben Knochen
und Wirbel getrennt, Hände und Stimme,
                             und wir waren
wieder aufgelöst
nie zur Reife gebrachte Körper
                  nicht Orpheus
noch Dionysos, die ein Lied

verbindet,
                denn für uns
ist die Trompete
des Erzengels nicht erklungen und nie
werden die ihres Todes
beraubten Toten auferstehen
                        es ist derselbe violette Schnee
ausgespuckt dreckig flüssig
die alte Mischung
aus der Aschesaat der Toten und der Lebenden
(   )
aus der Vernichtung und dem Gefüge
                                das unendliche
Schwanken die Erschütterung der Dächer und Gläser
im Brausen der Berge
das ist der Hafen der Schreckensruhe
                        o Nicht-Land
und friedliches Meer wo du schaukelst
stößt du
die Leichen deiner Väter, trunkene Götter,
die ihre schweren Metallkarren vor deine Kiefern
rammen
                auf dass du schweigst
und dich durch ihr Mitleid
beruhigst
                aber wer könnte
leben der Zeit beraubt
und fremd nun
                des Ortes beraubt
in dem irrsinnigen Gedicht
                die Verwüstung
des Wortes wieder bewohnbar machen?
denn es muss gesagt werden: die feurige Vernichtung
gleicht einem Sturz
                in zerbrochene
Steine

dasselbe alte und schwarze Land
                                        o euer
und unser Pakt mit dem antiken Geschehen
leer
ein unbewohnbarer Schreckensort
                                                 der schlichte Tag
der Nicht-Tag
zart und plötzlich ein Bruch
der das Epizentrum der Pupille zerreißt
wenn die Felsenküste der Nacht
deine Stirn zermalmt
                        stürzt ein
unwiederbringlich allmächtig und endgültig:
                                      das verdoppelte Bild
(aber wann war das?)
in der Leere
am Ufer des Baches bleibt das Gedicht von einem kleinen Mädchen
das mit Knöchelchen spielt

Saruhi Stamboltsyan

Einer für alle
oder Die Geschichte der Familie Panikyan

Ich freue mich sehr über die Gelegenheit, die Geschichte der Familie Panikyan aufschreiben zu dürfen. Meine Kinder haben mich oft darum gebeten, aber wie es so oft ist, fand man keine Zeit. Nun nehme ich mir die Zeit und schreibe mit Dankbarkeit diese Zeilen auf. Ich schreibe für meine Kinder und für die Familie Panikyan.

Oma Siranush (mütterlicherseits) und ihr Bruder Minas Panikyan

Meine Großmutter Siranush Tatevosi Panikyan wurde 1905 nahe der Stadt Van [heute] in der Türkei geboren. Sie war 10 Jahre alt, als die ganze Familie ihr Haus für immer verlassen und fliehen musste. Sie hat mir oft davon erzählt. Bis zu meiner Einschulung lebte ich in ihrem Haus und lauschte gern den Gesprächen, die von der armenischen Geschichte handelten. Heute glaube ich, dass sie nie über die tragischen Ereignisse hinweggekommen ist, denn ein zehnjähriges Kind versteht genug, um sich Geschichten zu merken, besitzt aber nicht die Kraft, diese traumatischen Erlebnisse zu verarbeiten. Trotzdem war meine Großmutter eine starke Frau, und ich denke, dass es ihr wichtig war, die Geschichte ihrer Familie, die nur durch ihren Zusammenhalt am Leben geblieben war, weiterzugeben. Deswegen sehe ich mich dazu verpflichtet, es ebenso zu tun, damit die nächste Generation ihre Vergangenheit nicht vergisst.

*

Die Familie Panikyan besaß in der Nähe von Van ein großes zweistöckiges Haus und viele Ländereien, sie lebte von der Landwirtschaft. Meine Urgroßmutter hieß Nargiz, sie hatte 13 Kinder, von denen nach der Geburt nur fünf am Leben geblieben sind: meine Oma Siranush, ihre zwei älteren Brüder Minas und Sarkis und die Schwestern Zaruhi und Hamas. Mein Urgroßvater hieß Sedrak, er war Geschäftsmann und starb noch vor dem Genozid auf einer Geschäftsreise in den Irak. Minas Panikyan war es, dem der ganze Clan Panikyan seine Rettung und sein Leben zu verdanken hatte.

Der älteste Sohn der Familie Panikyan, Sarkis, hat zu Beginn des 1. Weltkrieges in der Osmanischen Armee gedient. Wie so viele armenische Soldaten, wurde auch er entwaffnet und erschossen. Seine junge Frau blieb als Witwe mit zwei Töchtern, Noem und Gohar, allein. Minas sorgte für die Familie seines Bruders. Er selbst beteiligte sich am Kampf der Dashnaken, der armenischen Widerstandsgruppen, und wurde noch vor dem April 1915 verhaftet. Damals war er 23 Jahre alt. Die türkische Polizei hat

Urgroßmutter Nargiz – Mutter von Siranush und Minas, Oma von Emilia Babayan

ihn gefoltert, um herauszukriegen, ob und wo die Armenier Waffen versteckten. Er wurde mit Stöcken auf die Fußsohlen geschlagen. Doch gelang es ihm, aus dem Gefängnis zu fliehen, wie, weiß niemand. Ein guter Freund von ihm, ein Kurde, riet ihm, Van zu verlassen, er sagte: „Es kommen schlimme Zeiten für die Armenier".

Minas floh allein nach Baku, Hauptstadt der heutigen Republik Aserbaidschan. Er wollte dort eine Arbeit suchen, um später seine Familie aus Van herausholen zu können. Immer wieder fragte ich meine Oma an dieser Stelle, warum seine Wahl auf Baku in Aserbaidschan gefallen war und nicht auf Yerevan in Armenien. Sie antwortete, dass die Armenier in Van kaum Informationen gehabt hatten, weil Krieg herrschte, und sie Angst hatten, dass die Türken auch weitere armenische Territorien angreifen würden. Außerdem hatte Minas wohl Kontakte und Freunde in Baku, die ihm helfen konnten. In Baku gab es Ölraffinerien und Industrie, also hoffte mein Großonkel Minas, dort eher Arbeit zu finden als anderswo. Es gelang ihm tatsächlich, Baku zu erreichen und eine Arbeitsstelle sowie anderthalb Zimmer in einer Gemeinschaftswohnung zu finden. Als Kind war ich oft in dieser Wohnung, sie war eine Art „Kommunalka": Auf einem langen Flur gab es mehrere Zimmer, für alle Nachbarn gab es nur eine Küche und zwei Toiletten. Minas Panikyan vollbrachte schließlich das Unmögliche: er hat seine ganze Familie aus Van herausgeholt. Es wurde verabredet, dass alle Frauen mit den Kindern durch die Wüste Richtung Baku gehen und Minas sie an einem bestimmten Ort treffen sollte. Wo genau sie sich trafen, wusste meine Oma nicht mehr. Auf dem Fußmarsch durch die syrische Wüste waren drei Generationen vertreten: seine Mutter Nargiz, seine Schwester Siranusch (meine Oma), die Frau seines ermordeten Bruders Sarkis mit ihren zwei Töchtern Noem und Gohar und ihrer Mutter. Die Pogrome hatten die Stadt Van noch nicht erreicht, als sie flohen.

Meine Oma erzählte, dass sie in der Wüste von kurdischen Reitern überfallen wurden und ihre Mutter Nargiz sich vor die Kinder stellte, um sie zu schützen. Dann fiel sie vor den Reitern auf die Knie und riss ihren goldenen Ring vom Finger. Sie hielt ihn den Reitern entgegen: „Nehmt ihn, nur lasst bitte meine Kinder am Leben!" Die Kurden nahmen das Gold und ließen die Familie in Ruhe.

Besonders oft hat sich meine Oma an Folgendes erinnert: Die jüngste Tochter ihres ermordeten Bruders Sarkis, Gohar, war 3 Jahre alt und konnte nicht mit den Erwachsenen Schritt halten. Also trug die Mutter von Sarkis' Witwe die kleine Gohar. Bald neigten sich aber auch ihre Kräfte dem Ende zu. Ob bewusst oder unbewusst, konnte niemand sagen, sie ließ ihre Enkelin Gohar unter einem Busch liegen und zog weiter. Meine Urgroßmutter Nargiz merkte plötzlich, dass das Kind nicht mehr da war, und rief: "Wo ist Gohar?" Nun ging sie zurück, fand das Mädchen und trug es selbst bis zum Abend auf dem Arm. Diese Geschichte hat mir Jahre später die Schwester von Gohar, Tante Noem (sie war schon 93 Jahre alt und lebte seit langem in Yerevan), bestätigt. Auf meine Bitte hin hat sie diese Erinnerung auch vor einer Videokamera erzählt. Diese Videokassette habe ich dem Genozid-Museum in Yerevan geschenkt.

Tatsächlich haben alle Familienmitglieder Baku erreicht, und Minas Panikyan brachte sie in seiner kleinen Wohnung unter, half bei der Arbeitssuche und sorgte dafür, dass die Kinder eine gute Schulbildung bekamen. Er selbst betrieb eine kleine Weberei, die er zusammen mit seinem Freund Markar eröffnet hatte. Meine Oma schloss das Gymnasium ab und heiratete meinen Opa Ashot Tatewosi Babayan. Sie bekamen eine Tochter Emilia – meine Mutter. Minas heiratete auch und hatte mit seiner Frau Taguhi vier Kinder: zwei Jungen, Sed und Georgi, und zwei Mädchen, Seda und Elmira. Auch seine Frau Taguhi hatte dasselbe Schicksal wie viele armenische Kinder nach dem Genozid erlitten. Sie stammte aus Van, ihre Familie floh Richtung Armenien. Ihr Vater wurde ermordet, ihre Mutter und ihre Großmutter starben unterwegs an Typhus. Ebenfalls erkrankt, erreichten Taguhi und ihr Bruder die Stadt Etschmiadsin. Taguhi kam in ein amerikanisches Kinderheim, ihr Bruder in ein amerikanisches Krankenhaus. Dort hat Taguhi ihn besucht und berichtete ihm, dass das Kinderheim umziehen werde (später wurde klar, dass die Amerikaner das Heim nach Gjumri verlegten). Sie war 11 Jahre alt und hatte Angst, ohne ihren Bruder Etschmiadsin zu verlassen. Ihr Bruder, 14 Jahre alt, riet ihr, mitzufahren und versprach ihr, sobald er aus dem Krankenhaus herauskommen würde, sie zu finden ... Sie haben sich nie wiedergesehen. In Gjumri, Taguhi war bereits 19 Jahre alt, hat sie Minas Panikyan entdeckt. Er nahm sie aus dem Heim, heiratete sie und brachte sie nach Baku. Zusammen haben sie 50 Jahre gelebt, bis Taguhi starb. Kurz darauf starb auch Minas.

Sein ganzes Leben half er und unterstützte seine Verwandten, die noch lange bei ihm wohnten. Er verheiratete meine Oma, sowie seine Nichten Gohar und Noem, die dann nach Yerevan umzogen. Als der 2. Weltkrieg begann und in Yerevan großer Hunger herrschte, nahm Minas Panikyan die Kinder von Noem und Gohar bei sich auf und sorgte für sie, bis der Krieg vorbei war. Er wurde im wahrsten Sinne des Wortes zum Patriarchen der Familie. Und diese brachte ihm ihre tiefste Dankbarkeit entgegen. Es gab kein Fest, bei dem sich die große Familie Panikyan nicht in seiner kleinen Wohnung versammelt hat. Meine Oma hat die Tradition der Feste auch in ihrer Familie weitergeführt. Ich glaube heute, dass sie auf diese Weise das Fest des Lebens feierte, ihres geretteten Lebens.

73 Jahre nachdem Minas seine Familie aus Van gerettet hatte, wiederholte sich das Schicksal. Diesmal in Baku. Die Pogrome an Armeniern in Aserbaidschan (Sumgait und Baku) im Jahr 1988 haben die armenische Bevölkerung wieder zur Flucht gezwungen.

Meine Mutter und drei Kinder von Minas: Sed, Georgi und Seda Panikyan lebten zu diesem Zeitpunkt in Baku, hatten Familien, gute Arbeit und eigene Wohnungen. Nun sahen sie sich gezwungen, samt ihren Familien die geliebte Stadt Baku, in der sie sich heimisch fühlten, zu verlassen. Meine Eltern hatten das Glück, noch vor den Pogromen Baku verlassen zu können. Sie zogen nach Yerevan um, wo ich schon seit 1982 studierte. Leider erlitten Sed, Georgi und Seda den vollen Schrecken der Flucht: Die Wohnung von Georgi, in der auch Tante Seda sich versteckt hatte, wurde angegriffen, und nur durch ein Wunder und mit Hilfe des Nachbarn, eines Aserbaidschaners, der bei der Polizei arbeitete, konnten sie befreit werden. Sie flohen nach Yerevan und fanden nun in der Wohnung von Noem Zuflucht. Später siedelten sie nach Moskau und Sankt-Petersburg um, wo ihre Kinder zuvor Arbeit gefunden hatten.

Die Familie Panikyan ist nun in der ganzen Welt verstreut: seit 1992 leben mein Mann, unsere Kinder und ich in Deutschland, die Nachkommen von Tante Noem in Italien und Amerika, Tante Seda und die Enkelkinder von Minas in Sankt-Petersburg und Moskau. Das Schicksal der Flucht scheint sich durch alle Generationen unserer Familie zu ziehen. Ich hoffe, dass unsere Kinder davon verschont bleiben und dass sie die Erinnerung an den Zusammenhalt unserer Vorfahren weitertragen werden.

Muriel Mirak-Weißbach

Die Steine werden aufschreien

Mitte Juni 2011 kam es bei einer Ausstellung der UNESCO in Paris zu einem Skandal. Die Ausstellung zeigte Bilder traditioneller Steinkreuze der armenischen Kirchenkunst, bekannt als Khachkars. Die einzigartigen Skulpturen und Reliefs waren im November 2010 in die repräsentative Liste des unantastbaren Kulturerbes der Menschheit aufgenommen worden.* Die Ausstellung stand unter der Schirmherrschaft des Kultusministeriums der armenischen Republik und war in Anwesenheit zahlreicher Diplomaten, Künstler, Historiker und Kirchenvertreter eröffnet worden. Sie hätte eine Anerkennung und Wertschätzung der Khachkar-Tradition werden können, wenn nicht die UNESCO in letzter Minute die Ortsnamen unter den Fotografien gelöscht hätte, wo sich die Khachkars befinden. Nicht nur wurden die Namen der Fundstellen ausgelöscht, sondern auch eine große Landkarte des Historischen Armeniens entfernt, auf der die Fundstellen verzeichnet waren. Das Argument: Da sich die Khachkars nicht alle auf dem Boden der Republik Armenien befänden, sondern auch im heutigen Aserbaidschan und der Türkei, sei es besser, Schweigen zu bewahren.

Aber das Schweigen konnte nicht halten: „Die Steine werden aufschreien", und das taten sie. Vertreter der Organisation Collectif VAN (Vigilance Arménienne contre le Négationnisme), die bei der Eröffnung anwesend waren, protestierten in einem offenen Brief an die Generaldirektorin der UNESCO Irina Bokova.** In dem Brief argumentierten sie, dass es nicht nur gegen die akademische Pflicht verstoße, die Fundstellen von Kunstwerken wie die der Ausstellung zu identifizieren, sondern dass die Aussteller sich durch die Entfernung der Fundorte auch einer unakzeptablen Geschichtsfälschung mitschuldig machten. Mit der Beseitigung der Namen der Fundorte werde die historische Präsenz der armenischen Bevölkerung und Zivilisation in dieser Großregion vertuscht.

Reisende durch Ostanatolien und das heutige Aserbaidschan werden immer noch auf Khachkars an ihren ursprünglichen Orten stoßen, obwohl Tausende bewusst zerstört wurden, und werden so die richtigen historischen Schlüsse

---

* http://www.unesco.org/culture/ich/fr/RL/00434
** http://www.collectfvan.org/article.php?r=0&id=55039

ziehen können.* *Neben den wunderschönen Steinkreuzen gibt es einen Schatz an religiösen Denkmälern, seien es Kapellen, Kirchen, Kathedralen oder Klöster, die überall in dieser Region von der physischen und geistigen Gegenwart der christlichen Armenier seit dem 4. Jahrhundert Zeugnis ablegen. Der italienische Kunsthistoriker Adriano Alpago Novello hat diese religiöse Kunst als integralen Bestandteil der armenischen Identität ausgemacht. „Das beharrliche Festhalten der Armenier an der christlichen Religion," so schrieb er, „wie es Tausende von Kreuzen, die überall und zu jeder Gelegenheit gemeißelt und aufgestellt wurden, und die außergewöhnliche Dichte von kostbaren Sakralbauten belegen, war nicht nur eine Frage der Religion, sondern ein Wesensmerkmal der ureigensten Identität und ein Symbol ihres physischen Überlebens."***

Und dennoch wird diese allgegenwärtige Realität immer noch geleugnet und in ein völlig falsches Licht gestellt. Mein Bruder, mein Ehemann und ich haben das während einer Reise durch Ostanatolien im Mai 2011 erfahren können. Statt auf geschichtliche Aufklärung stießen wir regelmäßig auf eklatante und dreiste Formen der Geschichtsfälschung, gerade an Orten und ihrer Umgebung, die für die Geschichte der Armenier von großer Bedeutung sind. Historische Ereignisse und ihre Zeugnisse wurden totgeschwiegen, in etwas Anderes verwandelt oder oftmals auch ins Gegenteil verkehrt.

*

Auf den Spuren unserer Vorfahren

Wir waren als Teil einer Reisegruppe von Armeniern aus den USA unterwegs, die erstmals die Wurzeln ihrer Eltern und Vorfahren entdecken und die Dörfer und Städte besuchen wollten, wo sie geboren waren und bis zum Völkermord gelebt hatten. Es war wie das Zusammensetzen eines Puzzles. Wir hatten Bruchstücke von unseren Eltern, Namen von Dörfern und Beschreibungen von besonderen Orten. Wir hatten aber auch Augenzeugenberichte über den Völkermord von Johannes Lepsius, Jakob Künzler, Botschafter Henry Morgenthau und anderen. Aber als wir auf eine heute verfügbare Landkarte

---

* Aserbaidschanische Bagger haben auf einem armenischen Friedhof in Jolfa, Nachitschewan, Tausende von Steinkreuzen untergewalzt, und das Foto des Friedhofs vor der Zerstörung wurde in der Ausstellung gezeigt.

** Adriano Alpago Novello, "Armenische Architektur von Ost nach West", in: *The Armenians*, Rizzoli, New York, 1986.

der Türkei schauten, konnten wir nicht annähernd etwas Nützliches finden. Auch unser deutscher Reiseführer konnte nicht wirklich weiterhelfen.

Ohne unseren Reiseführer Armen Aroyan, der seit 25 Jahren Pilger durch die Region begleitet, und unseren Fahrer, der sowohl türkisch als auch kurdisch sprach, wären wir nicht weit gekommen. Nach mehrmaligem Fragen auf der Fahrt von Arapgir nordwärts fanden wir schließlich Mashgerd, das Dorf meines Vaters. Wir erfuhren, dass es heute nicht mehr Mashgerd, sondern Charkirtasch heißt, wie es auch auf dem Schild am Ortseingang zu lesen stand: Chakirtasch Köyüne, Hos Geldiniz – Gemeinde Chakirtasch, herzlich willkommen. Mein Vater hatte seine Heimat in höchsten Tönen gepriesen, die Berge, die Flüsse, die welligen Hügel und grünen Weiden. Und die Landschaft in Maine, Neu England, wo er später ein Sommerhaus besaß, hatte oftmals in ihm Erinnerungen an seine Kindheit in und um Mashgard hervorgerufen. Seine Tante, Anna Mirakian, die ihn später nach dem Krieg fand und in die USA mitnahm, beschrieb die reiche Landschaft des Dorfes in ihren Memoiren als Paradies auf Erden. Sie schrieb: „Die Menschen von Mashgerd, die ihre Häuser, Felder, Höfe, Obst- und Gemüsegärten verlassen mussten, wurden aus ihrem paradiesischen Geburtsort mit gebrochenem Herzen und Tränen in den Augen vertrieben."[*]

Die Berge, die grünen Hügel und Flüsse waren immer noch da, aber das Dorf war beträchtlich zusammengeschrumpft. Sobald wir aus dem Minibus ausgestiegen waren, kamen die Dorfbewohner aus ihren Häusern, uns zu begrüßen. Dabei zeigten sie die gleiche Gastfreundschaft, der wir überall begegneten. Sie boten uns Ayran an, ein Joghurt-Getränk, das wir als Tun kannten, oder auch Tee. Sie wollten wissen, ob wir nach verborgenen Schätzen suchen wollten. Denn viele Armenier hatten vor ihrer Vertreibung ihre Schätze vergraben in der Hoffnung, sie zu einem späteren Zeitpunkt wieder zu finden. Nein, versicherten wir ihnen, nicht nach vergrabenen Schätzen, sondern nach Schätzen einer anderen Art suchten wir.

Hier in Mashgerd suchten wir vor allem nach der Kirche, in der nach dem Bericht meines Vaters die Dorfbewohner 4 Tage eingesperrt worden waren, bevor sie zur Exekution weggebracht wurden. „Hier gibt es keine Kirche", sagten uns die Dorfbewohner zu unserem Verdruss. Es gäbe eine Kirche einige Kilometer entfernt, die wir auch zu Fuß erreichen könnten, aber keine hier im Dorf.

---

[*] Anna Mirakian, *Wunden und Schmerzen: Eine kindlose Mutter*, Aprilian Genocide Series, Nr. 10, Seite 25.

Jene Kirche hätte die St.-Sargis-Kathedrale sein können, über die die Tante meines Vaters geschrieben hatte. In ihren Memoiren hatte sie eine wunderschöne Kirche erwähnt, die im unteren Dorf gelegen sein sollte: „An den Ufern des Euphrat gelegen in einem Dorf Van Gyugh, ein üppiges grünes Dorf mit der großartigen und erhabenen St.-Sargis-Kathedrale – wo jedes Jahr die Ostermessen gehalten wurden".[*] Aber das war nicht die Kirche, von der mein Vater gesprochen hatte. Er hatte sie in Mashgerd lokalisiert, mitten im Zentrum des Dorfes. Obwohl also die Dorfbewohner eine solche Kirche nicht kannten, wussten wir, dass es eine Kirche geben müsse. Denn erstens gab es eine Kirche oder mindestens eine Kapelle, wo es eine armenische Gemeinde gegeben hatte, und zweitens hatte mein Vater explizit von einer Kirche mitten in Mashgerd gesprochen. Und seine Tante hatte ihrerseits die Existenz einer Kiche im Dorfzentrum bestätigt.

Nachdem wir also eine zeitlang durch das Dorf geschlendert waren, trafen wir auf einen alten Mann, der tatsächlich eine Kirche – Kilise – im Dorf kannte. Er führte uns einen lehmigen Weg entlang, an einem großen Haus mit dem Dorfbrunnen vorbei und zeigte auf ein großes Gebäude, das auf den ersten Blick gar nicht wie eine Kirche aussah. Es hatte gar nicht die Form einer typisch armenischen Kirche, wie wir sie kannten, mit ihren runden zentralen Strukturen im Zwölf- oder Mehreck angeordnet, mit den typischen Rundbögen und den konischen Kuppeln. Dieses Gebäude war rechteckig und hatte ein flaches Dach. Dann deutete der alte Mann auf bestimmte ebenmäßig gehauene Steine in der Fassade, auf denen eindeutig armenische Buchstaben zu sehen waren: Namen, Daten und die typischen Steinkreuz-Reliefs; dies sind Steine, erklärte unser Reiseführer Armen, die vielleicht einmal Grabsteine gewesen waren und die man häufig in dieser Region für den Bau von Kirchen verwendet hatte. Oder es handelte sich um Steine mit Khachkar-Reliefs, die extra für die Fassade gefertigt worden waren. Dies war also tatsächlich eine Kirche, und es musste sich um die Kirche handeln, die mein Vater gekannt hatte! Die Form der Kirche stellte sich als eine von vielen traditionellen armenischen Kirchenmustern heraus, die als „Längskirche" bekannt ist und die z. B. in Artsathi nördlich von Erzurum oder in

---

[*] Anna Mirakian, *Wunden und Schmerzen: Eine kindlose Mutter*, Aprilian Genocide Series, Nr. 10, Seite 16.

Dirarklar zu finden ist.* Beide sind ohne große Verzierungen, ohne runde Apsiden und haben hölzerne Dächer.

Zurück ins Jahr 1916 – die Menschen wurden nach 4 Tagen aus der Kirche freigelassen und im Zentrum des Dorfes versammelt. Mein Vater war damals 8 Jahre alt. Er spürte, dass etwas Schlimmes zu erwarten war und rannte um sein Leben. Er erreichte das Haus seiner Großmutter, das gerade mal 100 m entfernt war und im Hinterhof einen Stall hatte. Dort versteckte er sich. Ich schritt die 100 m von der Kirche aus in verschiedene Richtungen ab und suchte nach einem Haus, das auf die Beschreibung passen würde. Aber es gab einige davon. Welches war also das Haus seiner Großmutter gewesen? Auch die Tante hatte in ihren Memoiren von einem alten „Kokats – Heu und Stall – im Dorfzentrum" gesprochen, das dasselbe gewesen sein müsste. Aber wo stand es jetzt? Diese Frage konnten wir nicht beantworten.

Das Dorf meiner Mutter Tsack war auch nicht leicht zu finden, denn es war ebenfalls nicht mehr unter diesem Namen bekannt. Es heißt heute Inn auf Türkisch. Was für ein Unterschied zu ihren Beschreibungen! Damals hatte Tsack 100 bis 150 Familien. Heute, so erzählte uns eine Bewohnerin, gab es nur noch 3 Brüder, die mit ihren Familien hier lebten. Die alte Einwohnerin, weit über 70, empfing uns warmherzig. Als sie erfuhr, wir seien Armenier, erzählte sie ihre Geschichte. Es stellte sich heraus, dass auch sie halb armenisch ist, dass ihre Mutter als Kind gerettet worden war und später an einen Türken verheiratet worden war. „Ich erinnere mich nur noch, dass sie den ganzen Tag weinte. Sie hatte alles verloren, alles und jeden, die ganze Familie." Sie erzählte dann von sich: auch sie sei an einen Türken verheiratet worden, sagte sie wehmütig, „und als Braut habe auch ich immer nur geweint". Sichtlich von der Erinnerung ergriffen, entschuldigte sie sich: „Ich habe hohen Blutdruck und darf nicht weitersprechen".

---

* Josef Strzygowski, *Die Baukunst der Armenier und Europa*, Kunstverlag Anton Schroll & Co., G.m.b.H. in Wien, 1918. Das gesamte historische Material zur Kirchengeschichte, das in diesem Artikel Verwendung findet, ist diesem bahnbrechenden Werk entnommen. Besonders wertvoll sind die Fotos dieses Werks, alle am Ende des 19. und frühen 20. Jahrhunderts aufgenommen. Sie zeigen viele Kirchen in relativ gut erhaltenem Zustand. Die Kathedrale in Kars wird z.B. gezeigt, bevor die russischen Porticos hinzugefügt wurden.

Der Großvater meiner Mutter war ein wohlhabender Landbewohner mit reichem Acker- und Weideland und Weinbergen, die die Hügel bedeckten. Was wir sahen, war ein einsamer alter Weinstock, der sich am Haus der alten Frau hinauf rankte und das Wellpappendach abstützte. Einige Weinreben hingen davon herab. Zwei oder drei Hühner stolzierten den Lehmweg hinab auf der Suche nach ein paar Körnern. Hinter dem Haus mit dem Weinstock sah ich eine Terrasse mit Bienenhäusern und Bienen, die umherschwärmten. Ich erinnerte mich daran, dass ein Cousin meiner Mutter, der Sohn der Frau, die sie gefunden und nach Amerika mitgenommen hatte, später in Watertown, Massachussetts, immer Bienen gehalten hatte. Er versorgte uns regelmäßig mit Honigwaben. Offensichtlich war dies eine Familientradition, die sich seit der Zeit in der alten Heimat erhalten hatte.

Auf dem Weg zurück zur Hauptstraße, die auch nicht gepflastert war, sahen wir auf der anderen Seite eine weite Ebene, übersät mit Ruinen alter Gebäude. Steine, in 2 bis 3 Reihen ordentlich übereinandergestapelt, Reste von einst bewohnten Häusern, alle noch in Blöcken angeordnet, so dass die Umrisse der Wohnhäuser, Geschäfte und Büros noch halbwegs erahnt werden konnten.

Die nächste Etappe unserer Entdeckungsreise war Agin (Agn), die Stadt in der die Adoptiveltern meiner Mutter gelebt hatten. Es gibt 2 Städte mit ähnlichen Namen, eine südlich von Arapgir, die andere weiter nördlich. Armen folgerte, dass es die letztere sein müsse, nach der wir suchten. Denn nach Aussagen meiner Mutter sollte die Stadt zu Fuß, möglicherweise in mehreren Tagesmärschen, von Tsack erreichbar gewesen sein. Heute heißt die Stadt nach Kemal Atatürk Kemaliye. Atatürk soll bei einem Besuch von der Schönheit der Stadt derart eingenommen worden sein, dass er ihre Renovierung und Instandsetzung in Auftrag gab. Tatsächlich setzte sich dieser Ort deutlich von allem ab, was wir bisher gesehen hatten. In der Hauptstraße reihten sich wunderschön renovierte Häuser mit Holzfassaden aneinander, was eher den Eindruck eines Schweizer Nobelskiortes ergab. Ein Gebäude beherbergte ein Museum, das die untrüglichen architektonischen Merkmale einer hübschen ehemaligen armenischen Kirche trug. Die graziös geschwungenen Rundbögen waren deutlich zu erkennen.

In Agin suchten wir die Moschee, auf deren Stufen ein türkischer Schafhirte meine Mutter als Kleinkind abgelegt hatte. Er hatte sie in einem Haufen von Leichen von Frauen und Kindern gefunden. Sie alle waren aus Tsack mitgenommen und erschossen worden. Wie es mit Findelkindern üblich war, nahm er das Baby mit in die Stadt, wo er vielleicht wohnte, und ließ es auf den Stufen der Moschee zurück. Dort fand es der Gendarm Omar und nahm es mit nach Hause. Omars Ehefrau, die selbst keine Kinder hatte, wollte das Kind eigentlich nicht, weil es ja ein Giavour (eine Christin) war. Und sie fühlte sich zu alt, ein Kind aufzuziehen. So nahm sie das Kind und brachte es zurück zur Moschee. Während Gulnaz mit ihren Freundinnen plauderte, kroch das kleine Kind zu ihr zurück und zog an ihrem Rock. Gulnaz meinte, Allah habe ihr ein Zeichen gesendet, dass sie sich um das Kind kümmern sollte.

Die Moschee war sehr alt und schön, erbaut im Jahre 1070, renoviert in den Jahren 1960 und 2005 und lag direkt im Stadtzentrum an einer Straße, die von der Hauptstraße abzweigte. Vor der Moschee war ein kleiner Vorplatz wie eine Piazza. Dort mögen vielleicht Gulnaz und ihre Freundinnen gesessen und geplaudert haben ...

Zeugen aus Stein der wahren Geschichte

Auf dem Weg nach Erzincan, wo wir die Nacht verbringen wollten, hielten wir auch an der berüchtigten Kemagh-Schlucht an. Wir standen auf der Brücke des Flusses und schauten die felsigen Steilwände der Schlucht hinauf. Von den Klippen dort oben waren armenische Männer, zu zweit aufgereiht und an den Handgelenken aneinandergefesselt, in die Schlucht hinabgestoßen worden, nachdem ihnen mit Bayonetten die Seiten aufgeschlitzt worden waren.[*] Bei jedem, der die Geschichte kennt, wird bei dem Namen Kemagh ein Schauder den Rücken hinunterlaufen. Ein Unwissender aber hätte keine Chance zu wissen, was er da sieht. Es gab eine in den Felsen nahe der Brücke eingelassene Tafel. Auf ihr stand nichts von den über 10 000 Armeniern, die hier in den Tod gestoßen worden waren, sondern sie erinnerte an 6 türkische Soldaten, die hier in einem tragischen Autounfall vor Jahren ums Leben gekommen waren.

In Zatkig, einem Dorf an der Straße nach Kars, fanden wir eine weitere kleine Kirche, die von der armenischen Vergangenheit Zeugnis gab. 1915 hatte die Provinz eine Bevölkerung von 150 000 Menschen, davon waren 10 % Armenier. Obwohl jetzt fast verfallen, konnten wir an den Wänden dieser Kirche aus dem 10. Jahrhundert Umrisse von Fresken in Weiß und Blau erkennen. Die Bögen waren mit Steinen zugemauert und die Langkirche wurde jetzt als Lagerraum

---

[*] Christopher J. Walker, "World War I and the Armenian Genocide", in: *The Armenian People from Ancient to Modern Times, Volume II, Foreign Domination to Statehood: the Fifteenth Century to the Twentieth Century,* edited by Richard G. Hovannisian, Macmillan, New York, 2004, p.247.

für Brennholz verwendet. Nach dem Heu im Hinterraum zu urteilen, war sie wohl auch als Stall benutzt worden.

Ein ähnliches Bild erwartete uns kurz vor Erzurum, einer Stadt, die Ende des 4. Jahrhunderts Teil des antiken armenischen Königreichs gewesen war. Die Ruinen einer Kirche waren mit Gras überwachsen. Sie glich dem Kopf eines Benediktinermönchs, der sich lange Zeit nicht mehr geschoren hatte ...

Kars

In Kars, unserem nächsten Halt besuchten wir die Kirche, die in wunderbarem Kontrast herausstach – die Apostelkirche, 937 erbaut von König Abbas. Sie war 1064 unter den Seldschuken in eine Moschee verwandelt worden, und so blieb ihr das Schicksal vieler anderer Kirchen erspart. Für eine kurze Zeit von 40 Jahren wurde sie ab 1878 unter russischer Besatzung wieder ein Ort christlichen Gottesdienstes. Die Russen erweiterten das Gebäude um 4 Porticos an den 4 Eingängen, was der Kirche ein neues russisches Element verlieh. Dann wurde sie Museum zwischen 1969 und 1980, bevor sie 1994 wieder in eine Moschee verwandelt wurde.

Aber, es war nicht zu leugnen, dies war eine typisch armenische Kirche. Die Rundkuppel über einem 12-eckigen Turm mit 12 Rundbögen – typische Merkmale armenischer Architektur. Und dann die übergroßen Reliefs der Gestalten der 12 Apostel. Die Tafel am Eingang, für ausländische Touristen in englischer Sprache abgefasst, gab allerdings keinen Hinweis darauf, wer dort Gottesdienst abgehalten hatte, bevor die Kirche Moschee wurde. Die Tafel sagte lediglich: Die Kirche wurde von einem Bagratidenkönig Abbas (932 – 937) erbaut. Dann wurden die Stationen der Geschichte aufgelistet. Das Wort „armenisch" tauchte nirgendwo auf. Wer die Bagratiden waren, blieb der Einbildungskraft der Besucher überlassen.

„Stadt der 1001 Kirchen" – Ani

Die gleiche Verhüllungspolitik war auch in Ani am Werk. Ani – einstmals altehrwürdige, prachtvolle Hauptstadt eines armenischen Königreichs. Zwei große Tafeln am Haupteingang durch die alte Stadtmauer informieren den Besucher über die lange, blendende Geschichte der Stadt Ani – aber auch hier: das Wort „armenisch" findet sich in den Erläuterungen nicht.

Ani wurde von Ashot III., dem König des armenischen Bagratidengeschlechts, der von 952 bis 977 regierte, gegründet und erbaut. Sie sollte die neue Hauptstadt des Königreichs und Symbol seiner Kultur, seiner wirtschaftlichen Leistungskraft und religiösen Glaubensstärke werden. Später wurde Ani als „Stadt der 1001 Kirchen" bekannt, natürlich eine Metapher, aber auch Hinweis darauf, dass es eine Vielzahl von Gotteshäusern gegeben hatte, die die sanft welligen Hügel und steilen Abhänge hinab zum Fluss Ahurjan schmückten. Eine ganze Reihe der Kirchen aus dem 10. und 11. Jahrhundert stehen noch heute, zumindest als Ruinen. Eine davon ist die Kirche des St. Grigor von Abughamrents, erbaut Mitte des 10. Jhdts., wahrscheinlich von Abughamrents Pahlavani. Sie hat die 12-eckige Grundstruktur, mit der noch intakten Kuppel darüber, aber mit großen Schäden an der äußeren Fassade. Auch von der Innenbemalung ist nichts mehr zu sehen.

Die 1035/36 vollendete Erlöserkirche wurde auch von einem Mitglied der Pahlavani-Familie in Sichtweite der anderen Kirche gestiftet. Der Innenraum hat einen Durchmesser von 15 m und wird durch 8 große Nischen strukturiert, die vormals mit Wandmalereien ausgeschmückt waren. Das, was heute noch steht, ist nur ein Schatten früherer Größe; es steht tatsächlich nur noch ein Halbkreis der ursprünglichen Struktur. Aber da historische Fotos und genaue Beschreibungen aus dem 19. Jahrhundert vorliegen, ist die Rekonstruktion durchaus möglich und soll unter der Ägide der UNESCO in Angriff genommen werden.

Die Kirche des St. Gregor, 1215 von Tigran Honents gestiftet, ist eine überkuppelte Hallenkirche an einem Abhang zum Fluss hinab. Die Dreieckschlitze und Blendbögen an der Fassade tauchen hier das erste Mal als äußere Verzierungselemente in der armenischen Architektur auf. Die Kirche beherbergt die schönsten und besterhaltenen Fresken sowohl an den Außenwänden am Eingang als auch im Innenraum. Was noch zu sehen ist, fordert geradezu eine große Anstrengung zur Restauration heraus.

Das Meisterwerk der Kirchenarchitektur in Ani ist die Kathedrale, die trotz ihres fortgeschrittenen Verfalls stark beeindruckt. Sie strahlt immer noch stolze Pracht und Erhabenheit aus. Nach der Beschreibung des zeitgenössischen Historikers Stephan von Taron aus den 10. Jhdt. starb König Ashot 977 und wurde dann von seinem Sohn Smbat bis 989 abgelöst. Smbat gab dem Meisterarchitekten Trdat den Auftrag, eine neue prachtvolle Kirche zu bauen. Dieser begann unvermittelt. Im Todesjahr von Smbat 989 wurde Konstantinopel von einem Erdbeben heimgesucht, die Hagia Sophia stark in Mitleidenschaft gezogen. Ein Spalt in einer Wand war unter dem Druck des Erdbebens aufgesprungen. Trdat, ein damals weit bekannter Steinmetz, hatte schon einen Plan und ein Modell der Hagia Sophia angefertigt. Er wurde also nach Konstantinopel berufen, um ihre Rekonstruktion und Rettung zu beaufsichtigen. Nach getaner Arbeit kehrte er nach Ani zurück und setzte seine Arbeit an der Kathedrale fort.*

Van und Akhtamar

Unsere nächste Etappe sollte uns nach Van führen. Auf dem Weg dorthin nahe der immer noch geschlossenen Grenze zur Republik Armenien machten wir Halt an einem riesigen Denkmal in Igdir, das ganz prominent das Wort „armenisch" herausstellte. Es war zwischen 1995 und 1997 entstanden und sollte dem bekannten Denkmal für die Opfer des Völkermords an den Armeniern in Montebello, Kalifornien ähneln. Das Monument in Igdir ehrt die türkischen Märtyrer, die von der Hand armenischer Attentäter umgebracht worden waren; die Ausstellung im Gebäude zeigt u. a. zahlreiche Fotos von türkischen Diplomaten und anderen Persönlichkeiten des öffentlichen Lebens, die von der ASALA-Bewegung ermordet worden sind. Aber die Informationen auf den Tafeln der Ausstellung im Gebäude des Denkmals sprechen von bis zu 1 Million (!) türkischer Opfer solcher Verbrechen.

Der weitere Weg nach Van führte uns über einen 2600 m hohen Pass durch atemberaubend schöne Landschaften am Ararat und seiner Hochebene vorbei zum größten Binnensee der Türkei, dem Van-See. In Van hatten wir leider viel zu wenig Zeit, die Zeugen der Jahrtausende alten Befestigungsanlagen der Urartäer, der Assyrer und die Ruinenstadt des Alten Van zu besichtigen, dessen größter Teil unter einem Hügel von staubiger Erde begraben liegt. Van war übrigens auch Schauplatz eines mutigen Widerstands von Armeniern gegen die Jungtürken im Jahre 1915, einer der wenigen, der erfolgreich war. Ganz in der Nähe der Stadt in den Bergen oberhalb des Van-Sees besuchten wir die Überreste des Varakavank-Klosters mit seinen 7 Kirchen, von denen allerdings nicht mehr sehr viel übriggeblieben ist. Vor Jahren, als Erzbischof Ashjian das Kloster besuchte und über den verschmutzten Zustand entsetzt war, hatte er darum gebeten, dass das Kloster doch in Zukunft sauber gehalten werde.

---

* Strzygowski, op. cit.

Erfreulicherweise konnte mithilfe von Spendengeldern dafür gesorgt werden, dass örtliche Bewohner des kleinen Dorfes jetzt diese Aufgabe übernommen haben, und so fanden wir Varakavank in ordentlichem Zustand vor.

Akhtamar – der Höhepunkt

Der Höhepunkt unserer Pilgerreise war Akhtamar, möglicherweise die schönste armenische Kirche, die je gebaut wurde, einmal wegen der einzigartigen Reliefs an der Außenfassade, die Szenen aus dem alten und neuen Testament zeigen, zum anderen wegen seiner harmonischen architektonischen Formen. Der Gesamteindruck der Kirche wird dann noch durch die Schönheit der landschaftlichen Umgebung verstärkt. Sie liegt auf einer kleinen hügeligen Insel in dem eigenartig grünlich-bläulich-türkis-gefärbten Van-See umgeben von schneebedeckten Bergen. Die Kirche erlangte im vergangenen Jahr besondere Bedeutung, sowohl in kultureller als auch in politischer Hinsicht. Die Restauration der Fassade der Kirche mit all ihren Reliefs wurde völlig abgeschlossen, eine der bemerkenswertesten Leistungen dieser Art in der Türkei. Und im September 2010 erlaubten türkische Verwaltungsstellen, dass ein christlicher Gottesdienst hier abgehalten werden durfte – zum ersten Mal seit 95 Jahren. Ein Altarbild mit Gottesmutter und Kind, das extra für den Gottesdienst aus Istanbul herbeigeholt worden war, wird in der Kirche verbleiben. Jetzt soll erlaubt werden, dass ein solcher Gottesdienst einmal im Jahr hier stattfinden kann. Ein türkischer Polizist erlaubte unserer Gruppe, das Vaterunser (Hayr Mer) im Kirchenraum zu singen, aber als unser Reiseführer Armen dies filmen wollte, schritt die Polizei ein.

Es ist schwer zu verstehen, dass auf dem gesamten Gelände von Akhtamar nicht ein einziges Mal erwähnt wird, dass es sich um eine armenische Kirche handelt. Die offizielle Informationstafel sagt lediglich: Der Architekt war ein Mönch namens Manuel, der für den König von Vaspurakan Gagik I. einen Palast gebaut hatte. Dieser Mönch errichtete die Kirche in Akhtamar zwischen 915 und 921. Dies veranschaulicht mehr als alles andere das psychologische Dilemma der offiziellen türkischen Haltung in der armenischen Frage – vielleicht sogar mehr als die vielen Streitereien, die es im Vorfeld des Gottesdienstes im letzten Jahr gegeben hatte. Damals war es zu Auseinandersetzungen gekommen, ob ein Kreuz auf der Kirche errichtet werden kann oder nicht und wer an dem Gottesdienst teilnehmen dürfe und wer nicht.

Die Pathologie des Leugnens

Die offizielle Weigerung des türkischen Establishments, den Völkermord von 1915 anzuerkennen, hat die Gesellschaft dazu gebracht zu versuchen, die historische Existenz von fast 2000 Jahren armenischer Kultur und Zivilisation auf dem Boden der heutigen Türkei zu negieren. Denn die Anerkennung der Existenz dieser Kultur würde ja zu der Frage führen: Was geschah mit dieser Zivilisation? Wie wurde sie zerstört und warum? Also zu sagen oder zu schreiben, dies war eine armenische Kirche, weckte so viele Assoziationen und würfe so viele Fragen auf, dass man solche Worte lieber nicht benutzt.

Natürlich handelt es sich um ein Unterfangen, dass zum Scheitern verurteilt ist. Kein noch so intensiv betriebenes Verschweigen oder Leugnen kann die Tatsache ausmerzen, dass eine armenische Zivilisation in Anatolien seit Menschengedenken bestanden hat. Die Steinernen Zeugen also schreien auf! Und eine wachsende Anzahl von Besuchern aus der armenischen Diaspora bereisen die Region auf den Spuren ihrer Vorfahren und hören die vielfältigen Geschichten, die die steinernen Denkmäler zu erzählen haben. Die einfachen türkischen Bürger, die wir bei den Besuchen der Dörfer und Städte trafen, hatten kein Problem damit, von der Vergangenheit zu hören und sie so anzuerkennen, wie sie erzählt wurde. In Peshmaschen, auf dem Weg von Elazig nach Arapgir, erzählten uns Dorfbewohner, dass ihre eigenen Vorfahren aus Griechenland und dem Balkan durch den sogenannten Bevölkerungsaustausch nach dem 1. Weltkrieg dorthin umgesiedelt worden seien. Sie waren dazu ausersehen, die Häuser und Höfe zu übernehmen und zu bewirtschaften, die nach den Deportationen und Massakern an den Armeniern leer standen. Sie schworen, dass ihre Vorfahren nichts mit dem Völkermord zu tun hatten, und natürlich hatten sie Recht. In Kharpert zeigten uns Ortsansässige stolz alte Fotos vom Euphrates College, das längst anderen Gebäuden weichen musste. Viele Menschen erzählten spontan ihre Geschichten über ihre armenischen Großmütter und Mütter, wie in Tsack. In Arapgir erinnerten sich Nachbarn wehmütig und traurig an Sarkis, den letzten Armenier in der Stadt, der im vergangenen Jahr im Alter von 95 Jahren verstorben war.

Das Problem liegt also nicht bei der türkischen Bevölkerung. Tatsächlich gibt es jetzt so etwas wie eine Sehnsucht nach Entdeckung der eigenen Identität in der Türkei. Tausende wenn nicht gar Hunderttausende von Türken entdecken ihre armenischen Wurzeln und arbeiten ihre Familiengeschichten durch. Das Problem liegt nicht bei ihnen, sondern bei der politischen Klasse in der Türkei. Wie

Hrant Dink es formulierte, leidet sie aufgrund der historischen Last des Völkermords an einer ausgereiften „Paranoia". Um diese Paranoia zu schützen, hat das Establishment ein Phantom geschaffen und eine Methode des Leugnens aus Staatsräson perfektioniert. Dies geht so weit, dass man selbst die Geschichte der Region umzuschreiben versucht, indem man die armenische Präsenz negiert.

Jeder professionelle Psychiater wird zustimmen, dass es für die Überwindung der Paranoia zu einer Konfrontation mit der Realität kommen muss. Dazu gehört, die historischen Zeugnisse anzuerkennen und den Völkermord wahrzunehmen, wie er von einem Jungtürken-Regime in einem bestimmten Zeitrahmen unter bestimmten Bedingungen begangen wurde. Aber das ist noch nicht alles. Es muss dann darum gehen, die Existenz eines reichen kulturellen, politischen und religiösen Beitrags der Armenier zur Geschichte der heutigen Türkei anzunehmen und in gewisser Weise neu zu entdecken. Der beste Weg zu diesem Ziel wäre, wenn Türken und Armenier aus aller Welt, auf der Ebene staatlicher Institutionen und durch zivilgesellschaftliche Organisationen, gemeinsam am Wiederaufbau und der Wiederherstellung der Kunstschätze der christlichen Tradition in dieser Region arbeiteten. Es wäre die Anerkennung des Beitrages, den diese Tradition zur Weltzivilisation geleistet hat. Die Rolle der UNESCO sollte es nicht sein, der Geschichtsfälschung Vorschub zu leisten, sondern diesen aufgezeigten Weg zu ebnen. Dann müssten die Steine nicht mehr aufschreien. Sie könnten beginnen zu erzählen und heilende Kräfte zu verströmen.

Hrant Gyulasaryan

... und es kommt ein Tag mit der Stunde der Erlösung ...

Aus dem Armenischen ins Deutsche übertragen von Anna Sargsyan und Heide Rieck.

Ich erinnere mich an sie – wie heute. Sie waren aus Detroit im fernen Amerika gekommen. Mitte der achtziger Jahre im vergangenen Jahrhundert. In Armenien hatte das Erdbeben noch nicht mit großer Verwüstung mehr als 25 000 Menschen aus dem Leben gerissen. Noch war die Karabach-Bewegung brandneu, die Sowjetunion nicht zusammengebrochen, und es schien, dass das Leben ewig so weitergehen würde, obwohl die Zeit längst andere Schwierigkeiten für das armenische Volk bereithielt.

Unser Nachbar Benik Sargsyan wurde von Suren Abrahamyan mit seiner Frau Armenuhi, gebürtig aus Van, besucht. Suren war im Jahre 1907 geboren und durch den Albtraum *Völkermord* gegangen. Umso erstaunlicher war, auf welche Weise er sein Dorf Lezk in allen Einzelheiten beschrieb, die Straßen, die Häuser, die Hausbesitzer, ihre Vor- und Nachnamen, ihre Verwandten – wie viele Mitglieder hatte dieses Haus? Wer starb wo und wie? Wer starb während des Massakers, wer starb auf dem Weg in die Migration durch mordende kurdische Banden oder – vor Erschöpfung nach zerbrochener Hoffnung, aus Verzagtheit?

Haargenau beschrieb er sein Vaterhaus, das sein Opa Ter-Sahak am Rande des Dorfes gebaut hatte. Außerhalb des Dorfs ragte eine steile Klippe, wie aus Protest und Wut emporgeschnellt aus der Lithosphäre der Erde. Jetzt gibt es das Haus nicht mehr. In Lezk wohnen Kurden.

Eduard, einer seiner Enkel, ein Geschäftsmann und Gründer einer neuen Company, hat in seinem Arbeitszimmer ein großes Gemälde von Lezk an der Wand hängen, auf dem diese Klippe geheimnisvoll erscheint und an die Protestfaust gegen die Ungerechtigkeit erinnert. Das Vaterhaus, das Ter-Sahak erbaut hatte, ist auf mysteriöse Weise vom Antlitz der Erde verschwunden. Eduard, ein echter Armenier, stammt aus der Abrahamyan-Dynastie und beschäftigt sich eifrig mit seinen Wurzeln: woher kommt er? Er interessiert sich wie auch seine Kinder und Enkel sehr für den *höllischen Pfad* – besonders für den der *Ältesten des Herdes*. Dieser war für unsere ganze Nation ein neues Golgatha, als habe sich der Weg, den Christus gegangen ist – bis zum Kreuz, bis zur Auferstehung – wiederholt.

Auch interessierte sich Eduard für den Ursprung des Dorfnamens Lezk. Höchstwahrscheinlich stammt er aus dem Mythos über die Liebe zwischen Shamiram [Semiramis] und Ara. Die mächtige assyrische Dame, Königin Shamiram, liebte den armenischen König Ara, „der Schönste", sie wollte ihn haben. Doch Ara war Heide. So griff sie Armenien an, Ara wurde getötet, und Shamiram beschloss, ihn durch ihre Hunde wieder zum Leben zu erwecken. Sie sollten Aras Wunden lecken. Aber nichts geschah. Seine Leiche brach auf wie eine überreife Frucht. Übrigens wohnen Verwandte von Suren Abrahamyan in Arales, einem Dorf in der Region Vedi, das mit demselben Mythos verbunden ist. Ein Zufall? – Vielleicht.

... Trotz seines respektablen Alters war Suren Abrahamyan recht munter – eine lebhafte, aktive Persönlichkeit. Er erzählte Geschichten aus Detroit, aus seinem Schul- und Universitätsleben, wie er Maschinenbau-Ingenieur geworden ist, wie er in der USA-Armee bei der Luftwaffe gewirkt hat und von dort in den Ruhestand ging. Doch nie hat er über den Völkermord gesprochen, hat sich niemals darauf bezogen. In der Tiefe seiner Augen aber war eine unergründbare Traurigkeit. Sie weicht nicht und wird auch niemals weichen. Dieses Gefühl war mir nicht fremd: Es stammt aus meiner Kindheit, ist eingebrannt bis zum Ende meines Lebens.

Frau Armenuhi war eine fast stumme Person, saß tief in sich versunken in einem Sessel und schwieg die meiste Zeit. Manchmal verirrte sie sich in die Hausarbeit von Beniks Frau Susanna: um zu kochen, was mich erstaunte, und: hui, war's schon getan. Aber wenn man aufmerksam in ihre Augen schaute, war da dieselbe Traurigkeit wie bei ihrem Mann.

Bevor Susanna und Frau Armenuhi den Tisch gedeckt hatten, gingen wir auf den Balkon. In der Ferne erschienen die Gipfel des Aragats. Sie glühten in rotem Licht, als ob die Götter den Himmel mit magischen Kronleuchtern entflammt hätten. Auch die Apfelbaumgärten von Arinj waren beschienen.

Suren Abrahamyan, den unser Benik „Onkel" nannte, sagte, während er den Sonnenuntergang bewunderte, diese Gärten von Arinj würden ihn an seinen Geburtsort Lesk erinnern ... nach der Deportation habe er ihn nicht wiedergesehen. Daraufhin schien die Melancholie seiner Augen noch tiefer zu sein. Er war traurig. Vielleicht aufgrund der plötzlichen Verwirrung seiner Gefühle, die ihn gezwungen hatten, tief in die Jahrzehnte und die grauenhafte Vergangenheit einzutauchen, sich an alle Not zu erinnern, die auf ihn eingestürzt war.

Denn er kam aus Van, und Lesk liegt in der Nähe von Van. Also ist es natürlich, dass die Erinnerungen von Suren Abrahamyan auf ein besonderes Ereignis von Van stießen. Man muss bemerken, dass der Völkermord an den Armeniern in Westarmenien zurzeit von Sultan Hamid in den Jahren 1895-1896 begonnen hatte. Danach haben die Jungtürken ihn nach einem geheimen Organisationsplan fortgesetzt. Diese Massaker waren über das ganze Türkisch-Armenien verstreut. Vielleicht wollte sich Suren Abrahamyan nicht mehr an die schrecklichen Ereignisse erinnern, die voll von schweren und nie wieder gutzumachenden Verlusten waren. Wenn er daran dachte, war er voller Schmerz. Wie sein ruhiges gelassenes Leben sich in einer Nacht in eine Hölle verwandelt hatte: Türken und Kurden töteten Armenier, nur weil sie Armenier waren. Sie stahlen ihnen jeglichen Besitz, ihre Häuser und verbrannten ihre Dörfer: alle armenisch besiedelten Dörfer der Umgebung vom Vansee waren anschließend verlassen ... Aber den Blick in die Ferne auf den brennenden Horizont gerichtet, sagte Suren, dass die Anzahl der Massaker sich unvergleichlich erhöht hätten, wenn der Widerstand nicht so gut organisiert gewesen wäre. Alle, die mit Waffen umgehen konnten, standen in starken Verteidigungspositionen. Sie vollbrachten unglaubliche Heldentaten, obwohl ihnen die türkische Armee gegenüberstand.

Hinzugefügt sei, dass die Türken sehr stark von Kurden unterstützt wurden, die raubend und mordend ungeschützte Menschen und Dörfer angriffen. Den Widerstand von Van hatten Aram Manukyan und Armenak Erkanyan organisiert. Vor allem soll letzterer unvorstellbare Heldentaten vollbracht haben. In dieser Zeit haben die Bewohner von Van viel geopfert. Aber die Opfer der Türken waren entschieden höher. Mehrfach wurde bisher die Theorie bestätigt, dass die Rettung der Armenier nicht nur durch ihre Einigkeit gelang, sondern auch durch ihren organisierten Kampf und Widerstand. Die türkische Armee zog sich zurück, weil der Widerstand von Van stark war, auch die Kurden liefen davon, und die Leute kehrten in ihre Siedlungen zurück. Aber der Frieden konnte nicht lange dauern. Der türkische Fleischwolf war ohne Unterlass in Betrieb.

Der Horizont lag in spätem Abendlicht, wir waren noch auf dem Balkon, der sanfte Frühlingswind trug den Duft der Apfelbaumgärten herüber, und rechts in der Ferne waren der Berg Hatis und die verschneiten Gipfel vom Aragats zu sehen. Ich war erstaunt über die Erinnerungen von *Onkel Suren*, wie Benik ihn nannte. Er erinnerte sich an seine Bauern, ihre großen Familien, Namen auf Namen, auch an die, die bei dem türkischen Massaker getötet worden waren, und die lange Reihe der *Gehenden* [gemeint sind die Todesmärsche] schmolz wie Eis – durch Mörderbanden und kurdische Angriffe auf ihrem Marsch. Gut war, dass es freiwillige armenische Truppen gab, die verteidigten und angriffen, andernfalls hätten noch heftigere Plünderungen stattgefunden, und kein Armenier wäre entkommen. Der Widerstand von Van, durch den die Stadt das Massaker quasi überlebte, hat eine große Rolle gespielt: Am Rand von Van wurde Khalil Beyilles Armee von der russischen Armee und der Mannschaft von Adranik besiegt und entkam, 2000 Getötete hinterlassend sowie Munition und Verpflegung. Viele Armenier kehrten wieder in ihre Dörfer und Häuser zurück und setzten still die unterbrochene Arbeit fort. Aber das dauerte nicht lange, denn die russischen Truppen zogen sich plötzlich in unerwarteter Ordnung zurück, gaben freiwillig ihre Stellungen auf [nach der Oktoberrevolution wurde die Armee des Zaren aufgelöst, die Soldaten stürmten heim] und überließen die Armenier ungeschützt den Türken. Als die Russen die umliegenden armenischen Gebiete von Van zurückerobert hatten, zogen sich natürlich auch die Armenier zurück, aber nach dem Rückzug der Russen kehrten die Türken wieder und rächten sich an den Armeniern. Das wiederholte sich an manchen Orten mehrmals, und am Ende kehrten die Armenier vor lauter Angst nicht mehr zurück. Sie trauten sich nicht.

Bei dem Gedanken an den harten und *lang andauernden Marsch* konnte Suren nicht ohne Erregung über folgende Ereignisse sprechen: Er war damals krank gewesen, er litt, und es war nicht klar, unter welcher Krankheit, das Fieber war hoch und sank nicht, er konnte auch nicht laufen. Seine Mutter trug ihn auf den Armen oder manchmal auf dem Rücken. Schwer war es für sie, so zu gehen, die Türken und Kurden griffen oft an, auch seine Schwester Aschkhen konnte nicht helfen, und der ältere Bruder war weit weg, vielleicht war er auf dem Weg nach Amerika. Ein wenig konnten die Truppen, die aus dem Kreis der Jugendlichen *auf dem Marsch* gewählt worden waren, vor Angriffen schützen. Während dieser kurzen Pausen rieten einige der *Wandernden* der Mutter immer wieder, ihre Last abzulegen, und sagten, er werde sowieso nicht überleben. Und wenn er überleben sollte, dann sei es Gottes Wille ... Aber Mutter blieb unerbittlich: „Wenn ich ihn hierlasse – wie kann ich leben, wofür kann ich leben?! – Unmöglich!"

Mit besonderem Stolz sprach Suren Abrahamyan von seinem Onkel Ruben, der nicht nur auf den vom Vater organisierten Festen in ihrem Haus in Lesk fantastisch gesungen, sondern auch mutig beim Widerstand von Van mitgekämpft hatte. Suren sprach auch mit Stolz über die Widerstandskämpfer von

Musa Dagh, die von französischen Schiffen gerettet wurden, und von dem selbstlosen Kampf der Verteidiger von Van. Unter dem Druck des Widerstands von Van zog sich die türkische Armee zurück, und die Bevölkerung hatte die Möglichkeit, den schmerzhaften Weg der *Wanderung* aufzugeben. Diese beiden Fälle, sagte Suren Abrahamyan, seien ausgezeichnete, höchst lehrreiche Beispiele für die Militärwissenschaft. Aber dann kam er nicht mehr darauf zurück. Er sprach von den Schwierigkeiten seines Dorfes, von den Folterungen und auf welche Weise und mit welchen Entbehrungen sie die Grenze zu Persien gesucht hatten, wie immerzu der Mangel an Nahrung zu spüren gewesen war, wie seine Mutter bettelnd durch Siedlungen in Persien und im Irak gezogen war, und die Leute geholfen haben, so gut sie konnten, und wie sich die lange Reihe der *Wandernden* gelichtet hatte und schmolz wie Eis. Er sagte auch, dass nur wenige von seiner großen Familie überlebt hätten – mit der Endstation Amerika.

Suren Abrahamyan und Frau Armenuhi wollten mit Benik und Susanna nach Aralez fahren, ein Dorf in der Region Vedy, darauf nach Khor Virap. In Arales lebte auch die Familie von Beniks Mutter, eine Enkelin von Suren Abrahamyans Onkel. Ich werde nicht mit ihnen fahren, jetzt bleibt mir nur übrig, mich von ihnen zu verabschieden. Nach einer Weile der Stille sagte Suren Abrahamyan: „Bis heute klingt mir das Dröhnen der offenen Lastwagen im Ohr, durch die die Überlebenden vor den türkischen Soldaten und kurdischen Banden gerettet wurden. Sie führten uns nach einer langen beschwerlichen Reise ans Ufer der Erlösung – aus dem Irak nach Frankreich, dann auf Schiffen nach Amerika."

... Amerika war die Endstation. Weil Surens Großvater Ter Avanes schon vor dem Völkermord dort war, scheint es nun ein Zufluchtsort für Flüchtlingsverwandte zu sein. Man muss aber auch sagen, dass nicht alle nach Amerika ausgewandert sind. Einige wurden in Persien ansässig, ein Teil zog nach Sowjetarmenien, ein anderer Teil wurde noch lange verfolgt – durch die arabischen Wüsten, bis man sich endlich in Syrien, im Libanon und in Der-El-Dzor niederließ.

Bevor er nach Arales aufbrach, sagte Suren tief ausatmend, wie erwacht aus quälendem Grübeln: „Stellen Sie sich vor, von den 50 Mitgliedern unserer Familie sind nur 15 geblieben. Nicht zu fassen ..." und wieder versank er in Gedanken. Ich habe Suren Abrahamyan und Armenuhi nicht mehr gesehen.

Nachdem sie ihre Sehnsucht nach den Verwandten in Armenien gestillt hatten, sind sie nach Detroit geflogen. Sie haben auch ihre Sehnsucht nach dem Beieinander gestillt und sich an alle erinnert, die in Lesk oder auf dem langen Todesmarsch gestorben sind. Meistens war Suren Abrahamyan recht lebhaft. Wenn er lachte oder lächelte, bildeten sich Fältchen um seine Augen, die Augen verengten sich, doch tief in ihnen glimmte eine Traurigkeit, die nie vergeht wie die versteinerten Schreie der eineinhalb Millionen Armenier, die durch türkische Säbel starben. Als seien diese versteinerten Schreie in einen einzigen Ton verwandelt, der nie verstummt und ohne Ende klingt wie eine Glocke – bis zu der Stunde der Entschädigung, die noch nicht eingetroffen ist.

Anastasia Kasapidou-Dick

Du bist gekommen, Poulopom, mein Küken!

Diese Erzählung, eine Erstveröffentlichung in deutscher Sprache, ist ein Auszug aus dem ersten Buch der Autorin in ihrer Muttersprache Griechisch. Für diesen Sammelband hat sie ihn ins Deutsche übertragen. Ihrer Großmutter hatte sie schon als Kind versprechen müssen, die Geschichten von der Tragödie der Pontosgriechen weiterzugeben. Als sie mit zwanzig Jahren als Gastarbeiterin von Griechenland nach Deutschland gekommen war, trieb sie das Heimweh oft zum Schreiben von Geschichten an, die ihre Oma ihr erzählt hatte. Jahrzehnte später fasste sie auf den Rat einer befreundeten Philologin ihre Notizen zu einem Buch zusammen.

*

Als hätte sie jemand dort festgenagelt, finde ich meine Großmutter Despina Kastanidou – wir nannten sie Yaya (Großmutter) – immer in derselben Position. In niedriger Hocke sitzend, Linsen, Kichererbsen, Bohnen verlesend.

Großeltern von Anastasia Kasapidou-Dick

„Du bist gekommen, mein Küken, komm hilf mir, du siehst besser, meine Augen sind nicht mehr so gut." Ich setze mich neben sie auf einen freien Hocker. Ihr Sohn Wassos, mein Onkel, ein begabter Zimmermann, hatte viele solche Hocker gebastelt, sodass wir alle bei Großmutter zusammen am Tisch zum Essen sitzen konnten. Solchen Luxus hatten wir bei unseren Eltern nicht. Unsere Mutter, begabt wie ihre Brüder, hatte aber Kissen genäht und mit Stroh gefüllt, und wir alle, die Eltern, die Geschwister, auch die Kleinsten, saßen auf diesen Strohkissen um den niedrigen Tisch herum. Wir waren sehr glücklich! So haben wir damals gelebt … in Platania.

In Gedanken bin ich oft immer noch dort. Etwas führt mich immer wieder aus der Gegenwart zurück in die Zeiten, in denen ich bei meiner Yaya war. Das erweckt in mir großen Schmerz, aber auch große Freude, und ich sage mir dann: „Ja, ich bin wieder bei ihr, bei Yaya, sie redet mit mir, ich höre ihr zu." In solchen

Augenblicken der Glückseligkeit sitze ich wieder neben ihr auf dem Hocker im Schatten des Maulbeerbaums und wir verlesen Linsen, wie damals. Bei dieser glücklichen Erinnerung will ich verweilen. Doch diese stille Harmonie wird oft unterbrochen durch Yayas schmerzliche Monologe: „Arme Heimat, Dörfer voller Dunkelheit, Schmerz all der unglücklichen Menschen, die dort zurückgeblieben sind. Mein unglückliches, verwaistes Haus! Mein Geist ist jeden Tag in deiner Nähe. Ah, wenn ich doch nur bei euch sein könnte, wenn ich euch alle wiedersehen könnte, bevor ich sterbe!" „Was hast du, Yaya?", fragte ich sie dann. „Du weißt es nicht, mein Poulopom! Ich werde mit offenen Augen sterben." „Du weißt es nicht, mein kleines Mädchen! Sogar der Mond in der Heimat schien heller." „Ah, ich Unglückliche, mit offenen Augen werde ich sterben."

Zu dieser Klage krümmte sie sich vor Schmerzen, als wollte sie darstellen, was sie verloren hatte. Diese Klage hat mich gelähmt und ausgehöhlt. Zugleich grübelte ich darüber nach, wie man sterben und dabei die Augen offenhalten kann. Doch verdrängte ich diesen Gedanken gleich wieder. Nein, Yaya ist noch so jung, sie würde nicht sterben! Ich vertraute dann ihrer Erklärung: „Weißt du, mein Küken, ich werde, wenn ich sterbe, Richtung Heimat schauen, ich muss meine Heimat suchen!" Auf meine naive Frage „Warum, Yaya?", suchte sie immer mit ihrem Blick gleichsam den Horizont von Platania ab. Dieser suchende Blick ist tief in meiner Erinnerung eingegraben und verfolgt mich bis heute. In ihren Augen erkannte ich das ungeheure Verbrechen, das meiner kleinen großen Yaya widerfahren ist. Aber wie sie mit ihrem Elend umging, wie sie es erzählte, das hatte Würde und spiegelte ihre Tapferkeit und Freundlichkeit wider. Ihre Geschichte kam unmittelbar aus ihrer Seele. Ich sah durch ihre Augen, was sie gesehen hatte. Ihre Geschichte sickerte langsam in meine Kinderseele und verängstigte mich. Mir war, als würde sie zu mir sagen: „Das wirst du nie vergessen, mein Kind! Du wirst diese Ungerechtigkeit an die jüngeren Generationen weitergeben. Sie dürfen es ebenso wenig vergessen." Dieser Gedanke Yayas war ein tiefer Seufzer aus verwundeter Seele: „Gesegnet ist derjenige, der in dem Boden begraben ist, auf dem er geboren wurde!"

Märchen-Geschichte und eine wertvolle Vereinbarung

Ich flüchte vor meinen Aufgaben und dem Blick meiner Mutter und fühle mich befreit, denn ich gehe jetzt zu Yayas Haus, das nicht weit von unserem entfernt ist. Ich gehe meist gegen Mittag zu ihr, vergesse mich in ihren Geschichten und gehe erst in der Abenddämmerung nach Hause. Um zu Yaya zu gelangen, muss ich an anderen Häusern vorbei, am Haus des Lehrers zum Beispiel, einem zweistöckigen Gebäude, bei dem ich mir immer vorstellte, die schöne Genovefa würde jeden Moment aus einem der Fenster ihre langen Zöpfe herunterlassen, damit ihr Liebster daran hochklettern könnte. In der Nähe von Yayas Haus lagen auch die Häuser von Onkel Foster und Tante Kelin, die regelrecht aneinanderklebten, als wollten sie sich gegenseitig stützen. Mit ihren langen ehrfurchtgebietenden Gängen und geheimnisvollen Räumen erinnerten sie an Paläste aus Tausend und einer Nacht.

Großmutter und Mutter von Anastasia Kasapidou-Dick

Noch eine kurze Strecke, und dann bin ich bei Yaya. Wir sind allein. Es ist Herbst, und wir sitzen in der Küche in dieser vertrauten Atmosphäre, die ich so liebe. Hier fühle ich Freude und Geborgenheit. Der Raum ist erfüllt von Yaya. Und wieder höre ich Geschichten, die mich mit Traurigkeit und einer seltsamen Qual erfüllen. Ich möchte endlich wissen, wie Yayas Märchen-Geschichte weitergeht und spüre, dass sie mir wieder ihren Kummer anvertrauen will und mich bittet, ihr zu helfen, die Schmerzen zu lindern. „Wie können Menschen aus ihrer Heimat, ihrem Zuhause vertrieben und entwurzelt werden, und wo gehen sie dann hin? Was wäre, wenn ich einmal Platania verlassen müsste?" Bei solchen Gedanken geriet ich in Panik, und Yayas Geschichten wirbelten mir durch den Kopf. Ich möchte genau verstehen, was sie mir sagte und was ich dabei fühlte und mich immer an sie erinnern. Ich möchte und ich darf nichts vergessen. Ohne Protokoll, ohne Zeugen, hatten wir eine „heilige" Abmachung getroffen, an die ich mich konsequent und diszipliniert halte – und das bei meinem eher unbändigen Temperament. Meine Großmutter würde mit ihrer Kleinod-Seele – keimilio – ihre Geschichte erzählen, und ich würde zuhören, es würde eine lange Geschichte mit vielen Episoden werden. Mit jeder Erzählung vertraute sie mir ein Stück mehr aus ihrem Leben an. Sie verstand es, mir mit einfachen Worten eine große Geschichte zu erzählen. Ich spürte, wie sie unentwegt versuchte, Ungerechtigkeiten zu verstehen, die sich nicht wiederholen durften.

Durch Großmutter trage ich ein Lebensprinzip in mir. Ich muss zusammensuchen, was übriggeblieben ist von der Geschichte ihrer Heimat und ihrer eigenen Geschichte. Von ihr habe ich gelernt zu lieben. Großmutter, die unsäglich gelitten hatte, als sie ihre Heimat und ihre Kinder verlor, war eine bemerkenswerte Persönlichkeit, denn sie hat ihre Liebe und ihre Menschlichkeit nie verloren. Deshalb darf ich diese Ungerechtigkeit und ihre Erzählungen nicht vergessen.

Ich schulde ihr auch Dank dafür, dass sie mich von Kindesbeinen an die pontische Sprache gelehrt hat – sogar gegen den Willen meiner Mutter. Denn das Pontosgriechische war in unserer neuen Heimat Griechenland verpönt und wurde lächerlich gemacht und verspottet.

Yaya brachte mir großartige Dinge bei. Ich hing an ihren Lippen, und ich lasse sie nun erzählen:

„In den Korexenanton-Vierteln gab es viele schöne Mädchen, und jeder Mann wollte dort einheiraten. Ich komme aber aus den Konstanton-Vierteln, mein Mädel", sagte Yaya lächelnd. „Dort gab es Brunnen mit besonders gutem Trinkwasser. Die Kuhbutter wurde in diesen Brunnen gewaschen, danach roch sie nach Weihrauch. Oft bin ich in meinen Träumen in Koronixa – das süße Plätschern des Brunnenwassers weckt mich und holt mich zurück nach Platania. Im Winter sammelten wir Pinienzapfen und machten Feuer." „Du weißt gar nicht, mein Poulopom, wie schön es in meiner Heimat war!" Und stets fügte Yaya hinzu: „Wir haben friedlich mit unseren türkischen Nachbarn gelebt. Wir sind sogar zusammen mit ihnen zur Wallfahrt in unser heiliges Felsenkloster Panaghia Sumela aufgebrochen, haben in der Kirche die Kerze angezündet und alle zusammen haben heiliges Wasser getrunken". „Meine Panaghia (Mutter Gottes), bewache die ganze Welt, und bitte bewache auch uns!", betete Yaya oft. „Dort sind meine Eltern, mein Vater, meine Mutter, meine Brüder und meine Kinder begraben. Wer wird ihnen Kerzen anzünden, welcher Priester wird für sie das Totengebet lesen? Ihre Gräber sind sicher schon mit Gras überwuchert. Wenn meine Augen Flügel hätten, würde ich fliegen, um die verlassenen Orte und grasüberwucherten Gräber zu sehen." – „O meine Kinder", klagte sie, „immer sehe ich das Gesicht meines kleinen Sohns, er starb auf der Flucht, acht Monate alt, als uns die türkischen Irregulären, die Tschetes, verfolgten. Er starb ungetauft, hat keinen Namen und kein Grab. Wir haben eine Grube am Rande eines Feldes ausgehoben und das Kind wie eine Feldfrucht mit Erde zugedeckt, damit es nicht von Tieren gefressen wird. Ach, ich habe alles verloren!"

Und so pflegte ihre Klage stets zu enden: „Ach, mein Poulopom – wenn ich tot bin, werden meine Augen offenbleiben und nach der Heimat Ausschau halten! Ach, hätten meine Augen doch Flügel!"

Deswegen wollte sie also unbedingt nach ihrer Heimat Ausschau halten, um wieder die Verlorenen zu sehen, dachte ich voll Bitterkeit. „Meine arme Yaya, was erzählst du mir? Was kann ich tun? Wie kann ich deinen Schmerz teilen?"

Yayas Gesichtsausdruck hatte trotz ihres Leidens eine Güte und Süße, die es mir gebot, sie zu verstehen und zu geloben, ihre Geschichten niemals zu vergessen. Das war unser Geheimbund. Ihre traurigen Geschichten, ihr Klagelied, haben meine Liebe zu meinen Ursprüngen und Wurzeln gestärkt und schlugen eine Brücke zwischen Platania und dem Pontos. In meiner Fantasie habe ich ein wunderbares Bild von Großmutters Heimat gezeichnet, wie sie sie mir beschrieb. So wurde der Pontos auch zu meiner Heimat.

Aber wo und wie ging alles verloren? Die Heimat, die Eltern, die Kinder, der Brunnen und das Kloster von Panaghia Sumela? Die Worte „verloren, verloren," waren stets begleitet von tiefen Seufzern. „Verloren, verloren" summt es noch immer in meinen Ohren. Ich spürte, dass Yayas verlorene Heimat so weit weg war, dass sie sie niemals je wiedersehen würde. Wie sehr wollte ich diesen Mond sehen, der heller war als der von Platania! Traurige Geschichten, die eng gewickelt sind wie Wollknäuel, die entwirrt werden wollen.

Jäh unterbrach Yaya meine Gedanken: „Aber auf einmal sind unsere türkischen Landsleute sehr böse geworden, mein Kind! Warum, das habe ich bis heute nicht verstanden. Wir mussten dann unsere Heimat verlassen. Sie suchten immer nach Ärger und fanden Gründe, um uns zu provozieren. Einmal trieben sie ihre Tiere auf unser Maisfeld. Dein Großvater empörte sich und fragte, warum sie das täten. Daraufhin zeigten sie auf uns und beschimpften uns als Ungläubige, die nicht das Recht hätten, ihnen etwas vorzuschreiben, und sie drohten ihm mit Schlägen. Mit dabei war der kurzbeinige Mehmet, ein türkischer Nachbar, der sich bei uns jeden Tag den Bauch füllte. Großvater stellte ihn zur Rede, aber auch Mehmet ereiferte sich: „Ihr seid Ungläubige!" Panaghia, Panaghia, ich erkannte unseren Nachbarn nicht mehr, wieso hasste auch er uns plötzlich? Die Türken drohten deinem Großvater mit Topal Osman, der mit seinen Plünderern und Tschetes im Pontos wütete. Großvater war nun nicht mehr sicher. Er verließ mit seinen Brüdern Kostis und Pavlos das Dorf und versteckte sich im Dorf von Anasto, einer resoluten Frau, die auch noch in Platania meine engste Freundin aus der Heimat war. Anasto hat damals alle drei

Männer für ein paar Wochen im Wald versteckt und mit Lebensmitteln versorgt. Es gelang ihr sogar, sie nach Trapesunta* zu schleusen. Von dort aus ging Großvater nach Batumi, wo er viele Jahre in einer Bäckerei arbeitete. Deshalb konnte er so gut backen."

Ich konnte nie genug hören von ihren Erinnerungen: „Bitte, Yaya, erzähl mir das Märchen von Tante Kelin und das von den Padischahs (Königen) …!" – „Tante Kelin war eine wunderschöne Plataniotissa, eine Aristokratin, mit einer Gestalt schön wie eine Zypresse und großen grünen Augen. Ihr erster Ehemann verstarb im Pontos. Wie viele andere Männer kam er als Zwangsarbeiter beim türkischen Straßenbau ums Leben.** Tante Kelins zweiter Ehemann war Armenier."

Griechenland, dieses bettelarme Land, hat nach dem so genannten Bevölkerungsaustausch neben den eigenen Vertriebenen noch 90 000 Armenier und an die zehntausend Syrer (Aramäer, Assyrer, Chaldäer) aufgenommen und versorgt.

Yaya erzählte viel, aber nichts über ihre Kindheit. Vielleicht hatte sie keine, dachte ich traurig. War ich doch fest davon überzeugt, dass man nur in Platania eine Kindheit haben könne und nirgendwo sonst. Yayas Leben schien mir wie eine stehengebliebene Uhr. Die Erinnerungen an die verlorene Heimat hatten ihr Leben in Platania verdunkelt.

Ich sollte nicht vergessen

Onkel Vaso ist tot!
Mit 27 Jahren wurde er vom Blitz erschlagen. Was für eine Prüfung für Yaya! Der Tod ihres Sohnes bremste den Zug ihres Gedächtnisses. Wie der Blitz, der ihren Sohn verbrannt hatte, schien ihre Vergangenheit nun wie versiegelt. Sie sprach nicht mehr über ihre verlorene Heimat und über die Zurückgelassenen. Vasos' unerwarteter Tod ließ keine Fragen mehr zu.

---

* Türkisch Trabzon
** Im Griechischen werden die Opfer der Zwangsarbeit als Opfer des „weißen Todes" bezeichnet, im Unterschied zu den Opfern des „roten Todes", also direkter Tötungen bei Massakern. Die Zwangsarbeiterkolonnen hießen im osmanischen Türkisch Amele Taburu (Pl. Tabuları)

Und so wartete ich stumm auf eine Fortsetzung der Geschichten. Ich wollte doch wissen, wie es ausgehen würde. Warum waren sie vertrieben worden, warum mussten so viele Menschen sterben? Und vor allem: Warum durften sie nicht bleiben und noch nicht einmal den Ort, an dem sie auf die Welt gekommen waren, besuchen? Ich hatte Angst, diese Geschichte nicht verstehen zu können. Und wie könnte ich mein Versprechen halten, falls Großmutter sterben würde und ihre Erzählung unvollständig bliebe?

Ich war wie gelähmt und konnte nicht weitermachen.

„Oh mein Gott, Yaya hat wieder etwas verloren, dieses Mal meinen geliebten Onkel", kreisten meine Gedanken. Doch Yaya hat mich ermahnt: „Vergiss nicht, was ich dir sage, mein Küken! Du musst immer einen klaren Kopf behalten! Unsere Toten sind unzählig, jetzt ist noch einer dazugekommen." Mit verschwommenen Augen starrte sie mich an. „Ja", versprach ich murmelnd, „ich werde sie nie vergessen. Ich werde das Versprechen halten und versuchen, alles, was mir in Erinnerung geblieben ist, zu behalten".

Heute sitze ich auf dem Balkon meiner Wohnung und schreibe alles nieder. Ich gehe zurück nach Platania und besuche in Gedanken meine Yaya. Ich betrachte den üppigen Garten und die Kirschbäume in meinem Innenhof in München, der mich an Platania erinnert. In meiner Fantasie sehe ich dann, wie Yaya durch den Garten spaziert und mich besucht! „Yaya", sage ich dann, „du hast mir ein tragisches Vermächtnis anvertraut und mir gleichzeitig ein Erbe und einen Auftrag gegeben. Ja, ich habe es nicht vergessen, ich schreibe alles auf." Yayas Gesicht leuchtet dann, sie schaut mich an, streichelt mich wie früher und entschwindet wieder. Die Stimme meiner Großmutter, die Momente mit ihr haben sich in mein Gedächtnis eingraviert, sie geben keine Ruhe und verlangen Beachtung. Nun bin ich Yayas Stimme und muss meinen Teil dazu beitragen, dass sich so etwas nicht wiederholt.

Als wir in der Heimat lebten, als wir von der Heimat vertrieben wurden

Mit dem bilateralen griechisch-türkischen Vertrag, dem zwangsweisen Bevölkerungsaustausch, bedingt durch das Lausanner Abkommen von 1923, haben die christlichen Pontos-Griechen, sofern sie vorherige Massaker und Deportationen überhaupt überlebt haben, endgültig ihre Heimat verloren. Großmutters Heimat war das kleine Dorf Koronixa* im Pontos-Gebiet. Als die Vertriebenen aus dem Pontos 1923 in Platania eintrafen, lebten sie zunächst etwa acht Monate mit Muslimen zusammen.

Bei diesem „Bevölkerungsaustausch" wurden die Griechen von Pontos gewaltsam entwurzelt. Es gab unzählige Todesopfer. Die Griechen durften nur so viele Habseligkeiten, wie sie auf dem Rücken tragen konnten, mitnehmen. Türken, die Griechenland verlassen mussten, waren nicht minder verunsichert, hatten jedoch weniger Angst und konnten karrenweise ihren Besitz mitführen.

Nicht genug, dass man fliehen musste, auch die Religion trug zur Feindschaft bei. So haben beispielsweise die christlichen Ausgesiedelten und heutigen Einwohner von Platania ihre Häuser gründlich gereinigt, und der Priester hat in jedem einzelnen Haus ein Gebet gesprochen und es mit Weihwasser besprengt, nachdem die Muslime den Ort verlassen hatten. Das schönste Haus steht mitten im Dorf. Türken hatten es 1923 gebaut, konnten aber nur ein halbes Jahr darin leben. Es ist ein illustres Gebäude, ein lebendiger Teil der Geschichte Platanias.

Das Herz des Dorfes ist die uralte Platane, der Platanos, der uns vereint und immer auf uns wartet. Die Platane und dieses Haus sind Augenzeugen der Ortsgeschichte, und wenn die beiden sprechen könnten, würden sie nicht nur die Geschichte von Platania erzählen, sondern uns auch von den sinnlosen Auseinandersetzungen und Kriegen auf der Welt berichten. Die Platane hätte uns mit der Gelassenheit der Natur und der Heimat überzeugt, dass, nachdem wir denselben

Platanos

---

* Koronixa oder Korexana (griech. Κορόνιξα, Κορόξενα) heißt heute Arpali und liegt ca. 110 Kilometer südlich von Trabzon (griech. Trapesunta). Das Dorf bestand aus neun Vierteln, darunter Bergauf, Bergab, Koroxenanton, Mitteldorf.... In der Nachbarschaft Koronixas befanden sich die Dörfer Mavrena, Amprikanton, Kiosenton, Adussa u.a.

Boden und dieselben Wurzeln, die Wurzeln der Liebe, geteilt haben, die ganze Welt miteinander verbunden ist.

Kirche in Platania

Die Platanioten hatten ein zweigeteiltes Leben und hatten entsprechend zwei Geschichten zu erzählen. Die Geschichte, die sie aus dem Pontos mitbrachten, und jene, seit sie sich in Platania niederließen. Zwischen beiden Geschichten steht wie eine Mauer der „Bevölkerungsaustausch". Eine Geschichte vor und danach, mit zwei Lasten: die eine aus der Vergangenheit und die andere in eine unbekannte Zukunft, für die sie Kraft brauchten, um das eigene Leben und das ihrer Kinder zu bewältigen. Alle, die den Genozid überstanden hatten, fingen hier von vorne an. Viele Geschichten der Platanioten begannen so: „Als der Austausch stattfand ... Nach dem Austausch ... Vor dem Austausch ..."

Austausch, ein Ende und ein Anfang ... Die tragische Bedeutung dieses Wortes ging mir erst viel später auf, obwohl es eng mit den Geschichten meiner Großmutter verbunden war und wir beide ihre Erinnerungen teilten. Großmutters Erzählungen aber begannen so: „Als wir in der Heimat waren, als wir von der Heimat vertrieben wurden, in der Heimat haben wir..."

Heimat, Austausch, Venizelos, drei Worte! Das Kennzeichen der Vertriebenen von Platania. "Venizelos hat sogar den Austausch unterzeichnet."

„Sei gut zu Venizelos", sagte Pavlos, der Sohn von Anasto. „Zum Glück hat er uns hierhergebracht, sonst wären wir schon längst tot, der Straßenbau in der Türkei hätte uns erledigt und diejenigen, die nicht geflohen sind, wären sicher von den Türken getötet worden." Sie wussten aber trotz all ihrer Prüfungen nicht, ob der Austausch nun wirklich ihre Rettung oder nur eine Farce war, um sie zu überzeugen, ihre Heimat, Familienmitglieder und Eigentum zurückzulassen.

Viele Platanioten glaubten, dass der Premierminister Eleftherios Venizelos sie gerettet habe. Aber viele konnten den Austausch nicht ertragen. Ein hartnäckiger Schmerz, der manche binnen weniger Jahre umbrachte, andere lebenslang seelisch folterte. Jemand wie meine Großmutter würde davon bis ins hohe Alter, ja bis in den Tod verfolgt werden. Bei manchen Menschen ließ ein Ereignis ihre verborgene Wunde wieder aufbrechen. Die Zeit hat auch den Schmerz meines Vaters nicht geheilt. Ich verstand, dass ihn außer dem Leiden, das er mit den anderen teilte, noch viele weitere seelische Schmerzen quälten, die er schweigend ertrug. Manchmal schien es, als hätte ihn eine Manie erfasst, die Bitterkeit erzeugte.

1973 brach ein Ereignis seine alten Wunden wieder auf. Im August kam unser Nachbar Georgios von seiner Reise in die Heimat, nach Bouja Maden, zurück und berichtete, er habe unser Haus gesehen.

„Unser mit Steinen gebautes Haus steht, ja, es steht und wartet auf uns. Von dem Feigenbaum hat Georgios Feigen gegessen, und der Pflaumenbaum steht auch noch", sagte mein Vater. Ich hörte ihm angespannt zu. Während er sprach, leuchteten seine Augen kurz auf, ein Funke Hoffnung wurde sichtbar. Aber nach einer kurzen Weile verloren die Augen langsam ihren Glanz. Ich bemerkte eine Dunkelheit in ihnen, die sich in Wut zu verwandeln schien. Dann füllten Tränen sein Gesicht, rannen über die Faltenrillen. Ich wischte sein feuchtes Gesicht ab, umarmte ihn fest, sehr fest, so wie damals, als ich klein war. In meinen Armen wurde der Schmerz meines Vaters ein Lied, ein türkisches Lied, das Lied des Doktors: „Wo ist dieser Doktor, der die Wunden heilt? Er soll auch meine Wunde heilen, die tief in meiner Seele liegt ..."

Es ist kennzeichnend für uns Pontosgriechen, unsere Freude und auch unsere Trauer zu besingen. Das „Doktorlied" habe ich oft gehört, immer war es von Tränen begleitet. Heute ertappe ich mich, dass ich dieses traurige Lied singe, wenn ich Schmerzen habe oder darüber nachdenke, wo meine Wurzeln sind.

Ich kann die Umarmung meines Vaters nicht vergessen. Ich wollte ihm helfen, ihn trösten. Als ich klein war, dachte ich, Väter und Männer überhaupt würden niemals weinen. Obwohl fünfzig Jahre seit der Vertreibung vergangen waren, hatte Vater sein Elternhaus, das er im Alter von 14 Jahren zurücklassen musste, nicht vergessen. Die Bitterkeit über die verlorene Heimat, das verlorene Zuhause, die verlorenen Besitztümer, den abgebrochenen Besuch des Anatolia College saß tief. Alles, was er hermetisch in seiner Seele verborgen hatte, was sein Gesicht versteinern ließ, kam nun mit dem Klagelied heraus.

Parakathi – nächtliche Zusammenkunft

Unser Alltag in Platania war erfüllt von den Geschichten, die wir während der nächtlichen Zusammenkünfte, der „Parakathi", vernahmen. Wir haben uns in den kalten Nächten mit Verwandten und Nachbarn um das Kohlebecken versammelt und im Sommer in den Gärten. Jeder hatte seinen Platz, vergleichbar mit den homerischen Zusammenkünften. Gewöhnlich saß ich neben oder gegenüber unserem „Geschichtenerzähler". Ich wollte genau zuhören und auch die Mimik studieren. So lernte ich die Geschichte des Pontos von denen, die sie, wie meine Großmutter, erlebt hatten, und konnte ihre Gefühle nachvollziehen.

Sie erzählten, wie sie in Frieden miteinander und mit den Türken gelebt hatten und wie diese Idylle jäh endete. Sie sprachen über die Zwangsarbeiterbataillone und über ihre Leiden, über ihre Flucht und wie jeder versucht hatte, einen Weg zu finden, um zu fliehen. Sie sprachen über den großen Krieg, den man im Nachhinein den Weltkrieg nannte, über die politischen Machenschaften und den Bürgerkrieg, der die Menschen erneut entzweite, sie dezimierte und trennte. Sie sprachen auch über die Diktatur, die ihnen die Redefreiheit raubte, und über das Exil, das sie verstummen ließ.

Bei diesen Zusammenkünften offenbarten sich die Menschen, öffneten ihre Herzen. Vor meinen Augen verwandelte sich mancher Erzähler und wurde zu einem Menschen, der in Bedrängnis ist, zu einem Revolutionär, der die Welt verändern und für Frieden und Wohlstand sorgen will, zu einem Menschen, der sein Recht einfordert. Ich habe aufmerksam zugehört und versucht, Antworten und Lösungen zu finden, Pläne zu schmieden und mehr zu erfahren.

Die „Parakathi" versammelten uns wie bei einer uralten Theateraufführung im Choros um sich, im Chor. Dieser Chor betrauerte die Katastrophen, die ihr Leben ausmachten. Diejenigen, die das Wort ergriffen, hatten das Bedürfnis, der nächsten Generation eindringlich ihr Leid zu erzählen, um auf diese Weise ein Vermächtnis für zukünftige Generationen zu hinterlassen. Ja, wir haben einen Schmerz und einen Auftrag geerbt, um die Ungerechtigkeit, die geschehen ist, nicht zu vergessen. Bei den „Parakathi" wurden die Geschichten, die meine Großmutter Peni (wie Yaya genannt wurde) erzählte, durch die anderen Geschichtenerzähler bestätigt. Sie bekräftigten das Versprechen, das ich meiner Großmutter gegeben hatte; sie hielten es wach.

Unbarmherziger Fluss

Anastos' Sohn Pavlos war für mich der Weise des Dorfes. Wir haben ihn oder zumindest ich habe ihn immer mit einem strengen Blick wahrgenommen, als ob er ständig nachdächte, ihn etwas belasten würde, das er zu lösen versuchte. Sein Blick erinnerte mich an den Blick meiner Mutter. Meine Mutter und Pavlos hatten nicht nur den gleichen harten Blick, sondern auch die gleiche Manie, ständig etwas erledigen zu müssen und zu arbeiten.

Aber im Gegensatz zu meiner Mutter öffnete Onkel Pavlos bei den „Parakathi" sein Herz. Ich wusste, dass er drei Jahre lang in Abric, seiner Heimat, zur Schule gegangen war. Als er, wie ich und viele andere, vaterlos nach Platania kam, hatte er seinen Bruder Peter und seine Mutter Anastos.

Wenn er während der „Parakathi" in seinem eigenen Haus auf dem breiten Bett saß und sich auf den gepolsterten Kissen, gefüllt mit der Wolle seiner Schafe, ausruhte, begeisterte er uns immer wieder mit seinen Geschichten. Das Licht, das von der Petroleumlampe ausstrahlte, warf wechselnde Schatten an die Wände des Raumes und ließ meine Phantasie fließen. Ich erkannte lebendige Wesen in diesen Schatten. Wenn es nicht allzu kalt war, halfen uns heiße Kohlen, uns warm zu halten. Oft schüttete Tante Chrysana Weihrauchkörnchen auf die Holzkohle, „damit die Teufel verschwinden", wie sie sagte.

Wir hörten Pavlos aufmerksam zu. „Mein Vater wurde von den Türken getötet", sagte er mit Bitterkeit und Empörung, „als die russische Armee den Pontos verließ, waren wir im Februar 1918 wieder uns selbst überlassen. Gott hat uns damals vergessen. Ich war siebzehn Jahre alt. Wir blieben der Gnade Gottes ausgeliefert, in der Macht der Türken. Alle hungerten. Viele Christen wurden Muslime, um ihren Hunger zu stillen. Möge Gott ihnen vergeben!" „Im Winter 1918", fährt Onkel Pavlos fort und seufzt, „haben die Türken alle Männer zwischen fünfzehn und siebzig versammelt. Man sagte uns, wir müssten für den Staat arbeiten, Straßen bauen. Wir schufteten von morgens bis abends, hatten kaum zu essen und fast nie Pause. Sie wollten uns töten. Wir alle wussten, dass diese Arbeitsbataillone Todesschwadrone waren. Viele Christen starben im Straßenbau für die Türkei. Die Straßen der Türkei waren die Friedhöfe der Christen. Gott, lass sie ruhen! Ich habe viele Knochen am Straßenrand gefunden und war mir sicher, dass es die Knochen nicht beerdigter Christen waren. Ich habe sie dann vergraben."

Durch Onkel Pavlos' Berichte über menschliche Knochen überwand ich seltsamerweise den Gedanken an den Tod und sah nur Schädel mit hohlen Augen, die mir allerdings so traurig erschienen, dass ich dachte, sie wären mit Tränen des Schmerzes gefüllt, wie Yayas Augen. Vor mir stand ein unglücklicher Mann, der aber die Kraft hatte, es zu ertragen, und überlebt hatte.

„Endlose Monate lang haben wir mit meinem Vater Theodosios und anderen griechischen Pontiern hart gearbeitet, Steine gebrochen, Bäume gefällt, den Boden unter der Peitsche der Tschetes* begradigt. Mein Vater war völlig entkräftet, also arbeitete ich für zwei. Schließlich sollten die Tschetes seinen Zustand nicht bemerken. Die Arbeit war barbarisch und unerträglich für schwache und alte Arbeiter und überhaupt für alle, die nicht mehr arbeiten konnten." „Jeder schwache Arbeiter hat so viele Peitschenhiebe erhalten, damit sich sein Gesundheitszustand verschlechterte und er starb. Der Tote blieb dann am Rande der noch unfertigen Straße liegen. Nach einem Jahr ununterbrochener, unmenschlicher Arbeit hatten wir täglich ein oder zwei, manchmal mehr Tote. Wie mein Vater Theodosios mir eines Nachts anvertraute, hatten sie uns das Gleiche schon im Ersten Weltkrieg angetan: „Sie haben uns einberufen", sagte er, „weil wir osmanische Bürger waren, aber wir bekamen keine Waffen, weil wir Christen waren. Sie ließen uns töten, obwohl wir osmanische Bürger waren. Wir waren für sie osmanische Bürger zweiter Klasse. Sie vertrauten uns nicht". „Mein Vater", fuhr Pavlos fort, „hat immer neben mir geschlafen. Als er an einem späten Vormittag immer noch nicht wach war, berührte ich ihn sanft. Aber er antwortete nicht. Da war meine nächste Berührung heftiger. Aber vergebens. Mein Vater atmete nicht mehr. Er blieb dort im verfluchten Erzurum."

Erzurum, früher Theodosiopolis, ist für die armenische und die griechisch-pontische Geschichte ein schreckliches Symbol. Hier, unter extremen klimatischen Bedingungen mit eiskalten Wintern und glühenden Sommern, befand sich ein Konzentrationslager für diese vormals osmanischen Minderheiten. Hier

---

* Türkisch çeteler, Bulgarisch und Serbisch „tschetnik" (Angehöriger einer irregulären Einheit, eines Freikorps oder einer Bande, im Südslawischen „tscheta" genannt); bezeichnete ursprünglich vor allem Angehörige christlicher Freikorps im Kampf gegen die osmanische Fremdherrschaft; hier jedoch umgekehrt auf Angehörige muslimischer irregulärer Einheiten angewendet. In griechischer Sprache „tsetes" genannt.

begannen die endlosen Todesmärsche, die zu den Zwangsarbeitsbataillonen führten, die auf systematische Auslöschung zielten.

Pavlos erzählte weiter: „Mein Vater hat es nicht ausgehalten, mein Vater ist tot", schrie ich, um mich von dem Schock zu erholen. Ich war untröstlich und fing an zu weinen. Mein Weinen wurde nach einem kurzen Moment von einem Lageraufseher unterbrochen. „Hör auf zu weinen", befahl er, „geh zur Arbeit!" Ich habe die Anweisung befolgt, bin aber sofort zurückgekehrt und bat den türkischen Wachmann, indem ich mein letztes Geld hergab: „Begrab meinen toten Vater, damit er nicht von wilden Tieren gefressen wird, wirf etwas Erde darauf!", bat ich und unterdrückte mein Schluchzen, „Allah wird es dir danken!" Er hat es mir versprochen. Ich verließ ihn in der Hoffnung, dass meinem Vater das Schicksal der anderen verstorbenen Christen, die unbeerdigt blieben, erspart werde.

Der Wächter hat das Geld genommen. Aber hat er auch sein Versprechen gehalten? Ich hatte meine Pflicht getan. Ich schluckte meine Tränen herunter, bekreuzigte mich heimlich – ‚Gott soll dich zur Ruhe betten mit den bereits Getöteten' – und wischte mir die Augen, spritzte Wasser ins Gesicht und kehrte zurück zu meiner Zwangsarbeit, die ich nun ohne meinen Vater fortsetzen musste. Das Versprechen, das ich ihm gegeben hatte, verlieh mir Flügel und eine große Entschlossenheit. Die Gefahr hatte ihren Schrecken verloren. Das unmenschliche Verhalten unserer türkischen Landsleute war zum Äußersten gekommen. Wir hatten nur die Wahl, entweder bis zum Tode in den Einsatzgruppen zu bleiben oder die Flucht zu wagen. Mit zwölf anderen jungen Männern, der älteste war 26 Jahre alt, rannten wir davon. Wir ließen die unmenschlichen Einsatzkräfte hinter uns und marschierten ins Unbekannte. Wir sind den ganzen Tag dem Fluss gefolgt. In der Abenddämmerung erreichten wir einen Punkt, an dem wir den Fluss überqueren mussten. Der Gruppenälteste, Jacobos, fühlte sich für uns verantwortlich und führte uns an."

„Doch der unwürdige Fluss", sagte Onkel Pavlos weinend, „verschluckte den Pechvogel Jacobos! Er wollte einen Übergang für uns finden und ertrank dabei. Es gab viele Wasserstrudel, haben wir später erfahren. Am nächsten Tag beschlossen wir, Jacobos zu suchen. Wir hatten wenig Hoffnung, ihn noch am Leben zu finden. Nach vielen Stunden der Suche gaben wir die Hoffnung auf. Die Verpflichtung gegenüber unserem Freund hielt uns in der Nähe des Flusses gefangen. Leider haben wir Jacobos nicht gefunden. Wir konnten ihn nicht begraben und uns von unserem tapferen Freund nicht verabschieden. Die Angst war groß, dass auch uns der Fluss verschlucken würde. Wir haben nicht gewagt, ihn zu überqueren und überlegten uns einen weniger gefahrvollen Weg. Nachts, beim Wechsel der Brückenwache, mussten wir die Brücke überqueren, was mindestens so gefährlich war wie das Überqueren des Flusses. Wir konnten die Brücke tatsächlich passieren, während die Wachen mit dem Wechsel beschäftigt waren. Trotzdem haben sie auf uns geschossen, doch das Schicksal hat uns verschont. Am gegenüberliegenden Ufer fielen wir vor Erleichterung auf die Knie. „Gott, lass Jacobos in Frieden ruhen!" beteten wir. Dann hat jeder, nach unserer christlichen Tradition, einen Totenpsalm gesungen.

Nach achtundzwanzig Tagen erreichten wir das Dorf eines Freundes. Als ich später endlich in meinem Dorf Abric in der Nähe von Trapesunta ankam, traute meine Mutter ihren Augen nicht: „Umarme mich!"

Onkel Pavlos unterbrach seinen Bericht, wischte sich die Tränen ab und seufzte. Wir warteten gespannt und hielten den Atem an. Unsere von Schmerz und Härte gezeichneten Gesichter ähnelten sich. Wir waren ein sprachloses, aufmerksames Publikum. Auch meine Brust spannte sich, mein Herz flatterte vor Angst. Ich hielt mich fest an einem der Kissen von Tante Christina, drückte es fest an mein Herz. Das beruhigte mich, und ich konnte wieder zuhören: „Seit meiner Ankunft waren viele Monate vergangen. Wir hatten überhaupt nicht über Vater gesprochen, ich hatte nichts erzählt, aber meine Mutter hatte auch nicht gefragt. Nach so vielen Jahren ist ihr Herz versteinert, wie sollte es auch nicht! Das tragische Ereignis hatte ihr Leben geprägt, sie wollte nicht erinnert werden. Sie wollte sich die Freude über mein Kommen nicht verderben. Sie hatte mit Sicherheit das Gefühl, dass Theodosios, ihr Mann, ihr durch mich, ihren Sohn, ein großes Geschenk geschickt hatte. Ich kann mich nicht erinnern, jemals mit meiner Mutter über den toten Vater gesprochen zu haben. Als ich ihr sagte, dass ich mein letztes Geld für Vaters Beerdigung ausgegeben hatte, wurde der versteinerte Ausdruck in ihrem Gesicht noch intensiver. Ich sah weder Tränen noch Trauer in ihrem Gesicht. Sie zeigte auch keine Zufriedenheit mit meinem Verhalten."

Onkel Pavlos fuhr fort: „Harte, unmenschliche Jahre. Es gab keine Zeit für Tränen. Jahrelang trauerten all unsere Dörfer ohne Unterlass. Jeder wartete, dass er an die Reihe kam. Traurigkeit, Trauer, Tod prägten unseren Alltag im Pontos. Wir konnten nicht länger unterscheiden, wessen Trauer schwerer wog.

Unsere Familie war eng mit der Familie eines türkischen Offiziers befreundet, in dessen Haus ich mich viele Monate verstecken konnte. Meine Mutter begriff jedoch, dass der türkische Offizier seine kleine Tochter mit mir verheiraten wollte, vorausgesetzt, dass ich zum Islam übertreten würde. Meine Mutter verschwendete keine Zeit. Mit Hilfe eines anderen türkischen Freundes schickte sie mich mit meinen Cousins Joseph und Kyriakos aus Trapesunta nach Konstantinopel.

Viele türkische Landsleute in der Region hatten ihre Menschlichkeit nicht verloren. Sie haben uns wirklich unterstützt und uns heimlich geholfen, weil es in jedem Dorf muslimische Neuankömmlinge vom Balkan und besonders aus Bosnien gab. Das waren Tschetes und Verräter. Aber unsere Nachbarn, diese Türken, mochten die Neuankömmlinge überhaupt nicht, obwohl sie Muslime waren. Wir dagegen waren Nachbarn, Freunde und ihre osmanischen Mitbürger." Er holte tief Luft und blickte jeden von uns an: „1920 kam ich mit einem italienischen Schiff in einem Flüchtlingslager in Piräus an. Ich habe zwei Jahre bei Verwandten in Athen verbracht und gleichzeitig im Baugewerbe gearbeitet. Meine Mutter Anastos kam 1922 mit meinen Brüdern Themistokles und Petros nach Thessaloniki. Sie blieben dort im Lager in Karaburaki. Leider starb dort unser achtjähriger Themistokles." „Mein Themistokles hatte Pech", sagte meine Mutter oft, scheinbar ohne Schmerz. Sie hat ihren Stein aus Pontos mitgebracht, dachte ich.

Das Paradies ... wo Adam und Eva lebten
Platania ist ein grünes Dorf in Westmakedonien, das vielen unbekannt ist. Es liegt eingebettet zwischen paradiesischen Wiesen. In seiner historischen Studie schreibt A. Adamidis, ausländische Archäologen würden vermuten, das heutige Gebiet von Platania habe in der makedonischen Antike als eines der vier blühenden Königreiche am rechten Ufer des Flusses Aliakmonas gegolten.

Das Klima des Dorfs wird bestimmt durch den Wind, der von den Bergen Kastorias, Grammos und Vitsi herabkommt. Im Winter bläst er unbarmherzig und hart. Ich erinnere mich, wie kalt unsere Nasen stets waren. Der Sommer ist wohltuend; nur selten gibt es unerträgliche Hitze. Im Herbst kommt der Wind wie ein kapriziöser König daher, der seine Dominanz zeigt. Dann bringt er Regen, heiße oder kalte Luft, oftmals eigensinnig, beschert er uns den ersten leichten Schnee. So betont er deutlich, wer das Sagen hat und das Klima von Platania beherrscht. Im Frühling wird er kühl wie ein edler Ritter und streichelt, was er vorfindet. Sanft berührt er alle Blumen und erfüllt Platania mit den seltensten und süßesten Düften. Ich wünsche allen Menschen, mindestens einmal in ihrem Leben Platania im Frühjahr in all seiner Pracht zu erleben. Wenn es in Platania Frühling wird, kann man es hören. Jeden Tag sprießen Blumen in allen Farben, allen Formen und erschaffen eine neue, zauberhaft blühende Landschaft! Bis heute.

Als ich klein war, glaubte ich, nein, ich war mir ziemlich sicher, dass das Paradies, in dem Adam und Eva lebten, so schön war wie die blühende Frühlingslandschaft von Platania. Diese Klänge, diese Düfte! Die Luft Platanias hat ihren eigenen Duft, den teuersten Duft der Welt, weil er natürlich ist. Die Bäume und das Grün von Platania sprechen zu uns, die wir es kennen. Der Wind, der von Kastoria herabkommt, streichelt zunächst den riesigen Platanos, den Platanenbaum. Er ist nicht nur großartig, er ist auch derjenige, der unserem Dorf den Namen gegeben hat. Wir sagen immer Platanos und bezeichnen ihn mit einem großen „P", weil auch er zur Geschichte von Platania gehört.

Dieser Platanos ist der Herr, der als *agerochos* im höchsten Teil des Dorfes steht. Von dieser Position aus kontrolliert und schützt er Platania und die Platanioter. Er kennt alle, die vor und nach dem Austausch jahrelang dort gelebt haben. Er kennt uns alle, die wir jetzt leben, und wird sicherlich noch viele Generationen kennen. Für die Türken, die dort lebten und 1923 gezwungen wurden, ihre Häuser und ihr Dorf Platania zu verlassen, war er der Cinar; sie liebten ihn genauso wie wir unseren Platanos. Er hat ein großes und tolerantes Herz, worin Platz für uns alle ist. Er spendet allen Bewohnern Schatten. Er macht keinen Unterschied zwischen Reich und Arm, Türken und Griechen. Wenn wir alle zusammenlebten, würde er uns gewiss alle lieben und vereinen. Was die Mächtigen der Welt mit ihren Entscheidungen trennen, verbinden seine Wurzeln: Heimat und Fremde. Eine Zeit lang war seine Krone ein Spielplatz für die türkischen Kinder – und seit 1923 für die Kinder der Pontosgriechen.

Starke Gefühle, Schmerz und Liebe vereinen die Erzfeinde, die Türken und Griechen Platanias. Wie zwei gute Freunde oder wie Zwillingsgeschwister vermag der eine den anderen gut zu verstehen. Ihre gemeinsame Liebe zum Platanos, dem Baum, und zu Platania ist unendlich und verbindet sie. Entwurzelte Bäume aber sterben. Entwurzelte Menschen hören auf zu leben. Um erträglicher zu werden, wird der Schmerz der Entwurzelung zu einem Lied. Wie alle Heimatvertriebenen würden sie gemeinsam aus ganzer Seele das pontische Lied singen: "Wohl dem, der auf dem Boden stirbt, auf dem er geboren wurde".

Orientiert am Platanos wie durch einen natürlichen Kompass haben englische Archäologen in den Jahren 1928 und 1929 Ausgrabungen durchgeführt. Der Platanos war der Wegweiser für die Nachkommen der Türken, die 1975 das Dorf ihrer Großeltern besuchten, die 1923 in großem Schmerz ihr Dorf hatten verlassen müssen. Die Enkelin von Feza, dem damaligen türkischen Dorfvorsteher, kam nach Platania, um vom Hof des Hauses ihrer Großeltern Erde und ein Kraut von den Hügeln des Ortes mitzunehmen. So lautete der Wunsch ihrer Großmutter. Sie bat um ein Erbstück von Platania, ein bisschen Erde. Sie sagte ihrer Enkelin, sie wolle sie mit ins Grab nehmen: „Fahr nach Griechenland, bring mir ein bisschen Heimat, Erde von Platania, um meine Trauer zu lindern", bat sie ihre Enkelin. Ihre Geschichte erschütterte mich. Ich dachte, ihre Enkelin klopft an die Tür meines Gewissens und fragt: „Anastasia, hast du deiner Großmutter Erde aus ihrer Heimat im Pontos gebracht?" Ich hörte die Worte der türkischen Großmutter: „Meine Heimat ist Griechenland, und mein Dorf ist Platania, mein Kind." Ich konnte verstehen, dass das Dorf in der Türkei, in dem sie gezwungen war zu leben, ihr immer fremd blieb. Stolz wollte sie der Heimat, die ihr aufgezwungen wurde, die Erde der Heimat zeigen, in der sie geboren wurde.

Platania wurde seit 1923 von Vertriebenen aus dem Orient, aus dem Pontos, bewohnt. Manche von denen, die ihre Heimat verloren haben, leben wie meine Großmutter in Platania. Andere wurden verstreut und ließen sich in anderen Dörfern Griechenlands nieder.

Platania liegt nur wenige Kilometer von Kastoria entfernt. Von Onkel Dionysos' Café aus am Rande der Wiese blickt man auf den See von Orestiada, den Kastoria-See. Für meine Freunde, für Anna und Marika und für mich ist Platania ein Paradies. Es ist eine seltene Art von warmem Nest. Es ist die ganze Welt. Ich denke an alle Kinder auf der Welt und bedaure, wie arm die sind, die nicht das Glück hatten, in einem Dorf wie Platania aufzuwachsen. Die Natur kennenzulernen, mit Haustieren oder anderen Tieren zu spielen. Lauf zu den Feldern, um Blumen und Früchte zu schneiden! Die Erde zu lieben. Zum Klettern auf Bäume, Apfelbäume, Walnussbäume, Mandelbäume, Birn- und Kirschbäume. Den Platanos besteigen, auf einem seiner großen Äste landen, seine zarte Wärme spüren. Diese Größe der Natur war unser steter Begleiter. *Jemand ist dort an seinem Platz,* sagt ein arabischer Philosoph, *wo er wenigstens zwei Bäume kennt.* Wir drei Freundinnen Anna, Marika und ich kennen den Platanos und den Birnbaum auf der Wiese.

Dieser Birnbaum und andere Obstbäume im Dorf und auf der Wiese wurden von den Türken gepflanzt. Die Vertriebenen aus dem Pontos liebten die Bäume und hegten sie. Einige wurden später gefällt, als sie zu alt waren oder den Traktoren und Maschinen im Weg standen.

Dieses schöne Dorf, in dem ich aufgewachsen bin, verlor seit 1960 allmählich sein ursprüngliches Aussehen und seine Schönheit. Das Öffnen der Straßen, nicht nur im Dorf, sondern auch rund um die Felder, zerstörte die Panoramalandschaft von Platania. Die wilden Rosen in der Gasse neben unserem Haus gingen verloren. Die wilden Mirabellen wurden entwurzelt, die duftenden Quitten, die Brombeeren. Was ist nur passiert? Alles zusammen ging verloren, und somit verblasste die natürliche Schönheit meines geliebten Platania. Jedes Mal, wenn etwas von ihm verlorenging oder verblasste, fühlte ich, dass es aus meinem Herzen entwurzelt wurde.

In diesem einst wunderschönen Dorf lebte meine gute Großmutter mit der Nostalgie ihrer eigenen Heimat und ihren eigenen Erinnerungen. Etwas Tieferes würde uns verbinden, was uns beiden damals noch unbekannt war. Es war nicht nur unsere Verwandtschaft und gemeinsame Abstammung. Es war das gemeinsame Schicksal einer erzwungenen Reise, die wir unternommen haben. Das habe ich erst viel später verstanden.

Eine Oma mit Krähenaugen

Nachdem ich die Grundschule in Platania beendet hatte, kam ich mit zwölf Jahren auf Empfehlung eines politisch linken und deshalb strafversetzten Lehrers aus Samos in die höhere Schule in der kleinen Stadt Argos-Orestikon. Dort teilte ich mit zwei weiteren Mädchen, mit denen ich mich sehr gut befreundet hatte, ein zwölf Quadratmeter kleines Zimmer. Eines Mittags nach dem Unterricht nahm ich die Einladung meiner Klassenkameradin Iphigenia an. „Gehen wir zu mir nach Hause?", fragte sie lächelnd. Ich freute mich und ging davon aus, dass ich auch zum Mittagessen eingeladen wäre, denn meine Essensvorräte waren zur Neige gegangen. Wegen des Hochwassers der Flüsse Aliakmon und Belos, die Platania umschlossen, hatte meine Mutter mir die begehrte Tragetasche mit Lebensmitteln, Kuchen, gekochten Eiern, Griebenschmalz, Kichererbsen und Schwarzbrot nicht schicken können.

Nach sechs Stunden Unterricht waren wir beide hungrig wie Wölfe. Iphigenias Familie besaß ein schönes Haus mit Garten, und wie eine traditionelle griechische Familie zu dieser Zeit lebten alle zusammen unter einem Dach: Eltern, Großeltern und Kinder. Als ich den Flur des Hauses betrat, stieg mir der

Geruch von Essen in die Nase. „Oma, das ist meine Klassenkameradin, Tasia*!", stellte mich Iphigenie freudig ihrer Oma vor, doch die Oma hörte schlecht und fragte mehrmals nach: „Woher kommt das Mädchen, Gena?"
– „Aus Platania", wiederholte Iphigenia mehrmals. „Aha, aus Bouboust? Ha ha! Ha! Sie ist also eine Autissa**", fügte sie hinzu. „Nein!", antwortete ich kategorisch, ohne zu wissen, was Autsa und Bouboust bedeutet. „Ich bin Anastasia Kasapidou aus Platania." „Ich weiß, ich weiß", sagte Iphigenias Oma mit ihren schrecklichen Krähenaugen. „Ihr in Bouboust seid alle Lasen", betonte sie. Noch ein Irrtum – sie nannte uns Lasen, eine muslimische südkaukasische Minderheit, die bis heute im Pontosgebiet lebt.

Die alte Dame weiß viel über Platania und die Plataniotes, dachte ich. Es wäre schön, wenn sie auch wüsste, wie hungrig ich war. Bei meiner Großmutter gab es immer etwas zu essen, falls ich eine Freundin mitbrachte. Iphigenias Oma schaute mich zwar an, aber ich sah kein Interesse in ihrem Blick, auch nicht das mindeste Mitgefühl. Sie war nur genervt, dass ihre Enkelin eine solche Besucherin aus Platania mitgebracht hatte. „Was für ein Unterschied zu meiner Yaya", dachte ich und unterdrückte meine Tränen. Ich machte eine Verlegenheitsbewegung. Ich wollte eigentlich weglaufen, aber der Geruch des Essens hielt mich noch gefangen. Doch dann riss mich die krächzende Stimme aus meiner Verlegenheit: „Du musst lernen, Gena", sagte sie zu ihrer Enkelin. Dann drehte sie sich zu mir um und befahl: „Und du gehst jetzt nach Hause!"

Sie schmiss mich also raus! Ich sah, wie ihre Krähenaugen noch dunkler wurden. Meine Augen brannten, weil ich die Tränen unterdrückte, dann raste ich hinaus. Meine Finger ballten sich zu Fäusten. Ich rannte so schnell ich konnte, zurück zu meinem Zimmer, als würde sie mich verfolgen. Jetzt, wo mich diese Oma meiner Klassenkameradin nicht mehr sehen konnte, liefen mir die Tränen über die Wangen. Ich hatte meinen Hunger vergessen, aber nicht diese große Beleidigung. Ich fiel mit dem Gesicht auf mein Bett und weinte. Der wohltuende Schlaf hat mir geholfen, den Schmerz und meinen Hunger zu vergessen. Was wusste denn diese alte Frau über mich? Nicht mal einen Teller Essen hat sie mir angeboten und nicht einen Stuhl, damit ich wenigstens ein paar Minuten Platz nehmen konnte, so wie es bei Griechen immer Brauch war. Dachte sie, ich sei

---

* Verkleinerungsform für Anastasia.
** Pontosgriechen sprechen die Vokale des Diphtongs „au" getrennt. Darauf spielt dieses Schimpfwort gegen Pontosgriechen an; auch die Kurzform „autsa" ist geläufig.

kein gutes Kind oder ganz anders als ihre Enkelin? Wenn ja, wollte ich sie anschreien: „Ja, du bist auch anders als meine Yaya!" Da war ein gewaltiger Unterschied. Schade, dass ich es damals nicht gewagt habe!

Im Haus meiner Großmutter war jeder willkommen, für jeden hatte sie ein gutes Wort und vor allem einen Teller Essen, auch für Überraschungsgäste. Eine Archontissa* voller Menschlichkeit. Ich war sehr stolz auf mich, dass ich vor Iphigenias Großmutter nicht geweint habe. Ich erinnerte mich an die Worte meiner Mutter: „Zeig nie deinen Hunger, sei stolz! Sei bescheiden, sag niemals, dass du nicht kannst, etwas nicht verstanden oder Hunger hast." Wir mussten unsere Köpfe hochhalten und durften nicht die geringste Schwäche zeigen. Diese Prinzipien meiner Mutter machten mich sehr widerstandsfähig gegenüber der rauen Gesellschaft von Argos und später auch in Deutschland. Sie haben mich gestärkt, die Fäuste zu ballen, wenn es sein muss. Diese in Platania gebildete Faust war in Argos Orestiko zu Eisen geworden. Sie war aus Eisen, aber nicht schwer, deshalb trage ich sie immer bei mir. Sie ist mein Stolz und meine Ausdauer in schwierigen Situationen und Lebenslagen.

Allen Müttern rate ich, gebt euren Töchtern keine Mitgift, gebt ihnen eiserne Fäuste.

Der Albtraum der Herkunft

Viele in Argos Orestikon ließen mich spüren, dass ich nicht nur anders, sondern noch dazu minderwertig sei. In meinem kindlichen Verständnis wollte ich vieles auf dieser Welt verändern. Als erstes würde ich ein Gesetz erlassen, das besagt „Vielfalt ist legal." Dann könnte ich meinen Namen sagen, Anastasia Kasapidou, ohne mich zu schämen. Das Bezeichnende für den Menschen ist sein Name. Jahrelang konnte ich ihn nicht frei sagen, weil er meine pontische Abstammung verrät. Wenn jemand den Namen hörte, hieß es sofort: „Ah, du bist eine Autissa!" oder „ah, du bist Lasin!" Das Schlimmste aber, was ich je gehört habe, lautete: „Als deine Leute aus dem Pontos und aus Russland kamen, brachten sie den bösen Kommunismus mit!"

Sie verpassten mir den Spitznamen „aut(is)sa", weil sie das Altgriechische, von dem Elemente in der pontischen Sprache überdauert haben, und unsere Aussprache des Wortes „autós" („er" auf Deutsch) nicht nachvollziehen konnten. Im Neugriechischen spricht man „autós" allgemein als „awtós" aus, aber die

---

* Herrscherin.

Pontosgriechen sagen: „autós". Sobald ich meinen Namen nannte, wurde ich identifiziert als die Autissa, die Lasin, die Kommunistin, die türkische Brut. Ich habe meinen Nachnamen gehasst, denn er hat meine pontische Abstammung verraten. Alle Nachnamen mit der Endung -idis, bzw. bei Frauen -idu (-idou), sind pontischen Ursprungs.

Das Trauma dieser Jahre sitzt sehr tief; ja, es ist nicht verheilt. Bis heute noch haben viele Griechen ihre verächtliche Meinung über uns Pontier nicht geändert, besonders nicht die griechischen Politiker. Ich wollte schreien: „Yaya, falls die Menschen in deiner verlorenen Heimat so gefühllos waren, wie sie es hier sind, falls deine Heimat so arm und nicht gastfreundlich war wie Argos, musst du nicht verzweifelt sein! Gut, dass du sie verloren hast!"

Der zweiten Flüchtlingsgeneration gelang es, die Schwierigkeiten der ersten zu überwinden. Es wurden endlich pontische Lehrer ernannt. Einer war Philologe, seine Eltern lebten wie alle Flüchtlinge in Tepe, einem Ort in Argos Orestikon. Dieser Lehrer war ein Flüchtlingskind der zweiten Generation, ein ausgezeichneter Schüler und ein großartiger Philologe, aber ziemlich konservativ, wie die meisten Vertriebenen aus Pafra (türk. Bafra). Die Griechen aus Pafra im westlichen Pontos wurden mehr als in jedem anderen Gebiet verfolgt und massakriert.

Wir unterhielten uns, und er analysierte die Nähe des pontosgriechischen Dialekts zum Altgriechischen. Er erklärte uns den Hellenismus von Pontos und seine Geschichte. Oft erzählte er mit Tränen in den Augen, was er von seinem Großvater und seinem Vater gehört hatte. Der pontische Dialekt ist altgriechisch, und Wissenschaftler haben das bestätigt. Meine Freude war riesig. Wir sind keine türkische Brut, wie wir genannt wurden. Was für eine Erleichterung! Wie sehr wünschte ich, dass sie mir schriftlich geben, was sie erzählen. Geschriebene Beweise wollte ich, um jederzeit die Echtheit meines Griechentums zu beweisen. Ich hatte Angst, dass diese Beweise irgendwann wieder zurückgenommen würden und ich die Diskriminierung aufs Neue erleben müsste. Wir sind keine Lasen, unser Dialekt ist dem Altgriechischen nahe. Ich muss mich nicht verteidigen, ich lebe nicht in einem fremden, feindlichen Land.

Geh, mein Kind!

Der 15. August war der Tag, an dem sich die Einwohner Platanias in ihrem Heimatort treffen. Es ist der Festtag des Endes der Sommerweide von Platania, ähnlich der Pilgerfahrt, wie sie einst im Pontos stattfand mit dem Ziel des Felsenklosters der Panaghia Soumela. Alle Christen und Muslime der Gegend pilgerten zu diesem Kloster, um zu Ehren der Gottesmutter von Soumela eine Kerze zu entzünden. Im August 1969 war auch ich, von der Arbeit in Kozani beurlaubt, auf der Sommerweide von Platania. „Ich werde nach Deutschland auswandern", gestand ich eines Nachmittags meiner Großmutter, als wir beide allein waren. Es war so ein vertrauter, intimer Moment, wie damals, als wir noch zusammen Linsen sortierten. „Warum, mein Küken? Wo liegt Deutschland denn? Ist das weit weg?", fragte mich meine Großmutter erschrocken. „Du hast doch gute Arbeit hier. Du lernst bei dem Arzt so viele Dinge, dass du fast selbst ein Arzt werden könntest. Geh nicht so weit fort! Du bist ein Kind und auch ein Mädchen – und falls du gehst – wann kommst du wieder? Vergiss nicht, dass ich alt bin!" „Ich werde gehen", antwortete ich entschlossen. „Sei immer umsichtig. Vergiss nie den Ort deiner Herkunft", mahnte sie mich. Sie sagte, ich solle mein Dorf nicht vergessen. Das Wort Heimat benutzte sie nur für ihren eigenen Herkunftsort, der ihr heilig war. Wie in einem Kinofilm zogen ihre Erzählungen über die Heimat an meinem inneren Auge vorbei. Nun wollte ich ebenfalls meine Heimat verlassen. Meine Großmutter hatte gesagt, sie sei jetzt alt, aber ich redete mir ein, dass sie noch viele Jahre leben würde. Meine Entscheidung stand fest, dieser Weg sollte der meine sein. Ich musste mich befreien. Als ich meinen Entschluss auch zu Hause meiner Mutter offenbarte, erwartete ich wie immer zu hören: „Du wirst nirgendwohin gehen, du bist zu jung und noch dazu ein Mädchen." Aber sie sagte nur knapp: „Geh, mein Kind! Es ist kein Zustand, immer in Armut und Elend zu leben. Du bist jetzt erwachsen, und irgendwann wirst du auch heiraten wollen." Verstanden! Meine Mutter machte sich also Sorgen über meine Hochzeit, wie ich meine Mitgift verdienen und die Kosten für eine Hochzeit aufbringen würde. Damals waren das ungeschriebene Gesetze. Man galt als eine der Glücklichen, wenn sich ein Ehemann fand, wer auch immer das sein sollte. Durch meine Arbeit bei einem Mikrobiologen in Kozani war mir aber die Ehrfurcht vor dem männlichen Geschlecht abhandengekommen.

In Deutschland

Im Oktober 1969 fuhr ich als „Gastarbeiterin" nach Deutschland. Ich war eine von vielen, die die Fabriken Deutschlands in diesen Jahren füllten. Zunächst war ich in Hilkerode, einem Ort in unmittelbarer Nähe der innerdeutschen Grenze. Solche Orte wurden von der DDR teilweise aufgegeben und die Bevölkerung umgesiedelt. Zwinge z.B. verdankt sein Überleben wohl ausschließlich der dort ansässigen Ziegelei, auf deren Produkte der sozialistische Mangelstaat nicht verzichten konnte. Der Ort wurde jedoch ab 1966 vollständig abgeriegelt und konnte nur mit spezieller Genehmigung betreten werden. Erst seit der Wende 1989 hat das Dorf wieder seine Bedeutung in zentraler Lage im Südharz zurückerlangt. Die einst so überlebenswichtige Ziegelei wurde allerdings stillgelegt und 2012 abgerissen, dort entstand ein Solarpark.

Hilkerode ist eine Kleinstadt an der Grenze zur ehemaligen DDR in unmittelbarer Nähe der Universitätsstadt Göttingen und direkt neben Herzberg, dem Geburtsort der Königin Friederike. Infolge des Zweiten Weltkriegs und der Teilung Deutschlands hörte ich hier die gleichen Geschichten wie in Platania: Geschichten von der verlorenen Heimat, von getrennten, zerrütteten Familien und von der Berliner Mauer, die Familien, Freunde, Verwandte und das gesamte deutsche Volk entzweite. Familien und Freunde wurden voneinander getrennt. Einige verloren, wie meine Großmutter, ihre Heimat, ihre Geschwister und ihre Kinder. Mir erschien das Ganze sehr ungerecht. Statt die Nazitäter zu bestrafen und eine wirkliche Entnazifizierung in ganz Deutschland durchzuführen, hat man Familien voneinander getrennt.

Die DDR war nicht weit von dem Ort, an dem ich arbeitete, entfernt. Wir gelangten von Hilkerode zu Fuß an die Grenze. 1969 sah ich bei einem Spaziergang die Stadt Zwinge, die nahe am Eisernen Vorhang gelegen war, aus der Nähe. Durch all die Dinge, die ich über die Jahre gehört hatte, war von diesem Eisernen Vorhang das Bild eines trostlosen Ortes in meiner Vorstellung entstanden. Doch diese schöne Kleinstadt mit ihren unzähligen Grünflächen konnte doch nicht der Eiserne Vorhang sein! Man informierte uns darüber, dass die Stadt so geblieben war, wie sie noch vor dem Krieg war, da es sich um eine Industriestadt handelte. Dort wurden Ziegel produziert. Alle Dörfer und Städte, die sich in der Nähe der Westgrenze befanden, wurden entvölkert. Zwinge blieb eine Ausnahme. Überall zog dieses politische System an der Grenze Mauern, um die Menschen voneinander zu trennen. Erst in Hilkerode wurde mir klar, dass Berlin nicht mehr die Hauptstadt Deutschlands war. Bonn war die neue Hauptstadt Westdeutschlands. Deutschland hatte den Zweiten Weltkrieg verloren und sollte bestraft werden. Kaum zu glauben ist, dass die Türkei straflos blieb, als sie zusammen mit Deutschland und anderen den *Großen Krieg*, wie man damals nicht nur in Platania den Ersten Weltkrieg nannte, verloren hatte.

Griechenland verfolgte nach dem Zweiten Weltkrieg einen noch viel härteren und unmenschlicheren Weg. Die Menschen wurden zu guten oder schlechten Bürgern erklärt. 1949 wurde das griechische Volk in Kommunisten und Nationalstolze eingeteilt. Die Partisanen, die gegen den Faschismus gekämpft hatten, wurden in die Länder hinter dem Eisernen Vorhang vertrieben, da sie als gefährlich für Griechenland galten. Als ob das alles noch nicht genügt hätte, entzog man ihnen obendrein die griechische Staatsbürgerschaft. Bis heute hat sich keine politische Partei für dieses barbarische Vorgehen entschuldigt. Als man den Ausgewiesenen die Rückkehr gestattete, wollten viele nicht zurückkehren. Die Heimat war für sie für immer verloren.

Jetzt, wo ich mich in Hilkerode befand, kreisten diese Gedanken immer wieder in meinem Kopf und quälten mich. Die ersten Monate in Deutschland-Hilkerode waren tatsächlich außergewöhnlich für mich. Ich hatte zwar meine Freiheit, aber ich fühlte mich verloren. Ich war regelrecht enttäuscht und konnte meine neugewonnene Freiheit nicht genießen. Irgendetwas hinderte mich daran. Es fühlte sich so an wie bei den Völkern, die sich nach Jahren der Diktatur nicht mehr an die Demokratie gewöhnen können. Erst viele Jahre später wurde mir bewusst, dass die Demokratie, die wir im Nachkriegsdeutschland so intensiv leben durften, ein Geschenk Gottes für uns alle war.

Die Sonne, die mich in Griechenland jeden Tag begleitete, ließ hier leider immer auf sich warten. Es war aber eine angenehme Hoffnung und eine Freude, jeden Monat einen vollen Geldbeutel zu haben. Die Brieftasche mit meinem eigenen Geld erfüllte mich mit Zuversicht und machte meine Gefangenschaft an einem unbekannten Ort erträglich. Als ich meinen ersten Lohn in einem Umschlag erhielt, war die Freude so groß, als hätte ich den Schatz Aladins gefunden. Ich habe meinen Eltern 200 DM geschickt und den Rest behalten. Eine Griechin half mir bei meinen ersten Einkäufen. Hilkerode hatte ein Lebensmittelgeschäft, in dem die Waren in den Regalen so perfekt eingeräumt waren, dass ich Angst hatte, sie zu berühren. Schließlich gelang es mir, eine große Schachtel Pralinen und ein Glas saure Gurken zu kaufen. Ich dachte, in diesem Land, gibt es nichts zu essen. Jetzt hatte ich so viel Geld für mich alleine und konnte doch nichts zum Einkaufen finden. Und was mich auch noch erschreckte, war diese Stille und Ruhe überall. Die Stille und die Ordnung erinnerten mich an mein Zuhause und ärgerten mich. Als hätten sie in Deutschland alle bei meiner Mutter Unterricht genommen. Und woher hatte meine Mutter das?

Die Stadt, die mich an die Heimat meiner Großmutter erinnert
Wie die Zugvögel, die im Winter den Norden verlassen, verließ ich Hilkerode, ohne es überhaupt richtig kennengelernt zu haben, um nach Süden zu ziehen. Um der griechischen Heimat näher zu sein, dachte ich zufrieden. Seit 1970 lebe ich in München und arbeite bei der Firma SIEMENS. Kein Vergleich mit Hilkerode! München, auch das Isar-Athen genannt, hat etwas Griechisches. Eine

schöne große Stadt an der Isar mit Sinn für die Schönheit, betont durch die Propyläen, die Glyptothek und die Pinakotheken, die breite Ludwigstraße, den Königsplatz und vieles mehr. Nach dem Schock der ersten Monate habe ich mich in München neu definiert.

SIEMENS brauchte damals viele Arbeiter, auch Frauen. Ich habe im Röhrenwerk gearbeitet. Ein spektakulärer Raum voller junger Frauen. Die meisten Kolleginnen kamen aus der Türkei und Griechenland. Meine türkischen Arbeitskollegen sind sehr nett und haben nichts zu tun mit den Türken, die meine Großmutter vertrieben haben. Sie haben viel mit uns Griechen gemeinsam, besonders mit den Griechinnen aus dem Pontos. Ich habe auch einige großartige Freundschaften geschlossen. Mit einer Armenierin verband mich eine besondere langjährige Freundschaft, denn wir teilten eine gemeinsame Geschichte. Die Geschichten, die sie von ihrer Großmutter erzählte, ähnelten denen meiner Yaya.

Ich erinnerte mich an meine Mutter, die uns untersagt hatte, Türkisch oder Pontosgriechisch zu lernen und zu sprechen, das verdürbe die griechische Sprache. In dieser Hinsicht hatte meine Mutter nicht Recht. Die engstirnige griechische Gesellschaft zwang sie, uns beide Sprachen zu verbieten. Die griechischen Aristokraten haben damals Französisch gelernt, auch ich hatte in Argos Orestikon drei Jahre Französisch. Trotzdem halfen mir Platanias Klänge sehr bald, Türkisch zu lernen. Ich sprach und verstand Türkisch schon nach einem Jahr sehr gut. Anstatt im ersten Jahr in Deutschland Deutsch zu lernen, lernte ich Türkisch, ohne auf das Verbot der Mutter zu achten.

Die SIEMENS-Häuser, in denen wir gewohnt haben, waren reine Gastarbeiterunterkünfte. In jedem der multikulturellen Mehrfamilienhhäuser der Arbeiterklasse waren einfache Wohnungen für die Bedürfnisse ihrer Bewohner aus verschiedenen Kulturkreisen; niemand von uns, die dort gelebt hatten, wird sie wohl je vergessen. Damals trafen wir uns alle gemeinsam im Hof. Dort hörte ich viele verschiedene Melodien und auch die Weisen, die mein Vater in Platania so liebte. Die türkischen Mitbewohnerinnen hörten stundenlang die Lieder ihres Heimatlandes, sie waren wie alle Ausländer nostalgisch und hofften, eines Tages in ihre Heimat zurückzukehren. Ich habe in München auch islamisierte Pontosgriechen aus der Schwarzmeerregion getroffen, die sich ihrer Abstammung wohl bewusst waren. Einige sprachen fließend Pontosgriechisch. Viele besuchten weiterhin das Kloster Panaghia Sumela. Sie tanzten dieselben Tänze wie wir und tanzten mit uns. Mein ganzes Interesse galt der Arbeit und der türkischen Sprache. Ich lernte auch einige deutsche Wörter, als erstes habe ich das Wort „Akkord" am Fließband gelernt. Die türkischen Freundinnen und meine armenische Freundin wurden für mich ein bisschen wie eine Heimat.

Ich betrachtete nicht den Koffer mit den Kleidern, sondern das andere, unsichtbare Gepäck, das ich tief in mir bewahrte: Die Ratschläge der Mutter und vor allem die wertvolle Vereinbarung, die ich mit Yaya getroffen hatte. Diese griechische Herkunft sagt mir, dass ich in München Wurzeln schlagen soll, und ich will es. Ich wünsche mir nur eins, dass der Wind von Platania mich alle Jahreszeiten hindurch berührt und umarmt und sich mit dem Wind von München vermischt. In Griechenland wurde mein Leben von Lehrern, Eltern, Priestern und Diktatoren bestimmt. Im Allgemeinen waren sie konservativ und voller Vorurteile. Heute wohne ich mit meiner Familie in einer Wohnung in der Nähe des Nordfriedhofs. Wenn ich durch die Straßen gehe, im Schatten der Platanen, fühle ich mich wie unter den Bäumen von Platania.

Wenn ich Richtung Friedhofsgelände schaue, denke ich, dass Yaya, Onkel Wassos und alle meine geliebten Toten aus Platania zu mir sprechen. Eine Brücke verbindet meine Wahlheimat mit Platania. Seit langem schreibe ich. Das verleiht mir Leben und eine unbeschreibliche Freude. Ich bin dann mit meinen Gedanken in allen Winkeln und Ecken Platanias.

Ich habe hier in München, wo ich wohne, meine griechisch-orthodoxe Kirche gleich in der Nähe und kann meine Freiheit und beides, meine Verbundenheit zu Griechenland und meine pontos-griechische Identität ausleben. Dafür bin ich Deutschland dankbar. Hier haben wir Pontos-Griechen unseren Verein und können uns politisch engagieren.

Vermächtnis und Auftrag

Im Sommer 1974 erschien mir Platania kalt. Yaya war sehr krank. Leberzirrhose lautete die Diagnose. Sie hatte sich bei den Tieren, die sie zu Hause hielt, infiziert. Wie sie so auf ihrem Bett lag, war sie zu einem kleinen Kissen geschrumpft, wie man im Griechischen sagt. Sobald sie mich sah, rief sie: „Ach, wenn du hier wärest, mein Küken, würde ich bestimmt sehr schnell gesund!"

Yaya war sicher, dass ich, wenn ich nicht nach Deutschland gehen würde, ein halber Arzt sein würde, wie sie mir schon 1969 prophezeite, als ich Griechenland verließ. Wie sehr habe ich meine gute Großmutter geliebt, diese reine Seele! Ich hatte großes Vertrauen zu ihr. Für einen Moment dachte ich mit ihr über meine Kindheit in Platania nach. Gerne hätte ich sie gefragt: Yaya, was erwartest du noch von mir? Sicher, Yaya, dachte ich, ich wäre dir nahe, aber deine Krankheit könnte ich bestimmt nicht heilen. Einer Sache darfst du aber sicher sein, ich habe unsere Vereinbarung nicht vergessen und werde alles aufschreiben.

Großmutter gegenüber habe ich nichts davon erwähnt. Diese Erinnerungen hätten ihren geschrumpften Körper erdrückt. Ich rief mir ins Gedächtnis, was sie mir immer gesagt hatte: „Vergiss nicht, was ich dir all die Jahre erzählt habe, befolge auch die Ratschläge! Irgendwann kommst du bestimmt nach Griechenland zurück, du darfst nicht in der Fremde sterben. Respektiere die ganze Welt, besonders die, die dir Arbeit geben." „Ich werde nur diejenigen respektieren, die es verdienen", dachte ich. Es wäre ungeschickt gewesen, meiner Großmutter meine befreiten Gedanken mitzuteilen. Sie könnte nicht verstehen, was ich meine, und würde ihre Einstellung ohnehin nicht ändern. Die Zeiten haben sich geändert.

Ich arbeite seit vielen Jahren daran, über die Geschichte der Vertriebenen von Platania zu schreiben. Der Respekt für die Menschen, die Liebe zur Herkunft und das Schicksal der Pontosgriechen im Allgemeinen treiben mich voran und geben mir Kraft. Der Pontos und seine Kultur sind jetzt für mich zu einer konkreten Idee geworden. Es sollte nichts verloren gehen, sonst wäre Yaya für mich verloren. Auch werde ich nichts vergessen, denn dann würde ich Yaya vergessen. Meine Großmutter ist in mir so intensiv, so stark, sie ist ständig anwesend und unruhig, als würde sie auf etwas warten. Sie führt mich an und drängt mich: „Du bist gekommen, mein Küken", höre ich sie zu mir sagen.

Sommer 1977

Im Mai 1977 starb Yaya, sie war weit über 80 Jahre alt geworden. Erst im August konnte ich aus Deutschland nach Platania kommen und ihr Grab besuchen. Platania, das nie zu Yayas Heimat geworden war, kam mir jetzt so stumm, kalt und gefroren vor.

Das Leben meiner Großmutter war ausschließlich von ihrer Heimat Pontos bestimmt und Platania war für sie nur eine Übergangslösung. Wie hatte sie immer gesagt? „Ich bin doch keine Kartoffelknolle, die man in Pontos rauszieht und in Platania neu einpflanzt!"

Ich würde Yaya nie wieder in ihrem Haus besuchen können. Ihr Tod hinterließ eine sehr große Lücke in meinem Leben. Ich sah ihre Pantoffeln in einer Ecke des Korridors stehen, sah, wie sie mit ihnen gelaufen ist. Die Tränen, die über meine Wangen liefen, waren heiß, aber befreiend. Olga, meine Schwester, streichelte mich. „Weine nicht", flüsterte sie, „wir haben uns am Ende alle mit viel Liebe um sie gekümmert."

Ich wünschte mir, dass Gott sie diesmal nicht enttäuschen würde. Wenn ich die herzlose und harte Zeit nur zurückdrehen und verändern könnte! Am Ende ihres Lebens hatte ihre verbitterte Seele wenig Kraft! Sie konnte nur noch an Vasos denken. Die zahlreichen Toten in der verlorenen Heimat – hatte sie alle vergessen oder hat sie sie mir überlassen, fragte ich mich nachdenklich.

Ich verließ Yayas leeres Zimmer und ging die Straße bergauf zum Friedhof. Die Beerdigung von Onkel Vasos, die ich auf diesem Hügel begleitet habe, als ich zehn Jahre alt war, lief wie ein Kinofilm vor mir ab. Ich weinte sehr laut. Ich war alleine, niemand hörte mich. Wie eine Säule stand ich vor dem Grab meiner Großmutter und kniff meine Augen vor ihrem Foto zusammen. Neben ihr war das Bild ihres geliebten Vasos. Meine Hand zitterte, als ich die Kerze an ihrem Grab anzündete. „Viel Glück im Paradies, Yaya", stöhnte ich. Zu Onkel Vasos brauchte ich diesmal nichts zu sagen, er war nicht mehr allein, seine Mutter war jetzt bei ihm.

Yaya starb mit offenen Augen. Blickten die Augen ihrer Seele in Richtung Pontos und ihrem Koronixa? Ich bin sicher, dass ihre Seele Flügel bekam und sie zuerst in die Heimat zog. Ich fühlte den Schmerz in meinem Herzen und ballte meine Fäuste. „Yaya, ich werde Koronixa besuchen, um dir Heimaterde für dein Grab zu bringen. Ich werde auch zur Panaghia Sumela beten und Kerzen für deine Toten anzünden!" versprach ich ihr. Deine Märchen-Geschichte habe ich für meine Nachfahren niedergeschrieben. Vor Yayas Grab erlebte ich etwas, das ich weder beschreiben noch aufzeichnen kann: Heimat, verfolgtes Leben, die Stimme der Großmutter, allesamt eine Last, und die Reise ihres Lebens. Man versteht diese Dinge nur, wenn man sie erlebt.

Depositum

Ich schreibe keine literarischen Kurzgeschichten oder Romane. Trotzdem wollte ich über die Tragödie, über die offene Wunde schreiben, mit der ich geboren bin und die bis heute blutet. Ein Trauma, das noch weitere Generationen beschäftigen wird. Ich möchte den Schmerz beschreiben, die Geschichte, die Worte so vieler Menschen, die mich bis heute verfolgen. Alle Worte haben Priorität. Zuerst Yayas Generation, gefolgt von meinen Eltern und meinen eigenen Erfahrungen. Sie alle sind Augenzeugen und geben ein authentisches Zeugnis der Geschichte. Dabei steht Yayas Märchen-Geschichte an erster Stelle.

Ich nenne sie „Märchen", weil ihre Worte oft über das Fassbare und Menschliche hinausgingen und „Geschichte", weil dieser Fluss, der so viele menschliche Leben mitgerissen und gequält hat, wahr ist! Diejenigen, die es erzählten, besaßen keinen politischen Einfluss und dienten weder Interessen, noch wollten sie einen Lohn dafür.

Alles, was ich als Kind von Flüchtlingen und von armen Linken gehört und erfahren habe, ist eine andere Schule. In dieser Schule führen die Unterrichtsfächer den Menschen durch tägliche Prüfungen: Menschlichkeit, Kampf, Recht, Überleben, Verbitterung und Tränen, Bemühung auf der Suche nach der Wahrheit, Demütigung, eiserne Faust, Erfolg und Glück!

Trotz all meiner tragischen Lebenserfahrungen haben mir die Feen viel Glück in die Wiege gelegt und mir den Weg geöffnet, so zu leben, wie ich heute, in Deutschland, in meinem München lebe. In dieser Stadt bin ich mit Griechen aus allen Teilen Griechenlands in Kontakt gekommen. In München habe ich fast alle Nationalitäten der Welt kennengelernt und so Schritt für Schritt auch eigene Vorurteile abgelegt. Die Mauer, die meinen Geist verdunkelte und mich nicht klar denken ließ, fiel. Und ich wünsche mir, dass alles fallen möge, was die Völker voneinander trennt.

Wir sollten die Chance haben, mehr Mauern fallen zu sehen als die Berliner Mauer. Ich wünsche mir, dass die Mauer, die das zypriotische Volk trennt, fallen wird und die Mauer, die die theologische Schule von Chalki verdunkelt.

Vielleicht wählte ich unbewusst die Stadt München, damit meine Stimme gehört wird. Hier leben Menschen aus verschiedenen Kulturen und Völkern zusammen wie an dem Ort meiner Vorfahren, vielleicht ähnelt München der Heimat meiner Großmutter in Pontos, wo verschiedene Nationalitäten zusammenlebten: Armenier, Assyrer, Kurden, Türken, Tscherkessen, Lasen. Ich habe mich bewusst für München entschieden. Ich liebe diese Stadt, mein Zuhause, meine Wahlheimat.

Anastasia-Kasapidou-Dick (l.), Ministerin Emilia-Müller

In meinen Jahren außerhalb Griechenlands hat mich der Koffer mit Yayas Worten und Ratschlägen stets begleitet. Der Koffer enthielt auch meine politischen Ideale, die ich 1978 schmerzlich verloren habe. In diesem Jahr reiste ich mit meiner Münchner Freundin und Nachbarin zum ersten Mal nach Polen.

In dem kleinen Dorf Kroscienko besuchten wir ihren Vater, der leider unter erbärmlichsten Umständen leben musste, und ich begegnete griechischen politischen Flüchtlingen, die gegen die Besatzung im 2. Weltkrieg gekämpft hatten. Sie lebten in Hütten und hatten kaum zu essen. Es war unfassbar für mich. Während meines Besuches in diesem Land hinter dem Eisernen Vorhang weinte ich bitterlich aus tiefstem Herzen, denn ich hatte mein politisches Ideal verloren.

Mir wurde auch klar, warum paradoxerweise die Griechen nach der grausamen Nazi-Besatzung die Deutschen nicht hassen. Der verheerende Bürger-, ja Bruderkrieg mit mehr Opfern als im ganzen Zweiten Weltkrieg hat im griechischen Volk tiefe Wunden hinterlassen. Wieder blickte ich auf Yayas Koffer, auf dem geschrieben stand: „Du darfst die Ungerechtigkeit nicht vergessen!" Diese Ungerechtigkeit ließ mich endlich erkennen, dass weder Gebete zu Gott, noch zur Panaghia Sumela und auch keine politische Partei uns aus dem Dilemma erlösen können. Nur mit anderen Organisationen, die echten Menschenrechten dienen (NGO), könnte es erreicht werden. Das griechische Volk war tief in seinen kulturellen Wurzeln verletzt, seine intellektuellen und historischen Ressourcen waren erschöpft, seine Weiterentwicklung gebremst. Die Wunden sind aus bestimmten Gründen noch nicht verheilt: Die Geschichte des griechischen Volkes wurde und wird nicht richtig und vollständig gelehrt, man könnte sagen, sie wurde von einer kollektiven Amnesie heimgesucht.

Griechenland hat sich von dem Trauma des osmanischen Genozids, der in den Geschichtsbüchern als Kleinasiatische Katastrophe paraphrasiert wird, bis heute nicht erholt. Meiner Meinung nach war es eine Tragödie, keine Katastrophe, also keine Naturkatastrophe wie Überschwemmung oder ein unvermeidliches Schicksal wie eine Epidemie. Es war die schwere Last der Teilung, die Vertreibung und Entwurzelung zur Folge hatte. Ich wünschte mir, dass das griechische Volk zu seinen Ursprüngen, zu seinen tief verwurzelten moralischen und sozialen Werten zurückfinden könnte.

Zwischen 1996 und 1999 hat sich mein Leben wie das vieler anderer in Deutschland lebender Ausländer verändert. Mein Herz wurde zu Stein, als ich Parolen hörte wie „Ausländer raus" und Neonazi-Gruppen ausländische Mitbürger belästigten und missbrauchten mit der faulen Ausrede, Ausländer nähmen ihnen ihre Arbeit weg. Damals riskierte ich mein geliebtes München zu verlieren, doch Yayas Bild und ihre verlorene Heimat haben sich wie eine Warnung vorgedrängt. Ich war bei allen Demonstrationen und Lichterketten dabei, um meine Wahlheimat zu verteidigen.

In Deutschland ist gerade das Wort „Integration" in Mode. Als ich 1969 nach Deutschland kam, hat sich niemand damit befasst. Von Gastarbeiterintegration war keine Rede. Jetzt versucht die Politik die Versäumnisse der Vergangenheit zu kompensieren und die Fremden per Gesetz zu integrieren. Zum Glück ist es mir, auch mit Hilfe meines Mannes, der aus dem Rheinland stammt, gelungen, mich in München zu integrieren. Mein Fazit zur Integration: Wenn wir unsere Geschichte nicht richtig kennenlernen und aufarbeiten, wenn Verbrechen gegen die Menschlichkeit nicht bestraft werden und Generationen von Menschen mit ihren Traumata leben müssen, wenn Politiker dies nicht ernst nehmen, wird die Integration in keinem Land der Erde gelingen.

Hör, mein kleines Kind!

„Ivi, mein kleines Mädchen, mein Spross! Dein Name bedeutet ewige Jugend. Als ich jung war, versuchte ich, die Welt zu verstehen und bat Gott, die Ungerechtigkeit, die meiner Großmutter und den Menschen in meinem Dorf widerfahren ist, auszugleichen. Jetzt bist du in meiner Nähe, während ich versuche, alles was ich gehört und erlebt habe, aufzuschreiben. So bin ich auch um die Füße meiner Großmutter herumgelaufen! Meine liebe Yaya erzählte es mir, und ich hörte zu … „Hör zu, mein kleines Kind, mein Küken! Du wirst es nicht vergessen …" Es ist Herbst, die Platanen auf der Berliner Straße haben hier und da ihre Blätter abgeworfen, um ihre Wurzeln zu bedecken. In der Spielecke vergnügt sich meine Enkelin Ivi. „Du bist zu mir gekommen, mein Küken", flüstere ich, als ich sie anschaue. Ja, mein

Anastasia Kasapidou-Dick mit Enkelin Ivi

„Blümchen" ist sehr oft bei mir, ich erzähle ihr immer noch Märchen und singe Lieder. Später muss ich ihr viel über Würde und Fähigkeiten erzählen und wie man eine eiserne Faust macht.

Ich warte, bis sie 15 Jahre alt ist, dann erzähle ich ihr, meinem Küken: „Die am 2. Juni 2016 verabschiedete Resolution des Bundestags enthält, wie ich meine, eine Hierarchisierung der Opfer, angeführt von den Armeniern, gefolgt von Aramäern, Assyrern und Chaldäern. Kein Wort über die Hunderttausende genozidal ermordeten, osmanischen Griechen, darunter 350.000 Pontosgriechen. Das schmerzt und verringert den Wert dieser Resolution, deren Verfasser anscheinend die Augen vor der wahren Dimension der Verbrechen verschlossen haben, die vor, während und nach dem Ersten Weltkrieg an den Christen des Osmanischen Reiches verübt wurden.

Seit dem 2. Juni 2016 verfolgt mich noch ein weiterer Satz, den ich damals im Deutschen Bundestag gehört habe: „... an den Armeniern, den Assyrern, Aramäern, Chaldäern und den ANDEREN". Die Anderen, das sind wir: die Griechen – aus dem Pontos, aus Kappadokien, aus Ostthrakien, aus Ionien. Und dabei waren in der Chronologie dieser Staatsverbrechen die griechischorthodoxen Christen die ersten Opfer.

Die Deutschen haben nach dem Zweiten Weltkrieg gelernt, dass der Weg in eine versöhnte Zukunft mit den Völkern Europas nur um den Preis der kritischen Auseinandersetzung mit den dunkelsten Kapiteln der eigenen Geschichte beschritten werden kann. Davor habe ich Respekt, und auch wenn ich verbittert bin, dass die Pontos-Griechen nicht namentlich in der Resolution von 2016 erwähnt wurden, finde ich, dass eine solche Resolution prinzipiell wichtig und nach 101 Jahren überfällig war. Nach diesem ersten großen Schritt und angesichts der wachsenden Verflechtung der Völker appelliere ich an Deutschland, sich den daraus ergebenden Fragen und Zusammenhängen zu stellen und endlich den Schritt zu wagen, von einem Staat wie der Türkei zu fordern, sich seiner historischen Verantwortung zu stellen. Bitte helft, dass die Grenze zwischen der Türkei und Griechenland so wird, wie die zwischen Frankreich und Deutschland. – Das ist der Auftrag für dich und deine Generation, meine liebe Enkelin Ivi. Du darfst unsere unzähligen Toten nicht vergessen! Vielleicht schaffst du es, wenn du groß bist, eine Kerze für sie zu entzünden!"

Efstatios Christoforidis

Was unsere Augen gesehen haben ...

Armeniens Kinder

Als Hirtenjunge von zehn Jahren musste Efstatios Christoforidis ein grauenhaftes Verbrechen beobachten, das ihm bis ins hohe Alter den Schlaf geraubt hat.
Er wurde 1905 in Kounaka, Trabzon (heute Bağişli, Türkei) geboren. Nach dem Völkermord und dem Bevölkerungsaustausch (Vertrag von Lausanne 1923) ließ er sich in Griechenland in Xirolimni, Kozani nieder und lebte dort bis zu seinem Tod 1984.
Erst mit 78 Jahren war es ihm möglich, seine Lebenserinnerungen aufzuschreiben. Im Dialekt der Griechen aus Pontos: „Pontiaka". Er nannte sein Buch „Schwarze Zeiten und schwarze Tage – Kounaka der Geburtsort". Der Text wurde 1986 von Jordanis Pampoukis ins moderne Griechisch übertragen und 2012 von Stathis Taxidis überarbeitet.
Anastasia Kasapidou-Dick, die uns dieses Kapitel zugeschickt hat, sprach nach dem Tod von Efstatios Christoforidis mit seinen Kindern: Christoforos, Poychronis, Theodora, Konstantinos und Ioannis. Sie erzählten, ihr Vater sei nie vor Morgengrauen eingeschlafen. Warum? – Seine Antwort: „Die Köpfe der armenischen Kinder warten auf mich."

*

Im Jahr 1915 haben die Türken die Armenier in deren Heimat niedergemetzelt. Eineinhalb Millionen. Sie verschonten niemanden. Armee und Gendarmerie haben sie aus den Städten und Dörfern auf die Straßen geschleppt, die in die Berge führten. Auf dem Marsch dorthin haben sie die Männer ausgesondert und hinter den Herbergen getötet und danach in die Flüsse geworfen. Frauen und Mädchen haben sie beiseite gezogen und von einer Herberge zur nächsten geschändet. Die türkischen Dorfbewohner sind wie tollwütige Hunde auf sie losgestürmt und haben sie vergewaltigt, eine nach der anderen, bis sie fertig waren. Sie haben dasselbe wie mit den Mädchen sogar mit den älteren männlichen Kindern getan. Und schließlich töteten sie sie.

Im selben Jahr zogen wir nach Faranavazu, auf unsere Sommerweide bei Kounaka. Wir waren dort zusammen: meine selige Großmutter, ich und Panagotis, der Sohn von Nikolas, dem Schwarzen und dessen Frau. Wir wohnten alle zusammen in einem Haus. Unser Vieh haben wir auch gemeinsam geweidet. Meine Oma und Panagotis waren Kusine und Vetter. Ihre Väter waren Brüder. Wir waren eine einzige Familie. Ich war damals zehn Jahre alt. Ich hütete die Tiere zusammen mit meiner Tante, der Frau von Panagotis. Sie schickte mich überall hin, um aufzupassen, dass die Tiere keinen Schaden anrichteten.

Einmal sah ich, wie sie eine große Kolonne armenischer Kinder, ungefähr sechshundert, von der Landstraße herbrachten. Sie wandten sich in Richtung Berg. Dort lag den Häusern gegenüber eine Lichtung, die wir Omalopa nannten. Die wurde nun mit sieben- bis zwölf- oder dreizehnjährigen Kindern gefüllt. Es war furchtbar laut. Meine armen Leute, die sich auf der Wiese befanden, erschraken sehr. Sie hatten so etwas noch nie gesehen. Sie verkrochen sich in den Häusern und Scheunen und weinten. Omalopa war voller Kinder, umringt von Gendarmen, die sie mit Peitschen schlugen, damit sie ruhig würden. Danach schickten sie zwei Polizisten zu unserer Lehmhütte. Onkel Panagotis kam aus der Richtung, wo das Polizeirevier lag. Er war oft dort, um seinen Freund, den Unteroffizier, zu besuchen. Sobald er die Polizisten sah, schrie er laut: „Wohin wollt ihr?" Sie blieben stehen und warteten auf ihn. Er kam näher und fragte, was sie wollten. Sie antworteten: „Wir brauchen Brot für diese Kinder, die du da siehst." Der Onkel sagte: „O Gott, o Gott, wir sind hier nur sieben, acht Familien und haben zusammen nicht mal zehn Brote. Aber ihr braucht Hunderte." Sie lachten und sagten: „Bring uns fünf Brote und mach dir keine Sorgen. Die schneiden wir ganz klein und werfen sie ihnen hin, um sie ruhig zu kriegen."

Onkel Panagotis bat alle Nachbarn, die er traf, Brot und Käse zu bringen und alles, was sie sonst noch auftreiben konnten. Weiter oben, in der Schlucht, lag das Dorf der Pervananter, ein Dorf bei Matsouka. Alles Türken. Nur fünf bis sechs Familien, aber gute Menschen. Sie wohnten dort das ganze Jahr hindurch. Der Onkel bat auch sie, Proviant zu bringen und den armenischen Kindern zu geben.

Innerhalb von einer knappen Stunde kamen die Pervananter, Männer und Frauen, alle vollbeladen mit Brotkörben und anderen Sachen. Hinter ihnen her eine alte Frau am Stock, die weinte.

Unsere Leute hatten jetzt sogar Angst zu weinen. Ein Gendarm sagte zu ihr: „Alte, sie bringen den Proviant für die armenischen Kinder, um sie zu füttern. Aber du, was willst du hier? Geh sofort zurück." Die alte Frau sagte: „Ich kam hierher, um was loszuwerden! Ich will euch und eurem Herrn sagen: Verflucht sollst du sein, du Bösewicht, Sohn eines Esels!" „Alte", sagte der Gendarm zu ihr, „sei still, sonst mache ich das Gleiche mit dir wie mit der armenischen Frau. Ich habe sie gestern getötet und von der Pigaditsa-Brücke [in die Schlucht] geworfen. Ihr Korb ist immer noch da, am Straßenrand. Im Korb sind eine Henne und ihre Küken. Geh, nimm sie mit und hau ab nach Hause!" Die Alte erwiderte: „Geh du und bring sie deiner Mutter, damit ihr einen anständigen Haushalt führt. Dafür, dass du getötet hast, sollst du verflucht sein, und auch dein Vater soll verflucht sein!" Da stürzte er sich auf die Alte und wollte ihr mit dem Säbel den Kopf abschlagen. Onkel Panagotis aber ging dazwischen und flehte ihn an, sie in Ruhe zu lassen. Und von der anderen Seite her ging meine Oma zusammen mit anderen dazwischen, sie packten die Alte.

Meine Leute und die Pervananter, die sich im Hof mit den voll beladenen Körben versammelt hatten, nahmen den Polizisten in ihre Mitte und gingen mit ihm weg. Bald kamen sie in Omalopa an. Dort traf sich die Gerndamerie und nahm ihnen die Körbe von den Schultern. Die Brote haben sie ganz klein geschnitten und den Kindern zugeworfen, wie man den Hunden Fraß vorwirft. Innerhalb von einer halben Stunde waren alle Körbe leer. Jeden Korb warfen sie zur Seite, und als sie alle leer waren, rief ein Unteroffizier: „Nehmt eure Körbe mit und geht zum Teufel! Aber schnell!" Die Kinder haben sich auf die Brotstücke gestürzt. Manche haben sich verschluckt, andere die Taschen vollgestopft, andere aber weinten, viele schrien! Es war furchtbar!

Am nächsten Tag sind die Soldaten abgezogen, vielleicht nach Chapsi-Koy nicht weit von Matsouka, haben vier Maulesel mit Brot beladen, kamen und warfen sie, nachdem sie die Brote wieder zerstückelt hatten, den Kindern vor. Die stürzten sich erneut auf die Brotstücke, haben sie aufgesammelt. Die Älteren haben die Jüngeren geschlagen, sie haben auch untereinander gerauft. Weinen, Schreie, furchtbar! Die Soldaten haben zugeschaut und sich darüber amüsiert.

Die Wolken waren weg, und die Sonne schien. Die Kinder hatten sich aufgewärmt, sie hatten auch etwas gegessen, und die Älteren wollten das „Sklavenkinder-Spiel" spielen. Sie haben hier und da Steine aufgestellt, und daneben die Kleineren. Sie unterhielten sich auf Armenisch. „Tsar, tsur ..." Von den älteren Kindern liefen die einen zur oberen Seite und die anderen zur unteren, und die Kleineren stellten sich neben die Steine. Sie mussten mit einer Hand ihre Hose festhalten und dabei quer von einem Stein zum nächsten rennen, um die zu fangen, die nach unten gerannt waren.

Am späten Nachmittag sahen wir von unseren Häusern aus, wie eine Kolonne von der großen Straße herkam. Es waren etwa fünfzig Personen, Männer und Kinder zwischen zehn und siebzehn Jahren, soweit wir's einschätzen konnten. Sie waren auch nicht sehr weit entfernt. Sie waren mit Satteltaschen beladen. Sie zogen an uns vorüber zum Polizeirevier. Auf der anderen Seite haben die Soldaten und Gendarmen fünfzig Kinder aussortiert und diese ebenfalls zum Polizeirevier gebracht. Von da aus verließen sie die Hauptstraße und gingen in den Wald hinein, und bevor sie am Bach angelangt waren, blieben sie stehen. Um sie herum waren große Gruben, und die Tannen drum herum ragten bis in den Himmel.

Darin konnte nicht einmal Gott etwas sehen ... Diese Gruben waren sehr tief, und dort konnte nicht einmal Gras wachsen. In diese Gruben ließen sie die armenischen Kinder hinab, umzingelten sie, und dann riefen sie die, die mit den Satteltaschen gekommen waren. Diese waren voll mit runden Steinen aus dem Bach beladen. Sofort haben die aus dem Dorf Kostorites bei Matsouka, die Kostoriter, diese Heruntergekommenen mit den schmutzigen Schuhen und den langen Unterhosen, die Kinder umzingelt. „Schlagt die Ungläubigen!", schrien die Soldaten und die Leute von hier. Und sie machten ihre Säcke auf und steinigten die Kinder wie verrückt. Die Kinderköpfe sprühten Funken ... Das Geschrei stieg bis zum Himmel. Aber wer hat es gehört? Und wer hat es gesehen?

Sie schlugen erbarmungslos zu. Irgendwann wurden die Stimmen leiser. Diese Heruntergekommenen sind dann auf den Kinderhaufen losgegangen, haben sie entblößt und die Kleider mitgenommen, die sie trugen. Sie haben die Kinder nackt zurückgelassen. Die Kinder waren sehr gut gekleidet gewesen. Weil die Armenier wohlhabend waren. Die Armenierinnen hatten ihre Kinder mit Sakkos aus dickem Wollstoff, Hosen, verzierten Westen, bestickten Hemden, mit Mützen und Hütchen, mit Schühchen bekleidet und waren mit ihnen losgezogen. Die Türken hatten ihnen gesagt: „Wir bringen euch nach Großarmenien und machen es zu einem großen Reich." Die Armen haben das geglaubt. Darum hatte auch die alte Armenierin ihre Henne mit den Küken bis zur Pigaditsa-Brücke getragen.

Da war noch jemand, ein armer Schlucker, ein Weber aus Trapezounta [türk. Trabzon]. Er hat Pferdedecken gewebt. All unsere Leute, soweit sie Fuhrleute waren, kannten ihn. Als die erste Kolonne von Armeniern eintraf und vor den Geschäften von Kounaka zum Stehen kam, haben unsere Leute ihn entdeckt und sind mit ihm zur Herberge von Lazaroglou gegangen. Er war mit einem Sack Wollknäuel beladen, hatte auch den Webkamm und die Webwerkzeuge unterm Arm. „Wohin gehst du?", fragten sie ihn. Er antwortete: „Wir gehen doch alle nach Hause, nach Großarmenien!" „Was für ein Armenien?!" sagten unsere Leute, „die werden euch töten!" „Was sagt ihr?", staunte er. „Ja, gestern Abend, da unten im Gasthaus haben sie zwanzig Leute von euch getötet", sagten sie. „Was erzählt ihr mir?! Was mach ich denn dann mit dem Zeug hier?" Er ließ die Knäuel und die Wegkämme fallen. Dort, am Ende der Herberge, nahe der Tür stand ein Ofen. „Komm", sagten unsere Leute, „lass uns dich im Ofen verstecken. Wenn sie weg sind und es dunkel wird, nehmen wir dich mit ins Dorf, um dir Zuflucht zu gewähren." Er wollte aber nicht, und als die Kolonne losging, ging er raus, mischte sich unter die Anderen und drängt nach vorn. Er ging ...

Bis Chapsi-Köy sind auch die Mütter mit den Kindern gegangen. Dort haben sie alle in den Herbergen eingeschlossen, die Gendarmerie ist dann reingekommen, hat sie getrennt und alle Kinder mitgenommen. Sie sammelten sie auf der Straße. Eine Frau, die arme, stand neben der Tür des Gasthofs und hielt ihr Kind fest, sechs, vielleicht sieben Jahre alt. Es war gut gekleidet, ihr einziges Kind. Sie hat eine Goldmünze rausgerückt und wollte sie einem Gendarmen geben, damit ihr Kind verschont würde. Der Gendarm aber hat sie getreten, packte die Goldmünze und packte auch das Kind, zog es am Kragen und warf es mitten unter die anderen Kinder. Die arme Mutter schrie: „Mein Kind, mein Kind!" Der Gendarm zog sein Messer und erstach sie ...

All diese Kinder aus den Kolonnen, die in Richtung der Berge zogen, wurden gesammelt nach Omalopa gebracht. Die Mädchen haben sie auch hierher gebracht. Sie haben sie geschändet und ermordet. Sie haben ihnen auch die Kleider ausgezogen und alles mitgenommen, was sie bei sich trugen.

Am nächsten Tag hat meine Tante die Kühe zum Weiden rausgebracht. Sie hat mich nach unten, nach Arnolimn, mitgenommen, wo die Hirten am Wasser ihre Lämmer waschen, um niemanden mehr sehen zu müssen. Die Gendarmen und die Soldaten haben wieder sechzig bis siebzig Kinder von Omalopa aussortiert und zu den Gruben unten am Bach gebracht. Da haben sie die Kinder reingetrieben. Diesmal waren die aus Zygan, die Zyganter, an der Reihe, vollbeladen mit Säcken voller Steine. Sie konnten uns nicht sehen.

Wir aber haben ihre Stimmen gehört: „Schlagt die Ungläubigen!" Die Steine haben die Köpfe der Kinder gespalten. Ganz Samora hat ihre Schreie gehört. Bevor sie endlich starben, sind die Zygantiner hinuntergestiegen, um ihnen die Sachen vom Leib zu ziehen, so wie der Metzger die Haut des Lammes abzieht, und haben sie in die Säcke gestopft. Danach haben wir Axthiebe gehört. Sie haben Äste von Tannen gehackt und damit die Kinder zugedeckt. Danach haben sie ihre Säcke auf den Buckel genommen und sich auf den Weg gemacht. Sie gingen, um ihren halbnackten Kindern, denen das Hinterteil herausschaute, die Sachen der armenischen Kinder anzuziehen. Unterwegs sagten sie: „Irgendwann kommen auch die Griechen dran. Die werden dasselbe erleben!" Und machten noch ihre Späße und haben gesungen ...

Kurz darauf sahen wir einen Gendarmen vom Bach in unsere Richtung kommen. Wir ließen sofort die Tiere allein und rannten los, die Tante voran, ich hinterher. Der Gendarm schrie: „Hierher werdet ihr nie wieder euren Fuß setzen!" Wir kamen zu Hause an. Uns folgten die Kühe ... Warum sollten wir dort unten je wieder unseren Fuß hinsetzen?

Am Abend kam Onkel Panagotis heim und sagte völlig verbittert zu Oma: „Parthena, es gibt keinen Gott!" „Sag so etwas nicht! Das ist eine Sünde", antwortete sie. „Was ich sage, stimmt", erwiderte der Onkel, „es gibt keinen Gott! Wer hat je gesehen, dass man Kinder niedermetzelt und sie mit Steinen erschlägt? Gestern, vorgestern und heute. Die Kostoriter und Zygantiner, die Erbärmlichen, sind vollbepackt mit deren Kleidern nach oben gekommen. Nackt haben sie sie in den Gruben zurückgelassen und mit Ästen zugedeckt! Sie zogen ab, um ihre eigenen Blagen damit zu bekleiden, um sich zu freuen und zu feiern. Und du sagst mir, es gäbe einen Gott. Ach, arme Parthena, die machen demnächst dasselbe mit uns. Unser Gott hat uns vergessen ..."

Der Onkel blieb kurz sitzen, dann erhob er sich plötzlich und sagte: „Du, so was darf nicht sein, kleine Kinder mit Steinen töten und ihnen die Kleider ausziehen und mitnehmen! Die Gottlosen! Und diese armen Kinder! Mit ihren schönen Kleidern, Sakkos und Schühchen ... Am Hals trugen sie noch Glücksbringer und Schmuck. Wie Blumen ... sahen sie aus! Und bis heute hatten die Kinder der Kostoriter noch nie Schuhe getragen, liefen barfuß herum, aber jetzt haben sie Schuhe an!"

Am Abend kamen alle aus der Umgebung bei uns zusammen. Onkel Panagiotis erzählte, und sie weinten. Niemand wollte essen. Sie waren hungrig von der Arbeit zurückgekommen. So was hat bis jetzt keiner von uns gesehen und gehört ... all diese Kinder, innerhalb von einer Woche haben sie sie hierher verschleppt und mit Steinen getötet. Ausgerottet.

Seitdem sind achtundsechzig Jahre vergangen.

Die Zeit verging klaglos ... ein Jahr darauf waren wir dran. Nach Farnavazou konnten wir nicht zurückkehren.

Diese kleinen Kinderköpfe, sage ich euch, sind immer noch da, sie liegen in den Gruben von Samsora. Sie schreien: „Kommt, holt uns!"

Abdulmesih BarAbraham

Was empfinden die Nachfahren der assyrischen Opfer des Genozids von 1915?

Einige persönliche Reflexionen

Das Empfinden der Nachkommen der assyrischen Opfer des Genozids, der vor einem Jahrhundert während der Endphase des Osmanischen Reiches und im Schatten des 1. Weltkrieges stattgefunden hat, zu beschreiben, ist keineswegs einfach. Denn die Wahrnehmung des Völkermordes hat in den verschiedenen Generationen Wandlungen durchlaufen. Sie reicht von staatlicher Unterdrückung der Erinnerung in den ersten Jahrzehnten – bis hin zum Engagement für Anerkennung, Errichtung von Mahnmalen und öffentlichen Gedenkveranstaltungen in der Diaspora. Denn erst hier begannen die Assyrer, sich mit ihrer schmerzvollen Geschichte zu befassen.

In Bezug auf die erste Hälfte des Jahrhunderts nach dem Völkermord ist zu berücksichtigen, dass die kollektiven Empfindungen der assyrischen Überlebenden sowie der ersten Generation der Nachkommen literarisch kaum festgehalten wurden und zudem nur spärlich überliefert worden sind.

Die Gründe hierfür liegen vor allem in der gezielten Ermordung der assyrischen intellektuellen Elite in den Jahren 1915 – 1918 und in der Zerstörung der kirchlichen und zivilen Bildungseinrichtungen der Volksgruppe. Unter den bekanntesten Intellektuellen vor dem 1. Weltkrieg wären zu erwähnen Ashur Yusuf, Addai Sheer und Bashar Hilmi Boraji, die alle im Südosten Anatoliens im Juni 1915 verhaftet und getötet worden sind.

Ashur Yusuf war Professor für Literatur am Euphrat-College in Kharput (armenisch: Charpert – in der Nähe der heutigen türkischen Stadt Elazığ) und Herausgeber der Zeitschrift *Murschid Athuriyun* (,Spirituelle Leiter der Assyrer'; erschienen von 1910 – 1914). Zusammen mit zahlreichen armenischen Intellektuellen der Stadt wurde er im Juni 1915 verhaftet und ermordet. Addai Sheer war Erzbischof der chaldäisch-katholischen Kirche und Schriftsteller. Er wurde in Siirt ermordet. Bashar Hilmi Boraji war Herausgeber der assyrischen Zeitschrift Shifura (,Die Trompete'; 1912 – 1915) und wurde in Diyarbakir ermordet.

Was sich allerdings über Generationen hinweg tief in das kollektive Gedächtnis der Assyrer[*] eingebrannt hat, ist der Begriff für die Katastrophe: *Sayfo* (Schwert), oder das *Shato d'Sayfo* (Jahr des Schwertes). Gleichbedeutend bezeichnen die Armenier diese Ereignisse als *Aghet,* als die *große Katastrophe.*

Ich wuchs bis zur frühen Adoleszenz in der Stadt Midyat auf. Midyat war das religiöse Zentrum Turabdins mit seinen Dutzenden von angeschlossenen Dörfern, Bischofssitz der orthodoxen Kirche sowie Wirtschafts- und Handelszentrum der Region im Südosten der Türkei, in Nordmesopotamien. Nach dem Genozid war sie bis Ende der 1970er Jahre die einzige Stadt in der Türkei mit überwiegend christlicher Bevölkerung. Hier lebten mehrheitlich Assyrer, die verschiedenen Kirchen angehörten: Orthodoxe, Katholiken und Evangelische. Auch moslemische Familien kurdischen Ursprungs gab es hier.

Eine öffentliche Debatte über die Ereignisse des Völkermordes war in der Türkei tabu, sogar strafbar. Jede Erinnerung an das Verbrechen wurde staatlich unterdrückt, denn die Türkei als Nachfolgestaat des Osmanischen Reiches leugnete das Verbrechen und tut das bis heute. So verhüllte jahrzehntelang ein Schleier des Schweigens die Vergangenheit. Selbst die Kirchen hielten sich an das staatliche Verbot, über das Thema zu reden, zu predigen oder Gedenkgottesdienste abzuhalten. Man reihte die Opfer zu den Märtyrern der christlichen Religion ein, wie es seit der Entstehung des Christentums Brauch war. Die syrischen Kirchen (Syrisch-Orthodox und Assyrische Kirche des Ostens) verstehen sich ohnehin als Märtyrerkirchen, die seit ihrer Entstehung verschiedenen Pogromen ausgesetzt waren.

Andererseits gab es auch keine öffentlich zugänglichen Bücher über die Ereignisse des Genozids. Die wenigen erhaltenen Exemplare von Augenzeugenberichten über die Massaker in den verschiedenen Regionen (z.B. Mardin, Turabdin, Botan, Siirt, Hakkari) verstaubten jahrzehntelang in Klöstern und Kirchen und waren nur einem kleinen Kreis von Menschen zugänglich.

---

[*] Assyrer steht hier als überkonfessionelle Bezeichnung für die zumeist mit ihren konfessionellen Bezeichnungen bekannten syrisch-orthodoxen, syrisch-katholischen, chaldäischen und nestorianischen Christen. Ihre gesprochene Sprache in Turabdin ist das *Surayt* – auch als Turoyo oder neu-aramäisch bekannt. Deshalb werden sie manchmal auch als Aramäer oder [As]syro-Aramäer bezeichnet.

Es gab jedoch genügend sichtbare Spuren aus der Zeit des *Sayfo*, so auch in Midyat. Allerdings waren sie von der Stadtverwaltung* nicht explizit als solche mit einer Tafel oder einem Schriftzug gekennzeichnet. Dazu gehörten zerstörte Kirchen und Klöster, Orte von Kampf oder Widerstand und eine Karawanserei, in der Hunderte assyrische Kinder wie Sklaven an die muslimischen Täter verteilt wurden, und Brunnen, in die die Leichen der Opfer nach den Kämpfen geworfen wurden, sowie von Kugeln durchlöcherte Hausfassaden. Bis heute sind solche Spuren am Haus meines Großvaters, an der Fassade meines Geburtshauses, zu sehen.

Es gab – wenn auch vereinzelt – stadtweit bekannte familiäre Beziehungen zu kurdischen Familien in den umliegenden Dörfern, da assyrische Kinder aus Midyat, die 1915 entführt und islamisiert worden waren, inzwischen selbst Familien hatten.

Dann gab es die unzähligen, nicht sichtbaren Narben in den Herzen und Seelen der Überlebenden. Aus persönlichen Beobachtungen meiner Kindheit und frühen Jugend in den 1960er Jahren weiß ich, dass Mütter und Großmütter ihren Säuglingen Schlaf- und Wiegenlieder vorsangen. Insbesondere die Großmütter, die selbst zumeist Überlebende der Katastrophe waren, stimmten oft weinend Klagelieder über *Sayfo* an, die Katastrophe, die ihr Volk und die Christenheit heimgesucht hatte. Während sie die Wiege ihrer Kinder liebevoll schaukelten, öffneten sich oft ihre Herzen und sie vergossen bittere Tränen. In die Klagelieder fügten sie die Namen der Opfer ihrer Familie und gelegentlich auch die Namen der Täter ein. Ähnliche Klagelieder wurden bei Beerdigungen angestimmt. Bei den Assyrern in Midyat gab es die Tradition, zu familiären Trauerfeiern ältere Frauen einzuladen, die besonders begabt waren, Klagelieder auf die Toten anzustimmen. Auch bei solchen Anlässen wurden die Opfer und das Jahr des Schwertes thematisiert.

Die Berichte über den Genozid wurden im Turabdin üblicherweise mündlich von den Überlebenden an die Nachkommen weitergegeben. Surayt, die Umgangssprache der Assyrer, war damals als Schriftsprache nicht gebräuchlich. Nur wenige beherrschten die klassische Schriftsprache, das Syrische, das seit der Christianisierung als Liturgiesprache der syrischen Kirchen benutzt wird. Natürlich waren die mündlichen Berichte sehr persönlich und konnten in den

---

* Die Stadtverwaltung befand sich seit den 1950er Jahren im muslimischen Stadtteil Estel, damals etwa drei km entfernt vom christlichen Zentrum Midyats.

allermeisten Fällen den politischen Kontext und die Dimension des Völkermordes nicht erfassen.

Ich hatte das Privileg, zwei Großelternteile zu haben, die selbst Überlebende der Katastrophe waren: mein Großvater väterlicherseits, Barsawmo, war 1915 etwa sechzehn oder siebzehn Jahre alt. Bei der Flucht aus Midyat nach *Aynwardo* (türk. Gülgöze) wurde sein Vater, mein Urgroßvater Abraham, getötet. Mein Großvater überlebte mit seinen älteren Geschwistern. Sein jüngster Bruder wurde allerdings während des Angriffs von Kurden gefasst und entführt – wie viele assyrische Kinder damals. Erst mehrere Jahre später konnte er ausfindig gemacht und zurückgeholt werden.

Meine Großmutter mütterlicherseits, Havo, war erst wenige Jahre vor dem *Sayfo* verheiratet worden, ihr erstes Kind Melek war noch ein Säugling. Bei einem der letzten Kämpfe in Midyat wurde ihr Mann unmittelbar in der Nähe ihres Hauses getötet. Es grenzte an das der Familie Adoka, von wo aus vielen Menschen die Flucht aus der Stadt durch die unterirdischen Ruinen gelang. Aber in der Endphase des Angriffs auf Midyat wurden dort Hunderte von Frauen, Kindern und Männern regelrecht massakriert. Meine Großmutter flüchtete mit ihrem Sohn auf dem Rücken nachts nach Aynwardo, in ein 12 km entferntes Dorf östlich von Midyat. Dorthin hatten sich mehrere Tausend Assyrer aus verschiedenen Teilen Turabdins und der gesamten Region gerettet und in der festungsartigen Kirche des Dorfes verbarrikadiert.

Aynwardo

Jan Bet-Sawoce hat den Fall von Midyat in einem Artikel in der Zeitschrift *Pogrom* beschrieben.* Die Sondernummer der Zeitschrift der Gesellschaft für bedrohte Völker erschien im April 2015 zum 100jährigen Gedenken an den Völkermord. Darin erwähnt er das unter den Nachkommen aus Midyat allgemein bekannte Gespräch zwischen den Führern der Orthodoxen und

---

* Jan Bet-Sawoce, *Der Fall von Midyat im Jahr 1915*, Zeitschrift Pogrom, Gesellschaft für bedrohte Völker, Jahrgang 45, Nr. 285, April 2015, S. 26-29 [Übersetzung von Abdulmesih BarAbraham].

Protestantischen Assyrer über die Verteidigung der Stadt Midyat. Nachdem ab Mai bis Mitte Juni 1915 aus den westlichen Ortschaften des Turabdin Hunderte assyrische und armenische Flüchtlinge in Midyat angekommen waren und von Grausamkeiten und Massakern berichtet hatten, wollten die führenden Leute von Midyat von den Behörden wissen, was das für sie bedeuten würde ... Die türkischen Offiziellen hatten wohl den Orthodoxen die Zusicherung gemacht, sie würden nicht belangt und hätten nichts zu befürchten – nach dem Prinzip *divide et impera,* teile und herrsche. Eine Einigung zur gemeinsamen Verteidigung von Midyat kam nicht zustande. Kurz darauf wurden etwa einhundert führende Protestantische Christen verhaftet und in Ketten abgeführt, um dann anschließend ermordet zu werden. Kurz darauf wurde Midyat angegriffen und fiel nach etwa zwei Wochen. Tausende wurden getötet, und wer konnte, flüchtete nach Aynwardo oder in andere Dörfer.

Aynwardo wurde zum Symbol des assyrischen Widerstandes während des Genozids, in gewisser Weise vergleichbar dem armenischen Musa Dagh. Die Ortschaft wurde von osmanischen Truppen im Verbund mit paramilitärischen Gruppen, die teilweise weit weg aus der Umgebung Mardins rekrutiert worden waren, sowie von kurdischen Stammesverbänden aus der ganzen Region für mehr als 60 Tage belagert. Den wiederholten Angriffen konnte der Ort dank seiner gut organisierten Verteidigung und Versorgung standhalten. Um militärische Unterstützung zu erhalten, übermittelten lokale türkische Autoritäten in die Reichshauptstadt Istanbul die Nachricht, es handle sich um armenische Rebellen, die Widerstand leisteten. Mehreren Aufforderungen der Regierung an die Belagerten, ihre Waffen abzuliefern, um verschont zu werden, schenkten die Assyrer keinen Glauben. Erst nach zwei Monaten und unter Vermittlung von Sheikh Fethullah Hamidi, einem anerkannten moslemischen Führer und Muhallami, waren die Assyrer in Aynwardo bereit, ihre Waffen abzugeben. Dennoch trauten sich die Menschen nicht, unmittelbar in ihre Ortschaften zurückzukehren.

Mein Großvater und seine Brüder blieben bis nach Ende des 1. Weltkrieges in Aynwardo. Er heiratete dort und wurde Vater; das erste Kind war eine Tochter. Bei der Rückkehr nach Midyat mussten sie feststellen, dass die meisten Häuser geplündert und zerstört waren. Es begann für sie eine Zeit des Wiederaufbaus in eine unsichere Zukunft. Meine Großeltern bekamen in Midyat noch drei Söhne und eine weitere Tochter. Auch meine Großmutter Havo überlebte mit ihrem ersten Sohn in Aynwardo. Sie heiratete in Midyat ein zweites Mal und wurde Mutter von insgesamt sieben Kindern, drei Söhnen und vier Töchtern.

Meine Mutter, heute 82jährig und in München lebend, ist das jüngste der Geschwister. Nach ihrer Geburt starb ihr Vater, und meine Großmutter musste die Kinder allein versorgen.

Der Großonkel meiner Mutter, Chorepiskopos Issa Griğo, war zu seiner Zeit einer der Notabeln Midyats und wirkte sogar zeitweise als Patriarchalvikar. Damit war er eines der führenden Kirchenoberhäupter der Stadt. Es wird berichtet, dass er während der Belagerung von Aynwardo eine führende seelsorgerische und motivierende Rolle gespielt hat. In den Jahren nach dem Genozid machte er viele aus Midyat und anderen Ortschaften entführte Kinder ausfindig, die 1915 zumeist von muslimischen Kurden verschleppt und islamisiert worden waren. Gegen ein *Kopfgeld* konnte er sie zu ihren Familien zurückbringen. Es kam auch vor, dass er armenische Waisenkinder mit nach Midyat brachte und sie so vor der Islamisierung schützte. In unserer Nachbarschaft in Midyat lebte solch eine Familie. Das armenische Mädchen Firdo war mit einem Assyrer verheiratet. Sie wurde die Schwiegermutter meiner Tante, einer Schwester meiner Mutter. Ihre Familie hatte ursprünglich in Urfa gelebt. Ihre Eltern wurden ermordet, und im Alter von zehn Jahren wurde Firdo entführt. Chorepiskopos Issa Griğo brachte sie nach Midyat. Dort wurde sie mit Davut Arslan verheiratet und bekam sieben Söhne und drei Töchter. Ihre Nachfahren leben heute zumeist in Deutschland und in Schweden. Jahrzehnte nach ihrer Heirat konnte ihre Familie ihre Brüder ausfindig machen, die im Libanon lebten.

Chorepiskopos Issa Griğo

Chorepiskopos Issa Griğo wurde Mitte der 1920er Jahre als Opfer der Regierung Atatürks, die – nach dem Aufstand von Sheikh Said – *Säuberungen* unter der traditionellen Elite von Kurden und Assyrern in der Südosttürkei durchführen ließ, verhaftet und hingerichtet.

Mit uns Kindern sprachen meine Großeltern kaum über ihre Erfahrungen während des *Sayfo*. Sie berichteten nur über die schönen Seiten ihrer Kindheit, über die Spiele von damals, über das Essen und die Kleidertraditionen. Sehr treffend schreibt Barbaros Altuğ in seinem Beitrag in diesem Band, dass die

Geschichten, die „unsere Ältesten von Zeit zu Zeit erzählten, möglicherweise die Vergangenheit veränderten, damit ein Kind sie verstehen oder sich an die guten Dinge erinnern konnte, um in einem anderen Land, in verschiedenen Ländern zu überleben." Das scheint eine universelle Erfahrung von Menschen zu sein, die Schlimmes in ihrem Leben erlebt haben. Sie wollen nicht das Leben und die Zukunft ihrer Kinder mit ihren eigenen Erfahrungen belasten. Heute weiß man, dass die unverarbeiteten traumatischen Erfahrungen über Generationen hinweg wirken. In diesem Sinne wurde bereits die Generation meiner Eltern aufgezogen. Als erste Nachkommen konzentrierten sie sich darauf, die Schule zu besuchen und ein Handwerk zu erlernen, in der Hoffnung, ihren Lebensunterhalt leichter bestreiten zu können. Die Überlebenden sprachen allerdings unter sich. Mit den anderen Alten, im kleinen Familienkreis. Mein Großvater war bekannt als jemand, der detailliert aus eigener Erfahrung über die Ereignisse und über die Verteidigung Aynwardos berichten konnte. Im Besitz eines Gewehrs, wirkte er an der Verteidigung Anywardos mit. Wenn sich abends die älteren Verwandten beim Großvater oder seinen Brüdern versammelten, drängte ich mich oft in die Runde und hörte den Gesprächen zu.

Migration nach Europa und Diaspora

Die Hoffnung meiner Elterngeneration auf ein besseres, friedliches und freies Leben erfüllte sich mit der Arbeitsmigration nach Europa zu Beginn der 1960er Jahre. Erleichtert wurde die Entscheidung, die angestammte Heimat zu verlassen, durch die schwierige Lage im Turabdin sowie durch die rechtliche Situation der Assyrer als nicht-türkische und nicht-islamische Minderheit in der türkischen Republik. Die ersten Gruppen von Assyrern – vornehmlich aus der Stadt Midyat – kamen in dieser Zeit als Gastarbeiter im Zuge des Anwerbeabkommens, das Deutschland im Oktober 1961 mit der Türkei geschlossen hatte. So kam mein Vater, Schneider von Beruf, 1963 nach Aalen. Im Rahmen des Familiennachzugs folgte 1967 zunächst meine Mutter, und später reisten meine jüngere Schwester und ich nach.

Der Prozess der Migration – auch aus dem Irak und Syrien – setzte sich in Schüben und über mehrere Jahrzehnte bis heute fort. Bereits in den 1970er Jahren entstand eine assyrische Diaspora in Deutschland, Schweden, in den Niederlanden, in Belgien und der Schweiz, in Österreich und Frankreich. Parallel zu der Gründung von Gemeinden und kirchlichen Strukturen haben Assyrer in diesen Ländern sehr früh auch zivile Organisationen aufgebaut: Sie gründeten Vereine und Zeitschriften, die ihre spezifischen sozialen, kulturellen aber auch politischen und historischen Belange erörterten. Das Thema *Völkermord* gewann mehr und mehr an Bedeutung, und der Schleier des Schweigens unter den Nachkommen lüftete sich langsam mit dem Engagement der Enkelgeneration.*

In der ursprünglichen Heimat der Assyrer, der heutigen Türkei, ist die Aufarbeitung des Völkermordes bis jetzt ein Tabu. Dennoch wirkt die Katastrophe bis heute bei den Nachkommen der Völkermordopfer als weitergereichtes Trauma nach, das Aufarbeitung und Gerechtigkeit fordert.

Erst mit ihrer Auswanderung nach Europa konnten die Hemmungen und Ängste meiner Elterngeneration überwunden werden, über den Genozid an ihrem Volk offen zu sprechen. Berichte darüber sind umfangreich in tausenden Asylanträgen von Assyrern/Aramäern belegt. Während meines Studiums an der Universität Erlangen/Nürnberg war ich zwischen 1979 und 1983 als erster bundesweit offiziell anerkannter assyrischer Dolmetscher beim Bundesamt für die Anerkennung ausländischer Flüchtlinge, damals in Zirndorf bei Nürnberg, tätig. Dadurch wurde ich in Anhörungen der Behörde, aber auch vor Gericht, Zeuge unzähliger Berichte, die ich aus dem Neu-aramäischen (Surayt) übersetzte. Oft habe ich auch für Armenier übersetzt, die keinen türkischen Dolmetscher haben wollten. Zwar gaben die meisten Antragsteller ihr persönliches Schicksal zu Protokoll und schilderten die Umstände ihrer Flucht, doch häufig verwiesen sie auch auf den Völkermord von 1915.

Als Presseverantwortlicher für den Zentralverband der Assyrischen Vereinigungen mit seinen europäischen Sektionen (in Österreich und der Schweiz)** nahm ich 1987 an einer hochrangigen Expertenkonferenz teil, die vom Armenischen Weltkongress, dem Armenischen Informations- und Dokumentationszentrum, in Zusammenarbeit mit der Gesellschaft für bedrohte Völker organisiert wurde. Thema war „Die Nationalitätenpolitik der Republik Türkei." Die Konferenz wurde als Tribunal mit einer unabhängigen Expertenjury im Rahmen der 3. Konferenz der KSZE (Konferenz über Sicherheit und Zusammenarbeit in Europa)

---

* Siehe Abdulmesih BarAbraham, *Sayfo – Eine blutende Wunde*, Vorwort in Gabriele Yonan, *Ein vergessener Holocaust. – Die Vernichtung der christlichen Assyrer in der Türkei. Eine Dokumentation,* Gesellschaft für bedrohte Völker, Reihe Pogrom, 2. Auflage, Göttingen, 2006.

** Von 1980 bis 1993 gehörte ich dem Vorstand des Zentralverbandes der assyrischen Vereinigungen in Deutschland mit seinen europäischen Sektionen an.

organisiert. Als Vertreter der Assyrer referierte ich über die politische und rechtliche Lage der Assyrer in der Türkei – mit Verweis auf den Völkermord.*

Mit dem Gerichtsprozess gegen den Pfarrer Yusuf Akbulut wurde man in Europa schließlich aufmerksam auf die leidvolle Geschichte der Assyrer in der Türkei und auf das Thema *Sayfo*. Im Oktober 2000 wurde Pfarrer Akbulut in der Türkei wegen seiner Äußerungen in der Zeitung Hürriyet vor dem berüchtigten Staatssicherheitsgericht in Diyarbakir der Prozess gemacht. In einem Interview hatte er gesagt, dass während des Völkermordes an den Armeniern auch Assyrer getötet worden waren. Am nächsten Tag veröffentlichte die Zeitung einen Artikel mit dem Titel „Der Verräter unter uns." Der Priester wurde verhaftet, nach mehreren Gerichtsverhandlungen (gemäß dem berüchtigten Artikel 312 des türkischen Strafgesetzbuches). Unter zunehmendem internationalen Druck wurde er schließlich im Jahr 2001 freigesprochen. Der Fall erregte höchste internationale Aufmerksamkeit und wurde von vielen Regierungsvertretern und Menschenrechtsorganisationen mit großem Interesse verfolgt.

Dieser Vorfall wirkte als Initialzündung für die Bemühungen der Assyrer, eine internationale Anerkennung des Genozids zu erreichen. Seither sind die Assyrer bestrebt, in der Weltöffentlichkeit und insbesondere bei den Regierungen des Westens auf Ihr Schicksal aufmerksam zu machen und aus dem Schatten des armenischen Genozids herauszutreten, um letztendlich eine Anerkennung als Völkermordopfer für sich zu erreichen. Hilfreich bei dieser Arbeit um internationale Anerkennung war die Veröffentlichung von umfangreicher, wissenschaftlicher Genozid-Literatur, insbesondere von historischem Quellenmaterial aus internationalen Archiven, mündlichen Überlieferungen von Überlebenden des Genozids und deren Nachkommen.

Dankbar bleiben die Assyrer Gabriele Yonan, einer deutschen Orientalistin, für ihre Pionierarbeit. Bereits 1978 erschien ihr Buch „Assyrer heute", das von der Gesellschaft für bedrohte Völker herausgegeben wurde. Das Buch thematisierte zum ersten Mal den Völkermord an den Assyrern in der deutschen Öffentlichkeit. Ein Jahrzehnt später (1989) folgte ihre umfangreiche Dokumentation „Ein vergessener Holocaust – Die Vernichtung der christlichen Assyrer in der Türkei". Darin veröffentlichte und bewertete sie bis dahin unveröffentlichte Dokumente aus verschiedenen Archiven. Insbesondere wurde von ihr eine in der Genozid-Forschung bis dahin wenig untersuchte Thematik erörtert, nämlich

---

* Dr. Tessa Hofmann, die ich damals zum ersten Mal traf und die auch einen Beitrag zu diesem Buch verfasst hat, referierte über den osmanischen Genozid.

die Rolle Deutschlands als Verbündeter und Berater der osmanischen bzw. jungtürkischen Militärmaschinerie. Sie belegte, dass aus Berlin sogar ideologische Unterstützung beim Aufruf zum Jihad gegen die Christen erfolgt war.

In der am 2. Juni 2016 von allen Parteien gemeinsam verabschiedeten Resolution des Deutschen Bundestages zur Anerkennung vom „Völkermord an den Armeniern und anderen christlichen Minderheiten in den Jahren 1915 und 1916" bekennt man sich auch „zur besonderen historischen Verantwortung Deutschlands." Im Hauptteil erwähnt der Beschluss, dass „Angehörige anderer christlicher Volksgruppen, insbesondere aramäisch-assyrische und chaldäische Christen von Deportationen und Massakern" ebenso betroffen waren.[*]

Vergleichbare Anerkennungen des Genozids mit Fokus auf oder Erwähnungen der Assyrer wurden inzwischen von einem Dutzend Parlamenten vollzogen. Schweden war 2010 das erste Land, zuletzt 2019 auch die USA. Seit den 1990er Jahren sind mehr als zwei Dutzend akademische Bücher und unzählige wissenschaftliche Artikel dem Thema *Sayfo* gewidmet.

Der in Schweden lebende Autor und Verleger Jan Bet-Sawoce gründete in den 1990er Jahren die *Mesopotamian Library,* die sich heute in der Universität von Södertörn befindet. In Zusammenarbeit mit Professor David Gaunt hat er das Buch herausgegeben, das maßgeblich zum internationalen Durchbruch bei der Anerkennung des *Sayfo* beigetragen hat: Bet-Sawoce hatte über zwanzig Jahre Hunderte von Interviews in Turoyo (Surayt) mit Überlebenden des *Sayfo* und ihren Nachkommen geführt. Angesichts der Tatsache, dass die Türkei seit der Gründung der Republik systematisch jeglichen Diskurs über die Ereignisse des Ersten Weltkriegs aus Sicht der Opfervölker verboten hat, kommt den mündlichen Überlieferungen eine große Bedeutung zu.

Die Bemühungen um die Anerkennung des Völkermordes an den Assyrern sind einhergegangen mit der Organisation von Konferenzen, Seminaren sowie Gedenkveranstaltungen – zumeist um den 24. April herum. Während einer langjährigen Initiative in München beispielsweise schlossen sich sogar Assyrer, Armenier und Pontosgriechen zusammen, um gemeinsam unter dem Motto „Mit einer Stimme sprechen" auf den Völkermord an der christlichen Bevölkerung des osmanischen Reiches hinzuweisen. Als Gäste und Redner waren Politiker aus Bund und Ländern, Genozid-Experten, Journalisten und hohe Vertreter von Kirchen geladen. Die jährlichen Gedenkveranstaltungen in München

---

[*] Siehe: http://dip21.bundestag.de/dip21/btd/18/086/1808613.pdf

(von 2004 – 2011) haben entscheidend zur Sensibilisierung der Politiker – weit über Bayern hinaus – beigetragen.

Die Organisationen der Assyrer waren seit der Jahrtausendwende auch bemüht, Denk- und Mahnmale zu errichten. Inzwischen gibt es einige an öffentlichen Plätzen. Darüber hinaus haben zahlreiche Kirchengemeinden auf ihren Grundstücken oder in der Kirche Tafeln angebracht, die die Erinnerung an *Sayfo* wachhalten. Die leitenden Gremien der syrisch-orthodoxen und syrisch-katholischen Kirche beschlossen 2015, den 15. Juni zum gemeinsamen Gedenktag an *Sayfo* zu erklären; denn im Juni 1915 begannen die Massaker an den Assyrern in Turabdin.

Man kann durchaus feststellen, dass nach über 100 Jahren das Bewusstsein und die Erinnerung an den Völkermord in allen Schichten unserer Volksgruppe erweckt werden konnte. Zudem ist *Sayfo* zu einer wichtigen Säule der assyrischen Identität auf der ganzen Welt geworden – und zwar über die konfessionellen Grenzen aller syrischen Kirchen hinweg. Eine wichtige Forderung der Assyrer ist, dass der türkische Staat sich zu seiner Verantwortung bekennt. Das gilt in gleicher Weise natürlich für alle Opfervölker des Genozids. Die Türkei darf sich ihrer Verantwortung nicht länger entziehen – unter dem Vorwand, die Türkische Republik habe nie in der Rechtsnachfolge der Jungtürkischen Regierung im Osmanischen Reich gestanden.

Die Vereinten Nationen und all ihre Mitgliedsstaaten sollten von der Türkei diesen Schritt einfordern und Armenier, Assyrer und Pontosgriechen bei der Durchsetzung dieser Forderung unterstützen.

Barbaros Altuğ

Meine Heimat ist die Sprache meiner Kindheitsträume

Aus dem Türkischen übersetzt von Abdulmesih BarAbraham

Als ich aufwuchs, zeigte ich kein Interesse für die Wurzeln meiner Familie oder die persönliche Geschichte eines jeden Mitglieds. Während meiner Kindheit schienen mir die Geschichten, die unsere Ältesten von Zeit zu Zeit erzählten, wie Märchen. Möglicherweise veränderten sie die Vergangenheit, damit das Kind sie verstehen oder sich an die guten Dinge erinnern sollte, um einmal in einem anderen Land, in verschiedenen Ländern überleben zu können.

Alle meine Großeltern sind in die Türkei eingewandert. Laut Stammbaum der Familie gehören meine Mutter und mein Vater zur ersten Generation, die in der Türkei geboren wurde. Jahre später erkannte ich, wie schwierig es für meine Großeltern gewesen sein muss, ihr ganzes Leben hinter sich zu lassen und eine neue Lebensgeschichte zu beginnen. Dies brachte mich dazu, über Einwanderer, Minderheiten und Exilanten in der Türkei nachzudenken, zu lesen und mir Notizen zu machen.

Ich beschloss, über dieses Thema zu schreiben und dabei nicht nur über meine persönliche Geschichte zu reflektieren, sondern auch über die zerbrechlichen Seelen, die mir dabei halfen zu verstehen, wie sie das Kartogramm der menschlichen Erinnerungen der Türkei gesponnen haben.

Nach meinem ersten Roman über junge Menschen, die nach den Gezi-Park-Ereignissen nach Deutschland ausgewandert waren, begann ich mit der Arbeit an einem Roman über den Völkermord an den Armeniern. Als ich im Zusammenhang mit diesem Roman im Rahmen eines Stipendiums der Hrant-Dink-Stiftung in Eriwan war, fand ich mich in einem zwar abgelegenen, aber sehr vertrauten Land wieder: das Essen, die Lieder, der Schmerz waren mir vertraut aus meiner Heimat, die einst auch ihre Heimat war. Später hielt ich in Den Haag in den Niederlanden anlässlich der Hrant-Dink-Gedenkfeier im Gastprogramm eine Rede vor Menschen, die aus der Türkei ausgewandert oder ins Exil geschickt worden waren, die Türkisch und Englisch sprachen, türkisches und armenisches Essen aßen, ihre Erinnerungen an ein Land miteinander teilten, das wir alle zurückgelassen, aber nie vergessen haben.

Ich denke, dass jedes Kunstwerk, das wir erschaffen, eng mit unserer persönlichen Geschichte und tief mit unseren Wurzeln verbunden ist, auch wenn wir uns dessen nicht immer bewusst sind. Die Dunkelheit und das Licht in uns untersuchen die historischen Linien, führen Ausgrabungen in uns durch, und wir extrahieren Erze aus Zellen, deren Existenz wir nicht einmal erahnt haben. Mit Hilfe der Kunst versuchen wir eine Antwort auf die Existenz zu finden; möglicherweise suchen wir nach einer Antwort, die wir niemals finden werden.

Sicherlich ist auch mein Problem, *dazwischen* zu sein und nicht zu wissen, ob man zu dieser oder zu jener Kultur in einem Land gehört. Mütterlicherseits wird erzählt, dass mein Großvater Griechisch und Französisch sprach, manchmal sogar besser als Türkisch. Mein Großvater siedelte im Alter von 30 Jahren in die Türkei um. Ich erinnere mich, dass er in meiner Kindheit ein Mann war, der nicht viel sprach. Er war ein mächtiger Mann innerhalb und außerhalb des Hauses, aber ich erinnere mich nicht an seine Stimme. Wenn ich jetzt in einer Stadt lebe, deren Sprache ich nicht spreche, und mich tief in mich versenke, verstehe ich ihn besser, obwohl ich manchmal mit mir selbst oder mit Menschen rede, die meine Sprache sprechen.

Die Sprache zieht offenbar eine Linie durch unsere Erinnerungen, und wahrscheinlich wird diese Linie zur Grenze unseres Heimatlandes. Vor Jahren war ich in Argentinien und betrat einen Silberwarenladen, um Geschenke zu kaufen. Ich war sehr überrascht, als ich bemerkte, dass der Ladenbesitzer und sein Sohn Türkisch miteinander sprachen. Dann hörte ich ihre Geschichten. Ihre Familie wanderte in den 1920er Jahren nach Argentinien aus, um dem Völkermord an den Armeniern zu entkommen. Dennoch hörten sie nicht auf, weiterhin Türkisch zu sprechen. Ich fand das sehr seltsam, damals zumindest. Wenn ich jetzt darüber nachdenke, habe ich Verständnis dafür: Vermutlich war die Sprache die einzige Verbindung zu ihrer Heimat. Die Erinnerungen einer Sprache sind wie Geruchserinnerungen: Wenn man ein Wort hört, kann man in seine Kindheit oder an Orte zurückversetzt werden, wo man sich sicher fühlte. Wenn es niemanden gibt, der in der Sprache spricht, die man in seiner Kindheit gesprochen hat, redet man mit sich selbst oder übermittelt das, was man zu sagen hat, in Schreibform. Mein Urgroßvater war kein Künstler, also sprach er wahrscheinlich mit sich selbst, während ich alles, was ich zu sagen habe, in meine Schriften gieße.

Gegenwärtig lebe ich in Deutschland, in einem Land, dessen Sprache ich nicht spreche, aber ich erinnere mich auf Türkisch, träume von der Vergangenheit und von der Zukunft auf Türkisch und befrage die Welt auf Türkisch ... Meine Heimat ist die Sprache meiner Kindheitsträume, wie die vieler Migranten, die aus ihren Heimatländern entwurzelt wurden. Und niemand kann uns aus dieser Heimat, die uns gehört, ins Exil schicken.

Sevgi Güleryüz

Haci Amca – Onkel Haci
oder Die Spuren der Vergangenheit

Es war vor Weihnachten. Ein trübes ungemütliches Wetter herrschte draußen. Die Straßen waren nass, die Bäume kahl. An Straßenrändern lagen immer noch die letzten leblosen braunen Blätter. Es hatte noch nicht geschneit. Als ob der Winter vor der Tür stünde, aber sich nicht traute hineinzukommen.

Wir waren zu dritt auf dem Weg nach Holland, nach Arnheim. Ich, Müge und ihr Mann. Unsere Freunde aus Istanbul, eine Musikergruppe, waren auf Konzerttournee durch Europa. Wir wollten sie dort treffen und vielleicht auch mit nach Deutschland nehmen.

Wir trafen uns im Eingang einer Konzerthalle, wo sie am nächsten Tag auftreten sollten. Nach sehnsüchtigem Wiederfinden und Umarmen sagte meine Freundin Irem aus Istanbul, dass noch eine Freundin aus der Gegend, aus Arnheim zu uns in die Halle kommen würde, und dass wir erst danach gemeinsam in ein Café gehen könnten. Nach einer halben Stunde kam die erwartete Freundin, ein sieben- bis achtjähriger Junge an ihrer Seite.

Sie umarmte meine Freundin aus Istanbul mit Tränen in den Augen. Eine rührende Szene, die einen betroffen machte. Ich ahnte, dass die beiden Frauen durch eine unausgesprochene Tatsache, durch eine bestimmte Geschichte unzertrennlich aneinander gebunden waren. Sie blieben ein paar Sekunden umschlungen, als ob sie sich nach einer Katastrophe trösten würden.

„Das ist Selma, meine Freundin aus Arnheim", sagte Irem schließlich, „und dieser pfiffige Junge heißt Manuel, er ist Selmas Sohn." Selma war eine zierliche Frau, ihre aschblonden glatten Haare waren kurz, sie hatte ein unauffälliges rundes, ungeschminktes Gesicht. Ein Muttermal an ihrem rechten Stirnrand fiel ins Auge. Manuel klammerte sich an die Hand seiner Mutter. „Lasst uns den Tag nicht hier in der kalten Halle verbringen. Gibt es in der Nähe ein gemütliches Café?", fragte ich. Selma hob winkend ihren Arm, und wir fuhren mit zwei Autos hintereinander in die Stadt. An solchen Tagen, wie vor Weihnachten, sind die Städte in Deutschland voller Autos. Hier in Holland war es nicht anders. Nach ein paar Runden in engen Straßen fanden wir endlich einen Parkplatz für unsere Wagen. Wir folgten Selma. Schließlich zeigte sie uns ein Caféhaus, aus dem man direkt auf den Marktplatz blicken konnte. Wir setzten uns in eine Ecke am Fenster. Die Stadtmitte war der nahenden Abenddämmerung zum Trotz bunt erleuchtet und voller Menschen. Sie füllten den breiten Marktplatz, wo sich die Gerüche von süßlich bis herzhaft, von gerösteten Mandeln, Fisch und Kartoffeln ineinander mischten. Während wir im Café saßen, ging Selma mit ihrem Sohn auf den Weihnachtsmarkt. Kurze Zeit später kam sie mit frittierten Kartoffeln in der Hand zurück. Sie stellte den Pappteller in die Mitte und bot uns an. „So leckere Fritten findet ihr in Deutschland bestimmt nicht", sagte sie, „greift zu!" Keiner bewegte seine Hand, außer Manuel. *Manuel, ein christlicher Name, bestimmt ist Selma mit einem Holländer verheiratet,* ging mir durch den Kopf. Aber ich habe mich nicht getraut zu fragen. Schließlich würde sich das so anhören, als wäre ich nationalistisch und würde darauf großen Wert legen, ob man mit einem Türken oder Europäer verheiratet ist.

Wir saßen eine Weile im Café und hörten zu, wie die beiden Freundinnen aus der Seele sprachen. Ich verstand nicht viel, worum es ging. Ich ahnte lediglich: Es war politisch, jemand war in höchster Gefahr und brauchte dringend Hilfe. Es klang alles wie ein Rätsel für Außenstehende. Aber wir waren daran gewöhnt, in solchen Angelegenheiten keine Fragen zu stellen. Höchste Diskretion war angesagt. Je weniger man weiß, desto besser für die Betroffenen. Erst einen Monat nach diesem Treffen, erfuhr ich, dass der Mann dieser geheimnisvollen Frau spurlos verschwunden gewesen war. Er wurde gefoltert und dann wieder freigelassen.

Schließlich stand Selma lächelnd auf und zog ihren Mantel an. „Meine Eltern warten auf uns. Lasst uns gehen", sagte sie. Es war üblich unter anatolischen Menschen, dass jeder Gast zum Essen eingeladen wurde, und die Gäste aus entfernten Gegenden, ob gute Bekannte oder nicht, über Nacht blieben. Selma kannte uns gar nicht. Sie war lediglich die Freundin meiner Freundin. „Wir wollen sie nicht stören, wirklich nicht", sagte meine Freundin Müge. „Bitte, machen Sie sich keine Umstände unseretwegen ...", sagte ich beschämt. Schließlich kamen wir unangemeldet, und wir waren zu dritt. Die Gruppe aus Istanbul war schon bei Selma untergebracht. Sie hakte sich bei uns ein: „Meine Eltern freuen sich immer auf Gäste. Die Freunde meiner Freundin sind uns immer willkommen", sagte sie auf eine herzliche Art. Sie hielt ihren Sohn Manuel an der Hand und lief uns voraus. Wir fuhren, verteilt auf zwei Autos, hintereinander zu ihren Eltern.

Als wir vor der Tür einer Wohnung in einem Mehrfamilienhaus standen, klingelte Selma. Nach ein paar Sekunden wurde die Tür geöffnet. Die warme Luft, eine Mischung aus frisch gerösteten Zwiebeln und getrockneter Minze, breitete sich aus der Wohnung ins Treppenhaus aus. Eine ältere Dame mit hochgekrempelten Ärmeln empfing uns freundlich an der Tür. Sie wischte ihre nassen Hände an ihrer Küchenschürze ab. „Kommt herein, herzlich Willkommen." Sie umarmte uns so herzlich und mütterlich, als ob wir uns schon seit je kannten.

Neben dem Schuhschrank im Eingang waren für uns alle Pantoffeln bereitgestellt. Die Dame nahm uns die Jacken und Mäntel ab. Sie beugte sich, die Arme weit ausstreckend, dem Jungen zu: „Mein Manuel, hast du auch Hunger? Selma, habt ihr euch irgendwo lange aufgehalten? Wir haben schon auf euch gewartet."

Selma stellte uns ihrer Mutter vor. Wir redeten sie als Tante an, wie es bei älteren Menschen in Anatolien üblich ist. Die Anrede *Herr* oder *Frau* wird nicht sehr herzlich aufgenommen. Je nach kleinem Altersunterschied, pflegt man entweder großer Bruder (Abi) oder große Schwester (Abla), bei großem Altersunterschied Tante (Teyze) oder Onkel (Amca) zu sagen. Nermin Teyze erweckte einen sehr fürsorglichen Eindruck. Ihre glatten schwarzen Haare hatte sie seitlich gekämmt und die Strähnchen an den Schläfen hinter die Ohren gesteckt. Nermin Teyze zeigte uns das Wohnzimmer.

An der rechten Seite stand ein großer, gedeckter Esstisch. In der Ecke stand ein geschmückter Weihnachtsbaum. *Wegen des Enkelkindes, Manuel, haben sie wohl einen Weihnachtsbaum hingestellt. So sind die Kinder. Sie eifern den deutschen oder holländischen Familien nach.* Daneben, an der Wand hing ein hölzernes Kreuz. *Ein Kreuz?! Wieso ein Kreuz? Einen Weihnachtsbaum kann ich verstehen, aber eine muslimische Familie würde doch niemals ein Kreuz an die Wand hängen! Eigenartig.*

Von der linken Seite kam uns ein recht großer, älterer Mann mit ergrauten Haaren, buschigen schwarzen Augenbrauen entgegen. Er begrüßte uns mit einem Lächeln. Ein Goldzahn glänzte zwischen seinen Lippen. Er erinnerte mich sofort an meinen Opa. *Wie er ihm ähnelt ... In seiner Körpergröße, schlank und groß wie eine Statue, mit seiner breiten Stirn mit Geheimratsecken ..., seinem Goldzahn ... Er ist auch in dem gleichen Alter wie mein Opa.*

„Ich bin Selmas Vater, mein Name ist Haci[*]", sagte er, „bitte setzt euch." Wir drei setzten uns auf die Couch, während Selma und Irem in der Küche Nermin Teyze halfen.

---

[*] *Haci* bedeutet der nach Mekka Gepilgerte oder der Pilgerer nach Mekka. Der Begriff wird im islamischen Glauben sowohl als Titel als auch als Vorname für Männer benutzt.

„Aus welcher Gegend seid Ihr?", fragte er, seine Augenbrauen neugierig hochziehend. Die Denkfalten auf seiner Stirn waren tief wie die Falten, die seine Wangen in der Mitte in zwei teilten. Er sah aus wie die älteren Menschen aus Anatolien, nicht wie die hier in Europa. *Das Altern im Süden ist anders. Das harte Leben auf dem Land hinterlässt tiefe Spuren im Gesicht. Man bekommt ein Gesicht wie eine Baumrinde, wenn man dort altert.*

„Aus Dortmund, Deutschland", antworteten wir. „Nein, das meine ich nicht. Aus der Türkei, aus welcher Stadt seid ihr?", fragte er wieder. Mein Staunen wurde immer größer: Seine Mundart war ländlich, dieselbe regionale Mundart wie von meinem Opa. Müge sagte, dass sie aus dem Westen der Türkei kommt, aus Aydin Söke. Ihr Mann aber stamme aus Tunceli. Er sah mich fragend an. „Ich komme aus der Provinz Sivas", sagte ich beiläufig, das Foto an der Wand betrachtend: Ein junger Mann von zwanzig, zweiundzwanzig Jahren, lächelnd, angelehnt an eine Ziegelsteinmauer neben einem Rosenbusch ... eingerahmt, verewigt. Ein einziges Foto auf der großen Wandfläche. *Wer mag das sein? Der Sohn? Der Bruder ...? Haci Amca** vielleicht, in seinen jungen Jahren?* Haci Amca sah, dass ich auf das Foto starrte: „Das auf dem Foto ist ... mein Sohn ...", erwähnte er stotternd. Eine seltsame Stille herrschte im Raum. Müge und ihr Mann guckten verlegen auf den Boden. *Irgendetwas muss mit diesem jungen Mann geschehen sein ... Ein Unglück? Unfall? Krankheit?*

„Aus der Stadt Sivas oder aus einem Vorort?"

„Bitte! Ach, ich komme aus einem Vorort."

„Aus welchem Ort genau? Aus welcher Kreisstadt?"

Müges Mann meinte ironisch: „Sie ist aus Kayseri, Haci Amca, sie will es nur nicht sagen." Er wollte mich ärgern, weil ich Kayserianer nicht unbedingt mochte. Sie waren so übertrieben fromm.

„Ich komme aus der Kreisstadt Gemerek, Haci Amca." „Direkt aus Gemerek, oder aus einem Dorf?", fragte er unnachgiebig. „Haci Amca, Sie werden es bestimmt nicht kennen. Ich komme aus einem Dorf." „Doch, ich kenne die Gegend sehr gut. Wie heißt denn das Dorf?" „Çepni (Tschepni). Sagt es Ihnen was?" „Und ob! Meine Mutter stammt aus Çepni. In meiner Jugend habe ich

---

* Eine Ironie des Schicksals, dass ein armenischer Christ Haci genannt werden muss, um am Leben bleiben zu können.

** *Haci Amca*: Onkel Haci

dort in Çepni und in der Umgebung, in Eşikli (Eschikli) und Çat (Tschat) regelmäßig Holz verkauft."

„Ach, wirklich? Was für ein Zufall! Haben Sie dort auch Verwandte? Zu welchen Familienstämmen gehören Sie? Dann kennen Sie bestimmt einige aus Çepni."

„Nein ich kenne keinen persönlich und habe auch keine Verwandten dort ... Meine Mutter ... Sie musste mit drei Jahren das Dorf verlassen." „Warum?" „Sie überlebte den Massenmord ..."

Massenmord? Was für ein ... Oh mein Gott! Das hölzerne Kreuz an der Wand! Der Weihnachtsbaum! Manuel! Das Enkelkind heißt Manuel! Ich ersticke! Um Himmels Willen!

„Eine türkische Nachbarin hatte Erbarmen mit ihr. Sie hat meine Mutter, damals ein kleines Mädchen, tagelang versteckt. Später wurde sie nahe Kayseri, in ein anderes Dorf geschickt und von einer Familie aufgenommen. Dort wuchs sie auf ..."

Nie habe ich mich so schuldig gefühlt, wie an jenem Tag, in diesem Moment, soweit ich zurückdenken kann. Das war meine erste Konfrontation mit der Wahrheit, der verschwiegenen verstummten Wahrheit. Zum ersten Mal in meinem Leben stand ich vor einer armenischen Familie. Eine Familie, die mich herzlich aufgenommen hatte. Eine armenische Familie in Arnheim, deren Vorfahren in meinem Dorf in der Türkei ermordet wurden – vielleicht sogar von meinen Vorfahren ermordet wurden!

Später erfuhr ich, dass der Sohn auf dem Foto, ein politisch aktiver Student, von der Polizei in Istanbul erschossen worden war. Der kleine Manuel sollte den Namen seines Onkels verewigen.

Während Haci Amca die Geschichte seiner Mutter ganz nüchtern, wie eine Szene aus einem Film erzählt hatte, wünschte ich, im Boden zu versinken. In seiner Stimme war keine Gefühlsschwankung zu erkennen, kein Schimmer von Hass, Wut oder Verbitterung.

Nermin Teyze trat mit einem Suppentopf in der Hand ins Wohnzimmer ein:

„Lasst uns essen, bevor die Suppe kalt wird!"

Verschwiegen und vergessen

In den folgenden Sommerferien war ich bei meinen Großeltern in der Türkei, in Çepni. Der Besuch in Holland ging mir nicht aus dem Kopf. Mein Entsetzen über die bittere Konfrontation verfolgte mich Tag und Nacht. Ich wollte mehr über das Schicksal der Armenier in unserem Dorf erfahren. Ich schämte mich zutiefst. Ich fühlte mich schuldig, dass ich davon nichts gewusst habe. Ich sprach mit meinem Opa darüber und fragte, ihn beschuldigend, ob nicht wenigstens ein einziger Mensch sich gegen diese Massaker gestellt hätte. Ich beschuldigte jeden im Dorf, sah in jedem einen Mörder. Wie kam es dazu, dass tausende, abertausende Menschen von anderen *Menschen*, die sich für etwas Besseres hielten, in den Tod geschickt, niedergemetzelt, abgeschlachtet wurden? Warum? Wie konnte das passieren?

„Ich war damals doch noch nicht auf der Welt", erzählte mein Opa, „erst 18 Jahre später wurde ich geboren. Ich weiß es auch nur vom Hörensagen. Die Armenier seien selbst schuld, sagte man, sie hätten zuerst angefangen ... Sie hätten die Türken hintergangen, sagte man. Ich war noch klein, als sie noch darüber redeten, wie die Soldaten die Armenier damals exportierten. Die Armenier wurden wohl zum Auszug gezwungen. Sie wurden wohl Richtung Kizilirmak (Roter Fluss) geführt und viele, die sich dagegen wehrten, wurden in den Fluss getrieben und mit Steinen auf den Kopf geschlagen. Man hat sie wohl nicht erschossen. Die Kugel wären zu teuer gewesen, um sie zu erschießen. Man habe die Armenier aus allen umliegenden Dörfern; Burhan, Dendil, Çat (Tschat), Eşikli (Eschikli) ausgetrieben und nach Sevkiyat Deresi, zur *Exportationsschlucht* geführt. Dort habe man sie auch hinab in die Schlucht gestürzt ... Einige Kinder wurden wohl von Dorfbewohnern versteckt und gerettet ..."

In dem Dorf, das ich 1980 verließ, hatte ich weder in meiner Kindheit noch später, wenn ich in den Ferien meine Familie besuchte, jemals etwas über den Genozid gehört. Die Menschen sprachen einfach nicht darüber. Weil sie es vergessen wollten? Weil sie nicht mit dem Schuldgefühl konfrontiert werden wollten? Wenn man heute darüber sprechen möchte, ist es gewiss, dass man als Landesverräter gebrandmarkt wird.

Die Spuren der Vergangenheit findet man dennoch:

Im Dorf steht noch eine mittelalterliche Kirche, die wie eine stumme Zeugin trauert. Ein Wohngebiet, *Gavur Mahallesi*,[*] und ein Brunnen, *Gavur Pinari*, deuten in unserem Dorf auf die dunkle Vergangenheit: In dieser Gegend müssen Armenier gelebt haben.

---

[*] *Gavur* bedeutet ungläubig. Die Christen werden allgemein so bezeichnet. Es ist eine negative, herabwürdigende Bezeichnung.

Von den Dorfbewohnern erfuhr ich, dass in unserem Dorf noch ein paar armenische Familien bis Ende der 1990er Jahre gelebt hätten. Diese Familien sind heute ausgestorben. Sie alle hatten aber türkische Namen, so dass sie nicht auffielen. Durch den Spitznamen *„gavurs Sohn"* wussten die älteren Menschen, dass diese Personen armenischer Herkunft waren. Wir Kinder haben diesen Hintergrund nie verstanden.

Das Wort *Ermeni* (Armenier) wurde nicht benutzt. Zumindest habe ich es nicht wahrgenommen. Was ich viel später mit Entsetzen feststellen musste, war, dass die armenischen Namen als Schimpfwörter benutzt wurden. Ich habe aber damals nie verstanden, dass diese für mich unverständlichen Schimpfwörter wie Hatschik, Esagir oder Kirkor armenische Vornamen waren.

Erst in den Anfängen der 2000er Jahre nahm ich diese beschämende Realität wahr, als ich die Biographie eines Überlebenden las und diese Vornamen dort vorfand.

Zufällig entdeckte ich in einem Buch, das die Bevölkerungsdichte und die Einwohnerzahl der Armenier vor 1915 in Anatolien dokumentierte, in dem sogar mein Dorf Çepni registriert war, dass in meinem Dorf 1350 armenische Menschen gelebt hatten. Ich spreche hier nur von einem kleinen Dorf. Man möge sich die gesamte Türkei vorstellen.

Um die Menschen vor weiteren Gräueltaten und Genoziden zu bewahren, wie in der Türkei oder in Deutschland, dürfen Verbrechen an der Menschheit nie in Vergessenheit geraten.

Februar 2018

Ali Ertem

Die Sprache, die die Berge trägt

oder „Warum ich mich für den öffentlichen Kampf zur Anerkennung des Genozids entschieden habe"

Aus dem Türkischen übersetzt von Abdulmesih BarAbraham

Ich danke den Herausgebern für die Einladung zur Teilnahme an diesem Buchprojekt. Ein Buch, das dazu dienen soll, den von der Türkei geleugneten Völkermord im öffentlichen Gewissen zu verankern.

*

Ich bin in meiner Jugend indirekt Zeuge von drei großen Ereignissen geworden, die mein Gewissen tief erschüttert haben und mich zwangen, mein Leben lang darüber nachzudenken.

Das erste war der Mord an einem Armenier, der nach dem Genozid an den Armeniern mit seiner Mutter und seinen beiden älteren Schwestern in unser Dorf verbannt worden war. Die Mutter wurde *muslimisch*, um das Leben ihrer Kinder zu retten. Das zweite Ereignis war die Hinrichtung und Ermordung des ASALA-Kämpfers (Armenische Geheimarmee zur Befreiung Armeniens) Levon Ekmekçiyan durch die Junta des 12. September 1980. Das dritte Ereignis war die Verhaftung und Folterung meines Bruders, der an den Folgen seiner Folter sterben musste, weil er ein Linker war. Diese Ereignisse sind so schmerzhaft für mich, dass ich sie nicht schildern kann. Aber ein viertes Ereignis ganz anderer Art werde ich beschreiben. Es hat mein Leben von Grund auf verändert.

Ich wurde 1950 in Güllü geboren, einem sunnitisch-muslimischen Dorf, fast ausschließlich analphabetisch. Mit circa 500 bis 600 Einwohnern gehörte es zur Gemeinde Ş. Koçhisar in Zentralanatolien. Die ersten zwei Jahre nach meiner Geburt waren sehr schwierig. Die meisten Nächte habe ich bis in die Morgendämmerung geweint. Meine Eltern suchten ein Heilmittel, genau wie alle anderen Dorfbewohner, die in ihrem Leben nur selten die Schwelle einer Arztpraxis oder einer Apotheke überschritten hatten, in Amuletten*, die sie durch *Heiler* [zumeist muslimische Kleriker, sogenannte Hocas] erstellen ließen.

---

* Die Gebetssprüche für „Genesung" werden in der Regel in arabischen Buchstaben geschrieben und in den meisten Fällen ist ihre Bedeutung selbst dem Autor unbekannt. Sie wurden in mit Wachs versiegelte Tücher gewickelt und um den Hals des leidenden Kindes gehängt oder an seine Schulter geheftet.

Schließlich wurde ein Amulett von dem Hocas unseres Nachbardorfes Şabanlı zum *Heilmittel für mein Problem!* Meine Eltern belohnten ihn reichlich. „Gott hat die Gebete des Hocas erhört", sagten sie.

In dem Alter, als ich begann zu verstehen, was geredet wurde, und langsam sprechen lernte, schickte mein Vater mich mit meinem vier Jahre älteren Bruder in die Koranschule. Hier wurde mir beigebracht, alles im Unterricht auswendig zu lernen. Hier lernte ich Gewalt gegen Kinder kennen und sogar Folter in der Dorfschule. Eine Erziehung im Sinne einer *gotteswürdigen Dienerschaft und eines prophetenwürdigen Mohammedaners.* Wenn ich auch selbst nicht gefoltert wurde, reichten die Szenen des Grauens, die sich oft vor meinen Augen wiederholten, aus, um mich zutiefst zu schockieren. Dennoch verließ ich die Religionsschule als *ein durchaus religiöses muslimisches Kind.*

Aufgrund unserer dürftigen finanziellen Verhältnisse war meine achtjährige Grund- und Mittelschulzeit in der Türkei von Armut geprägt. Nichtsdestotrotz, die Schulbänke, die ich gedrückt habe, erzogen mich als einen *stolzen Türken* und als einen Schüler, der *allzeit* bereit ist, *seine Existenz der Existenz des Türkentums zu widmen.**

Meine fünfjährige Schulausbildung verdanke ich meiner Schwester, die 30 km von unserem Dorf entfernt, verheiratet im Dorf Mustafacik lebte; denn in unserem Dorf gab es keine Schule. Das erste Jahr der Mittelschule absolvierte ich in Niğde-Aksaray und die folgenden zwei Jahre in Ankara-Şereflikoçhisar, wo ich meinen Abschluss machte. Trotz meiner Dankbarkeit und inniger Bitten war es meiner Familie nicht möglich, mich, der ja nur eins ihrer sieben Kinder war, auf eine weitere Schule zu schicken. Keines der Internate, die ich aufgesucht hatte, akzeptierte mich nach dem Abschluss der Mittelschule. So lernte ich als Kind auch, dass öffentliche Bestechung oder Diskriminierungen Tatsachen sind. In dieser bedrückenden Zeit kam ich nach Ankara, in der Hoffnung auf einen Ausweg.

---

* Eid der Türken: In den Grundschulen betrat der Lehrer morgens die Klasse und sobald er die Kinder mit „Guten Morgen!" begrüßt hatte, waren sie [stehend] bereit, ihren Eid zu leisten: „Ich bin ein Türke, aufrichtig, fleißig. Mein Prinzip ist es, meine Jüngeren zu schützen, meine Älteren zu achten, meine Heimat und meine Nation mehr zu lieben als mich selbst. Mein Ideal ist es aufzusteigen, vorwärts zu gehen. Mein Dasein soll der türkischen Existenz ein Geschenk sein."

Eines Tages fand ich eine Zeitung im *Jugendpark,* dem einzigem Ruhe- und Unterhaltungsplatz von Ankara, auf einer Bank. Ich las und las, blätterte und entdeckte eine Anzeige der *Arbeitsagentur*: „Deutschlands Ruhr-Kohle-Unternehmen stellt Mittelschulabsolventen als Elektro-, Dreher- und Bergbaulehrlinge ein. Interessierte können Anträge stellen."

Sofort steckte ich die Zeitung ein und lief zum Arbeitsamt. Bei der Behörde sagte mir der Beamte, der sich mit den Anträgen befasste, er könne meine Bewerbung nicht annehmen, ich sei noch minderjährig. Kurz entschlossen bat ich einen älteren Mann, einen uns bekannten Hotelangestellten, mich als *Vormund* zum Antragsprozess zu begleiten. Dankenswerterweise überließ er seine Arbeit seinem Stellvertreter, und glücklich konnten wir bei der Arbeitsagentur das Bewerbungsverfahren abschließen.

Die Dinge entwickelten sich dann schneller als ich erwartet hatte. Zehn Tage nach meiner Bewerbung wurde eine Gruppe von 250 bis 300 Personen einem *Qualifikationstest* unterzogen. Nach zwei Tagen wurden die Ergebnisse bekannt gegeben. Die überwiegende Mehrheit der Teilnehmer hatte den Test nicht bestanden. Auf der Gewinnerliste stand mein Name in einer Gruppe von fünf Elektriker-Lehrlingen. Dieser Erfolg bedeutete noch nicht, dass alles vorbei war. Innerhalb von zwei Wochen gab es noch eine ärztliche Untersuchung, die von einem deutschen Arzt in Begleitung eines Dolmetschers durchgeführt wurde. An diesem Tag zogen wir uns bis zur Unterwäsche aus. Der Arzt untersuchte uns alle von Kopf bis Fuß, einen nach dem anderen. Die Ergebnisse wurden direkt nach Abschluss der Untersuchung von einem Dolmetscher mitgeteilt. Einige von denen, die *nicht geeignet* waren, reagierten still und traurig, andere verließen den Saal weinend.

Nach Abschluss der Untersuchungen händigte man uns die Anwerbeunterlagen der Ruhr-Kohle AG aus und gab uns eine dreiwöchige Frist, um unsere Passverfahren abzuschließen und uns von unseren Familien zu verabschieden.

Sofort kaufte ich ein Ticket und fuhr zurück nach Ş. Koçhisar und von dort in mein Dorf. Meine acht Tage daheim verbrachte ich mit meiner Familie, manchmal mit Freunden aus meiner Kindheit, die mich einluden. Meine Mutter und meine Geschwister waren sehr traurig, als der Moment der Trennung kam, wo ich mit meinem Vater nach Ankara zurückkehren musste. Sie umarmten mich immer wieder und weinten. Auch ich konnte meine Tränen nicht zurückhalten. Die Abfahrt des Minibusses, der uns schließlich zur Kreisstadt bringen sollte, erleichterte unsere Trennung. Meine Mutter überreichte mir unsere sorgfältig zubereitete Proviantasche, als unser Fahrzeug sich auf den Weg machte.

Das nötige Passverfahren konnte eine Woche nach der Ankunft in Ankara abgeschlossen werden. Als letzte Vorbereitung für meine Reise haben mein Vater und ich mir einen Koffer, Kleidung und Unterwäsche von den Marktständen gekauft, die gebrauchte Artikel anbieten. Als wir in der Busgarage ankamen, von wo aus mein Vater ins Dorf zurückfahren musste, war es an der Zeit mich auch von ihm zu verabschieden. Nie habe ich mich ihm so nah gefühlt wie an diesem Tag. Die Schwierigkeiten, die er für mich erlitten und die Opfer, die er gebracht hatte, zogen wie Filmszenen an meinen Augen vorüber; ich wurde von einer tiefen Traurigkeit erfasst. Wir kauften ihm hastig ein Ticket, die Zeit war knapp, der Bus fuhr gleich los, und in dem Moment, als ich meinem Vater um den Hals fiel, weinte ich wie ein Kind. „Sei nicht traurig, mein Sohn, du gehst, um deine Zukunft zu retten, du solltest glücklich sein", sagte er. Aber es war klar, dass er ebenso traurig war. Nachdem er mich herzlich umarmt hatte, sagte er: „Möge Gott dir Erfolg bescheren, mein Sohn", und stieg mit feuchten Augen in den Bus.

Als wir an einem der letzten regnerischen Frühlingstage im Istanbuler Amt für *Arbeitsvermittlung* ankamen, war ein Gerangel, ein heilloses Durcheinander. Außer unserer Gruppe waren Hunderte von Arbeitern dort, die etwas älter waren als wir. Einer der Beamten rief Namen von einer Liste aus, die er in der Hand hielt, und gab jeder Person eine Fahrkarte, eine Informationsbroschüre und ein Esspaket für die dreitägige Zugfahrt. Darauf erschien ein *hoher Staatsbeamter* auf dem Balkon über uns. Er hielt eine *feurige Rede,* die mit den Worten „Meine lieben Landsleute" begann. Er sprach so, als würde er sich an Soldaten wenden, die *für eine heilige Mission* in den Krieg zogen, und nicht an Lehrlinge und Arbeiter, die nach Deutschland zum Lernen und Arbeiten aufbrachen. Seine Rede endete mit den Worten „Wohl dem, der sich als Türke bekennt!" – Donnernder Applaus brach aus.

Die erste und längste Zugreise meines Lebens begann am Mittag des 20. November 1964 vom Bahnhof Istanbul-Sirkeci – nach Deutschland. Nachdem wir am Münchner Bahnhof umgestiegen waren, brachte uns der Zug am 24. November 1964 in die Stadt Essen. Nach einer ärztlichen Untersuchung teilte man uns in drei Gruppen von je 25 Personen. Am Abend wurde meine Gruppe nach Dortmund-Marten, *Stadtteil Pestalozzi-Dorf* – benannt nach dem Schweizer Pädagogen und Politiker Johann Heinrich Pestalozzi – gebracht, wo wir bei deutschen Familien untergebracht wurden. Nach der Begrüßung zeigte man uns unsere Zimmer. Wir hatten einen sympathischen deutschen Mitbewohner in dem Dreibettzimmer, das mir und meinem Freund aus Konya zugewiesen worden war. Wir schüttelten ihm die Hand, und er sprach Deutsch, das wir nicht verstehen konnten, mit einem Lächeln, das uns klar machte, dass er sich vorstellte und uns „willkommen" hieß. Diese Bergmannsfamilie war sehr nett zu uns. Sie behandelten uns wie ihre eigenen Kinder. Mit ihren Enkeln pflege ich bis heute noch Kontakt.

Jahre vergingen. Nach dreieinhalb Jahren hatten wir ausreichend Deutsch gelernt und unsere Berufsausbildung erfolgreich abgeschlossen. Das erste Jahr meines Arbeitslebens verbrachte ich als *Grubenelektriker,* während ich im zweiten Jahr für die neu ankommenden Minenarbeiter aus der Türkei dolmetschte.

Die wichtigsten Phasen des Wandels in meinem Leben aber verbrachte ich in Bochum. Hier begann meine Ausbildung zum Elektrotechniker an der Technischen Hochschule auf der Herner Straße. Gern besuchte ich auch die Ruhr-Universität am Rand der Stadt. Was mir eines Tages dort ein armenischer Student, der an der Fakultät für Geschichte studierte, über *Völkermordvorwürfe* sagte, erschütterte mich. – Welches Leid sollen meine Vorfahren den Armeniern 1915 angetan haben!!! Dies empfand ich als eine tiefe Beleidigung. Ich habe in meinem Leben nie daran gedacht, dass sich mir der Vorwurf für den Rest meines Lebens einprägen würde: dass der Vorwurf sogar meine „Rettung" nach Links zum Scheitern bringen würde, dass die Wahrheitsfindung ein langwieriger Prozess sein würde. Immer wieder kämpften die Gefühle wie Scham, Empathie und Trauer in mir. Ein großer Schmerz! Ein großer Schmerz! – Hatte ich als türkischer Schüler doch genau das Gegenteil gelernt. Der einzige Weg, diesen Schock zu verarbeiten, war der durch Forschung und Analyse, so dachte ich. Aber um meine intellektuelle Persönlichkeit zu finden und zu stärken – so wurde mir in den Gesprächen mit dem armenischen Studenten klar –, würde ich mehrmals stolpern müssen, während ich über den Völkermord an den Armeniern (und den Völkern wie Assyrer-Aramäer, Pontosgriechen und Eziden, die das gleiche Schicksal teilten) recherchierte und die Werke studierte, die diesen Völkermord bezeugten.

Letztendlich hat das Lesen der Werke von Johannes Lepsius, Jakob Künzler, Yves Ternon, Fridtjof Nansen, Vahakn Dadrian, Mihran Dabak, Franz Werfel, Tessa Hofmann, Wolfgang Gust, Benjamin Ortmeyer, Konstantinos Fotiadis, mir die Augen geöffnet – und weitere Forschungen, das Lesen von Artikeln, Biografien und Romanen trugen zur Erweiterung meines Horizonts zu diesem Thema bei. Von deutschen Intellektuellen habe ich wertvolle Informationen über den Völkermord an den Armeniern und insbesondere über den Holocaust erfahren. Über Jahre habe ich die Reden und die konkreten Forderungen aus den

Gedenkveranstaltungen vom 24. April aufmerksam verfolgt. Jedes Mal erhielt ich neue Informationen, die mich jedes Mal aufs Neue erschütterten und zu neuen Wegen motivierten. Während meiner Phase der Gewissensbildung über zwanzig Jahre habe ich gelernt, dass ich kein Recht habe, von irgend jemandem etwas in Bezug auf ein Thema zu erwarten, mit dem ich selbst nicht im Reinen bin. Ich habe erfahren müssen, dass türkische Regierungsverantwortliche und Bildungseinrichtungen offiziell lügen.

Im Gegensatz zu den Klassenkampf-Forderungen linker Parteien begann ich zu erkennen, dass das Thema – das Wort *Völkermord* und insbesondere *dessen Leugnung* die Arbeiterklasse – die Masse der Arbeiter rassistisch prägt, ihre Augen *blind* und sie zu willigen Komplizen derer macht, die sie gegen die Menschen aufwiegeln, die durch den Völkermord gelitten haben und noch heute leiden.

Mit einem Gefühl von stetig wachsendem Vertrauen habe ich mich bemüht, diese Gedanken verschiedenen Organisationen und Persönlichkeiten im linken Spektrum zu vermitteln. Aber meine Einladungen zur Zusammenarbeit an diesem Thema brachten bis auf einige Ausnahmen keinen Erfolg. Während unserer gemeinsamen Gedenkveranstaltungen am 24. April 1996 und 1997 wurde ich Zeuge von Versuchen linker Gruppen, die *nur* teilnahmen, um den Völkermord für ihre politisch-ideologischen Interessen zu missbrauchen, anstatt *die Leugnung des Völkermords öffentlich zu verurteilen*. (Als ich noch mit linken Gruppen Kontakt hatte, war meine Haltung nicht anders.) Diese Situation zwang mich – ich lebte damals in Frankfurt – zu einem gemeinsamen Schritt mit einigen türkischen, armenischen, georgischen, kurdischen, assyrisch-aramäischen Freunden, denen ich voll und ganz vertraute: Am 26. September 1998 versammelten wir uns in einem Vereinslokal in Frankfurt-Ostend und gründeten den *Verein der Völkermord-Gegner* (türk.: Soykırım Karşıtları Derneği – SKD).[*] Von diesem Moment an begann unser seit zweiundzwanzig Jahren andauernder, – wenn auch *stiller, so doch entschlossener* – Kampf in Selbstaufopferung und Geduld um GERECHTIGKEIT *gegen die Verleugnung*.

In den ersten Jahren fehlte es nie an ideologischem Druck und Drohungen der türkischen Presse gegen den Verein. Ich habe das als Zeichen empfunden, dass

---

[*] Um die drohenden Risiken zu vermeiden durften Angehörige der Völkermord-Geschädigten zwar Vereinsmitglied werden, aber keine Verantwortung im Vorstand oder in anderen Gremien übernehmen. Das nahmen sie mit Verständnis entgegen. Jetzt haben wir selten ein Mitglied aus Opfer-Völkern.

wir auf dem richtigen Weg waren. Leider wurde die öffentliche Arbeit, die wir in Frankfurt durchführen wollten, von Anfang an durch das türkische Konsulat und durch die von ihr gelenkten Vereine blockiert.

Bei unserem ersten Besuch in Armenien am 24. April 1999 sahen wir uns ernsthaften Provokationen gegenüber: Der türkische Staat hatte einen Agenten bei uns eingeschleust. In der Gründungsversammlung wurde dieser in den Vorstand gewählt. Er nutzte den Mangel an Wissen und Unerfahrenheit unserer Freunde aus, um die Vereinsarbeit zu blockieren oder in falsche Richtungen zu lenken. Auf demagogische Weise schaffte er es sogar, die Mehrheit des Vorstandes zu beeinflussen. So war es möglich, dass unsere erste Erklärung* mit verleumderischem Inhalt gegen die Republik Armenien im Namen der Mehrheit des Vorstandes des Vereins der Völkermordgegner durchgesetzt wurde. Das war eine bittere Niederlage für mich. Dennoch, unser Besuch im Namen der *Vereinigung für Gerechtigkeit gegen Verleugnung und Verleumdung* am Mahnmal mit Niederlegung von Kränzen und Blumen zu Ehren und im Gedenken der Opfer des Genozids hatte ein großes Echo – nicht nur in Armenien, sondern auch in der armenischen Diaspora ausgelöst. Die Tatsache, dass ich als Vorsitzender im Namen unserer Delegation direkt mit allen Institutionen und Persönlichkeiten zu tun hatte, hat glücklicherweise eine Provokation (durch verleumderische Flugblätter) vereitelt.** Die Aufmerksamkeit und Gastfreundschaft, die uns entgegengebracht wurden, unterstrichen die Ernsthaftigkeit unseres Handelns und die schwere Last und Verantwortung auf unseren Schultern.

Wir haben sehr viele wertvolle Erinnerungen gesammelt und emotionale Momente erfahren. Während unseres Besuchs in der Region Talin gehörte der

---

* Das Flugblatt mit dem Titel „Offener Brief an das armenische Volk" behauptete, ohne einen einzigen Beweis vorzulegen, dass bei der Verhaftung von Abdullah Öcalan, dem PKK-Führer, und dessen Übergabe an die Türkei die Behörden der Republik Armenien „die Finger im Spiel gehabt" hätten. Trotz der Bemühungen von Ali Ertem konnte diese unbegründete Behauptung nicht aus der Erklärung gestrichen werden.

** Nach Beendigung unserer Mission führte eine erfolgreiche Debatte zu einer konsequenten, ideologischen Auseinandersetzung. Der Agent haute ab, kehrte in die Türkei zurück, und ein kämpferisches Vorstandsmitglied, das den Verein in eine politische Partei hatte verwandeln wollen, legte sein Amt nieder und trat aus. Wir konzentrierten und konzentrieren uns weiterhin auf den Kampf für GERECHTIGKEIT.

Gouverneur der Region zu den Gastgebern, die uns begrüßten. Beim Abendessen, das uns zu Ehren gegeben wurde, beendete er seinen Toast mit den folgenden Worten:

„Wir haben 84 Jahre lang unseren Blick auf die Spitze des Ararats gerichtet und auf unsere Nachbarn gewartet, von denen wir hofften, dass sie von der anderen Seite kommen würden. Wir hofften, dass es eines Tages auf der anderen Seite vom Ararat Menschen geben würde, die es nicht tolerieren würden, dass die im Todeskampf befindliche Gerechtigkeit weiterhin mit Füßen getreten wird. Es ist, als würde ich den Tag erleben, auf den wir gewartet haben. Ich erhebe mein Glas zu Ehren von Euch Friedensbotschaftern von der anderen Seite des Ararat und erinnere dabei an ein armenisches Sprichwort, an das ich aufrichtig glaube: ›Gerechtigkeit mag leiden, aber sie stirbt nie!‹"

Unsere Pressekonferenz zum Anlass unseres Besuches fand große Beachtung. Wir wurden mit einigen sehr interessanten Fragen konfrontiert. Vor allem die Frage eines armenischen Intellektuellen, der auf die Sackgasse hinwies, in der wir uns befänden, war ebenso Anlass zum Gelächter im Saal wie unsere Antwort darauf. Die Frage, die er direkt an mich richtete, war Folgende: „Ich verstehe Euch nicht! Woher nehmen Sie Ihr Vertrauen? Sie haben einen Staat, der seine Völkermordverbrechen seit fast einem Jahrhundert schamlos bestreitet und die Menschheit herausfordert. Werdet Ihr ihn zum Umdenken bewegen?"

Meine Antwort darauf: „Ich möchte Ihnen für Ihre berechtigte Frage danken, die vor übermäßigem Optimismus warnt. Wenn Sie mir erlauben, möchte ich Ihnen die Anekdote von der ›Sprache, die die Berge trägt‹ erzählen, die mir in Maos Schriften begegnet ist und Licht in unsere Situation bringt ... Eines der Oberhäupter einer seit vielen Jahren in einer Bergregion Chinas lebenden Familie organisiert eines Tages ein Treffen, um die Beschwerden der Familienmitglieder anzuhören. Zuerst ergreift der älteste Sohn das Wort: ›Der Berg, der auf unser Land gepflanzt ist, behindert unseren Lebensunterhalt, verhindert, dass unsere Felder Sonne bekommen. Wir haben keinen anderen Ausweg, als dieses Land zu verlassen.‹ Der mittlere Sohn, der sich in die Diskussion einmischt, gibt seinem Bruder Recht und ist ebenso für die Suche nach einer neuen Heimat. Als der jüngste der Söhne an der Reihe ist, sagt er: ›Lasst uns tun, was wir tun müssen, verkaufen wir das Land hier und kaufen uns eine schönere Heimat.‹ Der Vater, der seinen Söhnen liebevoll zugehört hat, erwidert darauf: ›Meine Söhne, dies hier ist seit Generationen unsere Heimat. Unser jahrhundertealter

Todesacker, unser Friedhof, liegt direkt neben uns. Wir haben unsere glücklichen und traurigen Tage auf diesen Äckern verbracht. So wie diese Äcker unsere Vorfahren nicht verhungern ließen, werden sie auch uns nicht verhungern lassen. Anstatt das Land zu verlassen, lasst uns den Berg abtragen, der seinen Schatten auf unser Land wirft.‹ Die Söhne erwidern: ›Vater, bist du verrückt? Wie kann der Berg entfernt werden?!‹ Der Vater antwortet: ›Nein, meine Söhne! Ich bin mir dessen wohl bewusst, was ich sage. Wir werden diesen Berg aus unserem Land entfernen!‹ und ergänzt, › noch heute werde ich Hacke, Schaufel und die Karre nehmen und mit der Arbeit beginnen. Ich weiß, dass mein Leben nicht ausreichend sein wird, aber ihr werdet weitermachen. Ich weiß, dass auch Euer Leben nicht reichen wird, aber Eure Kinder werden weitermachen. Vielleicht werden auch deren Leben nicht ausreichen, aber ihre Kinder werden den Berg weiter abtragen. Eines Tages wird dieser Berg von seinem Platz abgehoben sein."

Mit diesem Gedanken machten wir uns auf den Weg. Mit Geduld und Vertrauen wollen wir die Vorurteile abbauen und das Eis brechen, das durch 105 Jahre Lügen, Verleugnung und Verleumdung entstanden ist. Wir vertrauen den Fakten und dem öffentlichen Gewissen. Vielleicht werden wir nicht in der Lage sein, die Manifestation von GERECHTIGKEIT für das armenische Volk und die anderen Völkermordopfer, die das gleiche Schicksal mit ihm teilen, zu erleben. Aber wir vertrauen darauf, dass die Generationen nach uns unseren Kampf fortsetzen werden. Eines Tages wird das armenische Volk Gerechtigkeit erlangen, die Wunde des Völkermords wird verarztet werden. Die türkische Nation wird lernen, die menschlichen Tugenden wiederzufinden, und wird begreifen, was Bedauern, Trauer, Scham und Respekt dem armenische Volk gegenüber bedeuten. Oder sie wird zugrunde gehen!

*Janine Altounian**

„Meine drei Diwane"**

In Worte setzen, die Vorfahren beisetzen, sich von ihrem Einfluss absetzen

Der Text „Meine drei Diwane" von Janine Altouniane wurde als Erstveröffentlichung in deutscher Sprache 2000 im Jahrbuch der Psychoanalyse, Band 42 von Friedrich-Wilhelm Eickhoff herausgegeben. Wir danken dem Verlag frommannholzboog für die freundliche Genehmigung zum Abdruck als Beitrag in unserer Anthologie. Die Herausgeber.

*

Den Titel „Meine drei Diwane" entnehme ich dem Vorwort meines Buches „Ouvrez-moi seulement les chemins d'Arménie." Un génocide aux déserts de l'inconscient. („Öffnet mir nur die Wege Armeniens." Ein Völkermord in den Wüsten des Unbewussten) (Altounian 1990), um hier meine schriftliche Aufarbeitung, die ich 1975 nach einer ersten Analyse angefangen habe, darzustellen. Nachfolgend meine Gründe:

Vom fürchterlichen Diwan, der 1915 für die Meinen die Deportationserlasse, die zu Schrecken und Tod führten, verkündete, haben mich im Nachklang ihrer tödlichen und rettenden Schattenbilder die Erzählungen, Tränen und Gebete des wunderbaren großmütterlichen Diwans, verbunden mit der Gemütlichkeit

---

[*] J. Altounian ist Germanistin und seit 1970 Mitübersetzerin von Freud, dabei für die Harmonisierung in dem Lektorenteam bei PUF für die Gesammelten Werke von Freud verantwortlich. In Paris von armenischen Eltern geboren, die dem Genozid von 1915 entkommen sind, beschäftigt sie sich außerdem mit dem Thema der psychischen Übertragung eines Kollektivtraumas an die Nachkommen von Überlebenden und den Möglichkeiten seiner Bearbeitung.

[**] Elise M. Hayman Award Lecture 1997 for the Study of the Holocaust and Genocide. 40. Kongress der IPV in Barcelona. Eine veränderte Fassung wurde unter dem Titel "Putting into Words, Putting to Rest and Putting aside the Ancestors" im International Journal of Psychoanalysis. (1999) 80, 439-448, Copyright © Institute of Psychoanalysis veröffentlicht.

der kleinen Kaffeekränzchen, der Strickarbeit, der Nadel- und Ausbesserungsarbeiten an dem Leben sowie den nostalgischen Empfängen ihres „Sedir"* der tausendundeinen Überlebenskünste tatsächlich bis zum Analytikerdiwan geführt.

Diese uralte Wiege mit ihren vielen Kissen und Kelims, sinnbildlich für sämtliche in der Heimat hinterlassenen Wärmegefühle, thront ehrwürdig und schützend, nüchtern und glänzend in meinem Gedächtnis. In meiner Erinnerung ähnelt sie dem seltsam vertrauten und genauso wenig westlichen Diwan der *Berggasse*, den diese Wiege – in Wirklichkeit später – als Kontrapunkt auf meinem Weg hervorgerufen hat. Sie gab mir Zugang zum Freudschen Diwan, der mich so oft in die Ferne des Unbewussten eingeladen hatte und mich nun weit weg zur Großmutter einlud, wo ich hörte, was meine betrübte Ahnfrau mir überliefert hatte:

- Die Wunden einer anderen Königin:

Um Euer Herz zu bewahren, habe [ich kein Behältnis [...]	Pour garder votre coeur, je n'ai pas où [le mettre
Denn außerhalb Armeniens bin ich [letztlich nichts	Car hors de l'Arménie enfin je ne suis rien
	(Corneille 1651, Nicomède)

- Warnungen als Begleitung für meine Analyse:

Bereitet Euch vor, Eure trostlosen [Länder zu sehen,	Préparez-vous à voir vos pays désolés.
Bereitet Euch vor, überall auf Eurem [Grund und Boden	Préparez-vous à voir par toute votre terre
das grauenhafte Toben des Krieges, Berge von Toten, Ströme von Blut zu sehen!	Ce qu'ont de plus affreux les fureurs de [la guerre, Des montagnes de morts, des rivières [de sang

---

* Der „Sedir" (arabisch-türkischer Ausdruck) verweist meistens auf einen einfachen und ärmlichen Lebensrahmen. Das „Sofa" (arabischer Ausdruck), das auf eine viel reichere Umgebung, mit Kissen und Teppichen verweist, entspricht mehr der Erinnerung, die ich daran habe. Der Diwan (persischer Ausdruck) bezeichnete ursprünglich gleichermaßen eine Sammlung grundsätzlicher Texte und eine Sammlung von Gedichten, ein metonymisches Sinnbild, das gleichsam wesentliche Wörter und den Ort ihres Auftauchens ausdrückt, das buchstäblich auf den Rahmen der Analyse, wie sie von Freud institutionalisiert wurde, anwendbar ist.

- die Suche von einem Diwan zum anderen:

Über Euer Bithynien will ich nicht [regieren:	Je ne veux point régner sur votre [Bithynie
Öffnet mir nur die Wege Armeniens,;	Ouvrez-moi seulement les chemins [d'Arménie;

- eine handwerkliche Tradition, die mit dem Wenigen, was vorhanden war, sich zu helfen wusste und mir gebot, die Reden der drei Diwane zu flechten, zu „binden", damit nichts von diesem engen Gebinde in die Maschen des Leugnens fällt.

Also griff ich als Einführung zur Dichtung Corneilles und auch zur Metapher der drei Diwane, um meine Arbeitsmethode, die sich ohne jeglichen Vorsatz so entwickelt hat, zu veranschaulichen. Ich habe immer wieder versucht, die blutigen Fäden der kollektiven Geschichte und die vereinzelten Fetzen des psychischen Leidens ins Geflecht meines kindlichen Vergnügens an den Erzählungen eines verlorengegangenen Anderswo einzuweben, eines Vergnügens, das sich später, als ich Schülerin wurde, in meine Bindung zur Literatur verwandelt hat. An diesem Scheideweg lernte ich vermutlich denken und schreiben.

Kommt nicht jedem Kind von Emigranten, die eine Vernichtung überlebt haben, die belastende Aufgabe zu, eine fast unmögliche Übersetzung eines absoluten Exils aus einem nicht mehr vorhandenen Ort vorzunehmen, bei der angestrebt wird, Leben und Sinn der elterlich vererbten Spuren wiederherzustellen und sie – für sich selbst, aber auch für jene, die es in sich trägt – in diese neue Welt seines Exils, einzugliedern? Das Kind muss tatsächlich diese Welt, in der seine Familie überlebt hat, glaubwürdig und lebenswert gestalten, um dort für sich selbst leben zu können (Altounian 2000). Zweifellos ist es der Versuch, diesen Rückstand abzutragen, dass ich mich im Laufe meiner Analyse dazu entschlossen habe, eine Reihe von Artikeln über die psychische Übertragung des Traumas auf die Nachkommen der Überlebenden des armenischen Genozids von 1915 (Dadrian 1989, 1995; Davis 1989, Ternon 1996) zu schreiben, die anschließend in der oben erwähnten Sammlung zusammengefasst wurden. Eine Erinnerung aus meiner Schulzeit lieferte den Hinweis zur Erklärung, wie diese Notwendigkeit zu schreiben in mir entstand; was ich genaugenommen gar *nicht gerne* tue und mir vorher nie vorgenommen hatte. Bekanntlich werden die Taten von Kindern von Überlebenden kaum vom *eigenen Verlangen* bestimmt, in irgendeiner Weise *wiedergefundene, geliebte* bzw. *betrauerte* Objekte zu besetzen, sondern vor allem von der Schuld ihren überlebenden und verstorbenen

Vorfahren gegenüber diktiert, einen Preis für das ihnen geschenkte Leben zu zahlen, das sie unverhältnismäßig teuer bezahlten.

Damals erweckten in mir die Schularbeiten, die die Schilderung eines Waldspaziergangs oder Ferien auf dem Land zum Thema haben sollten, das schmerzliche Gefühl, dass mir das offenbar natürliche Verhältnis, das meine Klassenkameraden zu den Landschaften des lieblichen Frankreich zu hegen schienen, vollkommen fremd war (Altounian 1990). Für die Meinigen bedeutete die Erinnerung an Naturräume weder ein Bummeln durch die Felder noch malerisches Gebüsch, sondern die Märsche der Deportierten durch die anatolische Wüste, die es um des Überlebens willen galt, möglichst nicht ins Gedächtnis zurückzurufen! Zwar konnte man sie mit anderen Überlebenden aus diesen höllischen Landschaften andächtig wachrufen, aber die *Schule* des Gastlandes verlangte ihrerseits diese bemerkenswert belanglosen Aufsätze über die Anmut der Jahreszeiten. Für jene Emigranten der zwanziger Jahre, die aus ihrem Lebensraum mit Gewalt herausgerissen wurden, erstarrt vor einer schweigenden Welt, die von den dort ungestraft hinterlassenen Massengräbern nichts wissen wollte, für jene sogenannten ‚Gastarbeiter', die sich überdies wegen der Papiere, die zum Leben und Brotverdienen berechtigen, ständig sorgen mussten, gehörte zwar das Ernähren und Beschützen ihrer Sprösslinge jenseits der fürchterlichen Vergangenheit zu ihrem trauerumhüllten Horizont mit seinen ungewissen Grenzen dazu, aber sie waren auf gar keinen Fall bereit, mit ihnen auf dem Lande angesichts der fehlenden Großeltern zu spielen und sie in die Worte, die die kleinsten Freuden des Lebens verschönern, einzuweihen!

So entstand in mir durch meine ständig mangelnde Anpassung an die gestellten Anforderungen – seitens einer republikanischen und befreienden, aber in Verleugnungen verwurzelten Schule oder seitens eines wahrheitsdurchdrungenen, aber eingeengten und durch Opfergefühle einengenden Elternhauses – dieses Gefühl der Ausgeschlossenheit, das in jedem Kind durch das Missverstehen der Erwachsenen, die es weder anerkennen noch sich selbst in ihm anerkennen können, ausgelöst wird.

Für diejenigen, deren Eltern nur zufällig die Zerstörung ihrer Nation überlebt haben, bedeutet jedes Verhältnis zum anderen einen Gleichgewichtsverlust in dem zur Norm *gehörigen* Austausch zwischen ihnen und den anderen. Durch ihre selektive Wahrnehmung erkennen sie das Nichtgesagte, das den identitätsstiftenden Positionen ihrer im Moment *nicht ausrottbaren* Partner vorausgeht, die die störenden Katastrophen unseres Jahrhunderts als Zuschauer erleben. Sie selber sind mit der anderen, *ungehörigen* Seite vertraut, die sich den

Bewohnern des anderen *Lagers*, desjenigen der Augenzeugen bzw. Erben des Unmenschlichen offenbart: In einer Gemeinschaft, die ein Massentrauma überlebt hat, stellen die Einverleibung der betrauerten Objekte, die Unwirksamkeit des Verbots, das durch das zum Gesetz gewordene Morden außer Kraft gesetzt wurde, die sexuelle Undifferenziertheit mit inzestuösen Auswirkungen (Racamier 1995) und die Dekulturation im Exil eine schwere Belastung für den Prozess der Übermittlung dar. Angesichts dieser düsteren Abstammung empfindet das Kind von *Heimatlosen* die Zermalmung seiner Identität und seines Geschlechtslebens als doppelte Fessel, gleichzeitig heilig und ungehörig, eine Fessel, die infolge eines intimen und skandalösen Wissens des Kindes über die Übertretungen bei seiner Geburt zur Beeinträchtigung seiner Entwicklung zur Selbstständigkeit und seiner Beziehungen zu anderen führt. Im Nachhall zur Welt der *weißen Psychose* (Donnet/Green 1973) könnte diese Fessel *weißer Inzest* genannt werden. Denn bei der Einhaltung der damaligen Normen wären zunächst seine Eltern keine Ausnahme von der *Regel* des Todes für alle gewesen, und zum anderen hätten sie als Waisen – indifferenzierte Brüder und Schwestern –, vereint durch das Erleben des gleichen Weltuntergangs, welcher für die anderen Erdenbürger verborgen und unsichtbar war, keine Nachkommen gezeugt.

Was mich selber angeht, war ich zwischen einer Familiengeschichte ohne Widerhall nach außen und einem Außen ohne Beziehung zu einem Zuhause hin- und hergerissen und gezwungen, Brücken zu schlagen, musste einen zu intimen und leidenschaftlichen Text über mein Erbe *öffentlich machen*, genauer gesagt, mich einschalten, um ihn in den öffentlichen Bereich der Geschichte zurückzuversetzen, um meine Trauer endlich privat aufarbeiten zu können. In der Tat gibt es im globalen Umfeld der Diaspora-Armenier im Allgemeinen keine Bezugswerte zur eigenen kollektiven Geschichte. Der 1915 verübte Völkermord, zu dem sich der Nachfolgestaat nicht bekennt, ist im westlichen Gedächtnis nicht verankert, denn er geschah auf der östlichen Seite des geopolitischen Zusammenhangs im Ersten Weltkrieg, eines Zusammenhangs, der sich offenbar als *unzeitgemäß* für die heutigen wirtschaftlich-politischen Ziele mit der Türkei erweist. All das, was in der Familiengeschichte jedes einzelnen Diaspora-Armeniers zum Bruch und zur Entwurzelung geführt hat, das, was seine jetzigen unbewussten Entscheidungen zur Folge hat, steht nicht mehr *auf der Tagesordnung in den Nachrichten* seines Wohn- und Lebensortes. Sogar wenn er sich in einem neugierigen und rezeptiven Umfeld aufhält, muss er öfters seine Identität zu erkennen geben und erklären, warum er da unter den anderen lebt;

dabei muss er sich selbst sozusagen zum zweiten Mal verleugnen, denn darf einer behaupten, daß er wirklich als Sohn seiner Vorfahren existiert, wenn er erläutern muss, wer er ist und woher er kommt? Möglicherweise hat mich eine Art Herausforderung zum Schreiben getrieben, weil ich eine Antwort auf folgende Frage gesucht habe: Können die Nachkommen von Überlebenden eines nicht anerkannten Völkermordes in ihrem Namen sprechen (Altounian 2000)?

Die Kinder von Überlebenden leben in einer tiefen Spaltung, denn sie wurden ihrer Bezugswerte, die für die Feststellung ihrer Identität ausschlaggebend sind, beraubt. Aufgrund ihrer paradoxen Lebenslage müssen diese Kinder eine Dissoziation erdulden: sie stellen die Mensch gewordenen Schösslinge dar, die allen Widersachern und Gegnern zum Trotz lebendig sind, und deren Abstammung *verborgen* bleiben muss. Durch einen solchen Einfluss unterliegen sie gewissermaßen einem Symbolisierungsverbot bezüglich der Bestimmungsmerkmale ihrer Geschichte unter den Mitmenschen. Ist dies nicht genau die Schnittstelle zwischen den soziopolitischen Privilegien und den psychischen Fähigkeiten? Jeder, der den seine Geburt begleitenden Zusammenbruch ausdrücken kann, ist ihm dadurch ein wenig entkommen, und jeder, der fähig ist, Menschen zu unterwerfen oder zu vernichten, hat sich als wesentliches Ziel gesetzt, ihre Selbstfindung, ihre psychische und kulturelle Kreativität zu vernichten oder zu ersticken. Die Fähigkeit, zu symbolisieren und sich als Teil einer Abstammungslinie zu begreifen, ist zweifellos das Privileg schlechthin. Ich habe mir vorgenommen, eine Parallele herzustellen zwischen dem Wesensmerkmal des *Geheimnisses*, das die Historiker zur Charakterisierung des Völkermordes *hervorgehoben* haben, und dem Gefühl der Illegitimität, das die Vermittlung dieser Schande für die Menschheit bedeutet (Ternon 1994, 11). Dabei habe ich die Besonderheiten der Abstammung infolge eines im Geheimen durchgeführten und erlebten kollektiven Traumas hinterfragt:

Wie kann der undenkbare Inhalt dieses geheimen Verbrechens in der Psyche verweilen? Welche Kluft bewirkt er bei den Nachkommen der Überlebenden im Hinblick auf ihr Körperbild, auf ihre identitätsstiftenden Positionen, auf ihr Verhältnis zum eigenen Namen und zur Welt?

Sämtliche von mir geschriebenen und von 1975 bis 1988 in „Les Temps Modernes" veröffentlichten Beiträge, zu denen „Terrorisme d'un génocide" (Terrorismus eines Völkermordes) aus dem Jahre 1982 gehört, in dem ich das

Deportationstagebuch meines Vaters vorstelle*, verleihen dem Buch, das erst 1990 als Sammlung erschien, den Status eines Leichentuches, das einen leidenden, heterogenen Körper umwickelt und beerdigt. Die Übersetzung und Veröffentlichung dieses Tagebuches wie auch die intellektuelle Untermauerung mit analytischen Überlegungen ermöglichen gewissermaßen die *Sozialisierung* einer *unstatthaft* gewordenen Abstammung. Erst durch eine Analyse, andererseits auch auf *kultureller* Ebene dank der sprachlich-symbolischen Vermittlung des Übersetzers und des Verlegers konnte ich zu diesem Text überhaupt eine Verbindung herstellen; dabei trugen die sprachliche Übersetzung und die Edition eines *Manuskripts* faktisch zur Verarbeitung einer Triangulierung bei, also zur Schaffung einer Distanz. Die Arbeit dieser Vermittler, die aus einem nicht zu verarbeitenden Urtext – der Originalversion – einen Zieltext erstellt haben, machte es möglich, daß ich die Wörter eines Vaters, dessen Erzählungen die nagenden Spuren eines symbiotischen Zuhörens in mir hinterlassen hatten, objektiv *lesen konnte*, und trug selbstverständlich gleichermaßen zu einer psychischen Übersetzung bei.

Wie die analytische Überlegung über die generationsübergreifende Übertragung des Traumas zeigt, wird der traumatische Einbruch in erster Linie durch das Zum-Scheitern-Bringen der vermittelnden Strukturen, der sozialisierenden und kulturalisierenden Bindungen ausgelöst (Kaes 1989 und 1993). Daher war der Leitgedanke bei meinen Texten – im Hinblick auf ein individuelles psychisches Erlebnis, aber auch im Hinblick auf eine Kollektivgeschichte – das entfremdende Erleben einer Nicht-Antwort, eines Schweigens des anderen, die Überquerung einer Welt ohne Bindungen. Es lag mir am Herzen, eine Zerstörung zu bezeugen, die über die 1,5 Millionen Opfer hinaus auf noch drastischere Weise die Vernichtung einer Kultur und der Identitätsträger, die sie begründen, bewirkt hat. Um dieses Erlebte herauszufordern und ihm ein Dementi

---

* Der Artikel „Terrorismus eines Völkermords", veröffentlicht 1982 kurz nach dem ersten spektakulären Anschlag armenischer Terroristen in Paris (Geiselnahme im türkischen Konsulat im Sept. 81), besteht aus: 1) meiner Vorstellung dieses Manuskripts, das ich als unannehmbar und unbenutzbar empfunden habe, solange nicht ein Ereignis das Schweigen der Medien zu dem armenischen Problem gebrochen hatte, 2) dem Tagebuch des Vahram Altounian: Alles, was ich in den Jahren 1915 – 1919 erlitten habe, übersetzt und kommentiert von Krikor Beledian und 3) einem Nachwort des Übersetzers, der diesen wilden Text, in türkischer Sprache geschrieben, aber in armenischem Alphabet, unter die zahllosen identischen Augenzeugenberichte der Katastrophe einreiht.

entgegenzustellen, habe ich mich auf einen mehrere Jahre dauernden Weg gemacht.

Im Laufe dieser Jahre mussten zunächst unzählige Verbindungen geknüpft werden, bevor mir diese *Veröffentlichung* im vollen Sinne des Wortes vorstellbar und möglich erschien. Selbstverständlich existiert diese Sammlung nur durch bzw. aufgrund ihres Kerns, des väterlichen Textes und meiner möglich gewordenen Beziehung zu dem Tagebuch, in dem mein Vater seine Deportation als junger vierzehnjähriger Armenier beschreibt. Gemäß dem Motto dieses Vortrages „In Worte setzen, die Vorfahren beisetzen, sich von ihrem Einfluss absetzen" kann diese Sammlung also betrachtet werden als der Versuch, ein kollektives und individuelles Trauma in Blick und Text einzusetzen, in einen Text, der nachträglich als Grabstätte in der Zeit einer anderen Generation und einer anderen Kultur dient. Der an Corneille angelehnte Titel *„Öffnet mir nur die Wege Armeniens"* bietet eine Art dezenten Grabsteins, der dazu dient, die Wirklichkeit des Untertitels: *Ein Völkermord in den Wüsten des Unbewussten* zu bedecken.

Meine Arbeit zeigt im Grunde genommen meine Beziehung zur Schule des Anderen, die trotz der Ambiguität, die sie durchdrungen und produziert hat, die Stelle als vermittelnde Instanz eingenommen hat, so daß ich ein ursprünglich unerträgliches Erlebnis durch Schaffung der sprachlichen und notwendigerweise psychischen Distanz wieder in Worte bringen konnte. Ich habe die Sprache des Anderen benutzt, um meine eigene nicht vorhandene Sprache zu umgehen. Mit dem Umweg über diese Sprache habe ich versucht, über ein Erlebtes zu schreiben, das in einer ihrer Symbolträger beraubten und durch den Völkermord, die Zerstreuung und das Exil entwurzelten Muttersprache nicht wiederherzustellen ist, welche aus allen diesen Gründen weder entstehen, noch sich der Welt öffnen, geschweige denn mit Vergnügen und Liebe übertragen werden konnte.

In der Tat ist die paradoxe und tragische Botschaft, die zwischen der Mutter, der Umwelt und dem Kind dieser Geschichte mit Worten nicht ausgedrückt werden kann, etwas wie seine eigene Verneinung: „Wir übergeben Dir ein Leben ohne symbolische Bezugspunkte"; und wenn das Kind erstickt, weil es das gespenstische, entfremdende Anderswo seiner Eltern, die seine einzigen Führer und Beschützer sind, zu sehr in sich aufnimmt, ist es für sie keineswegs ein Objekt der Besetzung, existiert selbst für niemanden, weder zu Hause, noch draußen. Aus diesem Grunde, sowie in einer Analyse das Schweigen des Analytikers der Spiegel ist, in dem die Festigkeit des entstehenden Subjekts sich widerspiegelt, sowie auch die Sprache des anderen zur Festigung der eigenen Sprache als Sprachrohr benutzt werden muss – wobei die Analyse nicht nur als Heilverfahren anhand von Wörtern, sondern als Heilmittel für die durch Verfälschung oder brutale Not belasteten Wörter zu verstehen ist, genauso kann die befreiende Trauerarbeit nur *im Schutze* der anderen Sprache stattfinden. Nur die Übersetzung in die Sprache des Anderen, die aufgrund ihrer Andersartigkeit eine Grenze für das Verbot und die Kastration bedeutet, kann die Verdrängung bewirken und die neuen potentiellen Objekte benennen, die besetzt werden können. Infolge der schwachen Primäridentifikation stehen dem *weisen Säugling* nur Überreste von elterlichen Texten ohne Zusammenhang zur Verfügung; da er aber aufgrund der *fremden* Sprache von einer archaischen Mutter mit ihrer Aufforderung, sich *nützlich* und *vernünftig* zu verhalten, befreit wurde, schafft er eine Vielfalt von neuen Voraussetzungen und findet darin endlich das bislang unbekannte Vergnügen, in einer anderen, aus geringer Entwurzelten bestehenden Umwelt mit dem Abbild seines Schicksals spielerisch umgehen zu können. Da alle Wortvorstellungen des Exilkindes von einer unmöglichen Trauer überschattet waren, ist es nunmehr in der Lage, durch die Freude an der Sprache des anderen jenen Schatten zu beseitigen und dessen Macht zu stürzen.

Die Wahl der Worte Corneilles für den Titel hat also diese ursprünglich unbewusste Strategie metaphorisiert. Mein vordringlichstes Anliegen war vielmehr, das innere Unglück mit der heilbringenden Freude an der Literatur, die mir die Schule vermittelt hatte, zu bekleiden oder wenigstens das dramatische Schicksal eines Vaters unter den Schutz eines zivilisierenden und für mich bürgenden Adoptivvaters zu stellen.

Zum Schluss und als Erkennungszeichen möchte ich hier eine unerträgliche Szene erwähnen, die ich vor zwanzig Jahren an einer autobiographischen Stelle (Altounian 1990, 52) wachgerufen habe, und die durch meine Anwesenheit – die mir selber an diesem internationalen Ort etwas komisch und fremd vorkommt – gewissermaßen entwirrt und in ihr Gegenteil umgekehrt wird auf die Weise, wie ein Witz auflösend wirkt. Ich überlasse also Ihrem Analytikerscharfsinn, die Disharmonie dieses Dreier-Szenarios ohne Triangulierung zu beurteilen:

Ich befand mich wie in einem ungewöhnlichen, sogar unzüchtigen Albtraum in einem Gymnasium für ‚Vorbereitungsklassen' im Dienstzimmer der Verwaltungsleiterin zwischen ihr und meinem Vater. Bislang hatte ich während meiner Schulzeit die unerträgliche Konfrontation zwischen der französischen staatlichen Schule und dem Überlebenden der Wüste, dessen Namen ich trug und der für mich der einzige große Mann war, meinem Vater, tunlichst vermieden. Meine Mutter übernahm kaum diese Repräsentationsfunktionen, da es „nichts mehr" zu repräsentieren gab, aber die Schulordnung war bindend. Meine Zulassung in die Philosophische Fakultät hing von dieser ‚Prüfung' ab, in deren Verlauf ich zwangsläufig zum Agenten einer dreifachen Verleugnung wurde.

Übrigens war dieses Gespräch nur für mich eine Prüfung: Denn dieser Mann mit seinen mangelhaften Französischkenntnissen, seinem imposanten, deplazierten Habitus und seiner steifen Art, der über die Gepflogenheiten *nicht* Bescheid wusste, dieser Eindringling war für die Verwaltungsleiterin überhaupt keine beruhigende Empfehlung für eine künftige Schülerin der Wettbewerbsklassen. Ich glaube nicht, daß sie das war, was man „rassistisch" nennt, aber weder die Tradition noch die Schulordnung hatten eine solche Art der Bewerbung vorgesehen. Für meinen Vater weckte diese kümmerliche Büroangestellte, die ihre Zeit vergeudete, indem sie über auf Erden unverständliche Dinge redete – wie zum Beispiel über das Niveau in Übersetzungen aus dem Lateinischen, die Motivation der Bewerberin, die Zahl der erhaltenen Prädikate –, kurzum diese reizlose Frau weckte nichts in ihm, er war einfach nicht da. Was mich angeht, hing mein Schicksal an ihrer Macht, an dem Urteil, das sie verkünden würde. Ihr gegenüber musste ich mich von dem ungezogenen Verhalten meines Vaters distanzieren. In seinem Blick konnte ich seine Verachtung für meine Verirrung auf nutzlose Wege und für mein Zurückweisen der „analphabetischen", aber weisen und klugen Mütter seines leuchtenden Orients spüren. Was mich betraf, hatte es mir die Sprache verschlagen und ich war nicht in der Lage, dieser Frau mitzuteilen, wie sehr ich trotz meiner Unfähigkeit, mich an diesem Ort ohne Begegnung auszudrücken, die Autoren – ihre Väter – liebte, vielleicht sogar mehr als sie selbst, wie groß meine Dankbarkeit für ihresgleichen war, die mich gelehrt hatten, sie zu lesen, und die mich in Zeiten der Hungersnot mit ihnen genährt hatten.

Zusammenfassung

Die Autorin verknüpft die blutigen Fäden der kollektiven Geschichte, das Thema der psychischen Übertragung des Traumas auf die Nachkommen der Überlebenden des Genozids an den Armeniern 1915, zu dem sich der türkische Staat nicht bekannte, mit dem Wiederfinden betrauerter Objekte in ihrer im Schutz der französischen Sprache und Kultur erlebten persönlichen Analyse. Die

Veröffentlichung des Deportationstagebuchs ihres Vaters erhielt die Bedeutung eines Leichentuchs, in dem Tote bestattet werden können. Geheimhaltung des Völkermordes auf Seiten der Täter und ein Gefühl von Illegitimität auf Seiten der Nachkommen der Opfer werden in Beziehung zueinander gesetzt. Die Corneille entlehnte Metapher der drei Diwane veranschaulicht die besondere Arbeitsmethode der Autorin.

Literaturliste ALTOUNIAN

Abraham, N. & Torok, M. (1978): L'écorce et le noyau. Paris: Flammarion.

Altounian, J. (1990): «Ouvrez-moi seulement les chemins d'Arménie»: Un génocide aux déserts de l'inconscient. [„Öffnet mir nur die Wege Armeniens". Ein Völkermord in den Wüsten des Unbewußten]. Paris: Belles Lettres. Confluents psychanalytiques (series edited by A. de Mijolla).

– (2000): La Survivance. Traduire le trauma collectif. Paris: Dunod. Inconscient et culture. Vorwort von Pierre Fédida und Nachwort von René Kaës.

Arien, M. J. (1976): Passage to Ararat. London: Chatto & Windus.

Bryce, J. & Toynbee, A. (1916): the Treatment of the Armenians in the Ottoman Empire. London: J. Causton.

Corneille, P. (1651): Nicomède. Théâtre complet, tome II. Paris: Garnier.

Dadrian, V. (1989): Genocide as a problem of national and international law: The World War I Armenian case and its contemporary legal ramifications. Yale J. Int. Law 14: 221 – 334.

– (1995): The History of the Armenian Genocide. Oxford: Berghahn Books.

Davis, L. A. (1989): The Slaughterhouse Province: An American Diplomat's Report on the Armenian Genocide, 1915 – 1917. New Rochelle, NY: Aristide Caratzas.

Donnet, J.-L. & Green, A. (1973): L'enfant de ça. Paris: Éditions de Minuit.

Hovannisian, R. (1992): The Armenian Genocide: History, Politics, Ethics. New York: St. Martin's Press.

Kaës, R. (1989): Ruptures catastrophiques et travail de la mémoire. In: Violence d'État et psychanalyse. Paris: Dunod, 169 – 204.

– (1993): Le sujet de l'héritage. In: Transmission de la vie psychique entre générations. Paris: Dunod, 1 – 16

Melson, R. (1992): Revolution and Genocide: On the Origins of the Armenian Genocide and the Holocaust. Chicago, IL: University of Chicago Press.

Morgenthau, H. (1918): Ambassador Morgenthau's Story. New York: Garden City.

Piralian, H. (1994): Génocide et transmission. Paris: L'Harmattan.

Racamier, P.-C. (1995): L'inceste et l'incestuel. Paris: Éditions du Collège.

Ternon, Y. (1994): Preface, entitled 'Lettre ouverte à Bernard Lewis', to the French translation of Davis, L. A. (q. v.).

– (1996): Les Arméniens. Histoire d'un génocide. Paris: Éditions du Seuil, Points Histoire (enthält eine umfassende Biographie auf Französisch).

Toynbee, A. (1915): Armenian Atrocities, The Murder of a Nation. London: Hodder & Stoughton.

Janine Altounian, 18, avenue Général Leclerc, F-75014 Paris

Deutsche Übersetzung durch die Autorin und durch die Redaktion.

Tessa Hofmann

Vom Suchen und Finden (m)eines Lebensthemas

> "If we forget, the dead will be killed a second time"
> (Elie Wiesel)

Vater Rhein, Mutter Elbe

Auf welchen biographisch verschlungenen Wegen findet man sein Lebensthema und hält an ihm gegen alle Widrigkeiten fest? Oder allgemeiner gefragt: Was nehmen wir als wichtig wahr – und was ignorieren wir?

Meine Familie hatte wenig mit meiner Wahl zu tun. Meine Vorfahren mütterlicherseits stammten aus einfachen Verhältnissen und lebten seit undenklichen Zeiten an den Ufern der Elbe. Von Armenien hatten sie vermutlich nie gehört. Es gab für sie nichts anderes als Sachsen-Anhalt und die Elbe. Ein Vorfahr soll in einem Schulaufsatz über Frankreich geschrieben haben: „Die Franzosen sitzen links und rechts der Elbe und nähren sich von Fischfang und anderen Fischen." Mein Großvater mütterlicherseits war nie verreist, außer zwangsweise im Ersten Weltkrieg, als er nach Belgien musste. Als überzeugtem Sozialisten widerstrebte es ihm, dort auf andere Arbeiter schießen zu müssen. Er sorgte durch den Verzehr unreifer Äpfel und großer Wassermengen dafür, dass er wegen Dauerdurchfalls nicht einsatzfähig war. Ein Vorgesetzter, der diese schwejkhafte Verweigerungsmethode durchschaute, brüllte ihn an: „Krüger, Sie sind ein Etappenschwein!" Obwohl mein Großvater zutiefst von Belgien, seiner Kultur und seinen Menschen beeindruckt war, sehnte er sich angesichts der Begleitumstände dieser „Reise" an die Elbe zurück.

Ganz anders mein Vater, dessen Mutter aus Mannheim wegzog, nachdem sie dort meinen Vater als uneheliches Kind geboren hatte. In Schönebeck an der Elbe führte sie ihrem Bruder, einem Studienrat, den Haushalt. Mein Vater wuchs vaterlos und vermutlich ziemlich einsam auf, durchstreifte als Kind die Elbauen und als junger Mann zu Fuß und per Rad Skandinavien. Er sprach perfekt Schwedisch und Norwegisch und las mir als Kleinkind statt der üblichen Gutenachtgeschichten aus „Peer Gynt" vor. Im Original. Die Folge dieser väterlichen Skandinavienbegeisterung war, dass meine ersten Kinderzeichnungen Nordlichter darstellten. Die Neigung meines Vaters zu langen Reisen und seine Freude am Fremdsprachenlernen haben sich auf mich übertragen. Doch unternahm ich meine Reisen in alle Himmelsrichtungen außer in den Norden, der mir bereits väterlich besetzt schien und irgendwie von klein auf vertraut. Ich musste meine eigene Richtung finden.

Also zunächst nach Osten. Diese Richtung entsprach auch meiner Studienwahl, die wiederum meinen Leseinteressen entsprang: Polnische und russische Autoren hatte ich bereits in der Schulzeit für mich entdeckt. Nun wollte ich slawische Literaturen und Sprachen studieren, doch ohne Staatsexamen als Studienziel. Meinem Vater war ein Magisterabschluss zu unseriös, und folglich weigerte er sich, mein Studium zu bezahlen. Ich finanzierte es mir durch Sekretärinnenarbeit, Zeitungshonorare sowie Vorträge und war froh, als ein Stipendium der Studienstiftung half, diese Doppelgleisigkeit zu beenden.

Annäherung an Armenien

Wer in Mitteleuropa aufwächst, stößt nicht zwangsläufig auf Armenien. Die armenische Hauptstadt Jerewan liegt in direkter Fluglinie knapp dreitausend Kilometer von meiner Heimatstadt Berlin entfernt. Zudem bilden das armenische Land und sein Volk seit eintausend Jahren keine Einheit mehr. Armeniern begegnet man überall auf der Welt. Das nach ihnen benannte Land muss man bewusst suchen, denn es befindet sich selten am Wegrand mitteleuropäischer Biografien.

Die Auslöser meiner Suche liegen lange zurück. Ich war vierzehn, als ich zum ersten Mal von Armeniern hörte. Mein Vater sprach beim sonntäglichen Mittagessen über Franz Werfel und dessen Roman *Die 40 Tage des Musa Dagh*. Der Roman schildert den Kampf armenischer Bauern gegen ihre Deportation im Ersten Weltkrieg. Die Widerständler vom „Mosesberg" wurden von französischen und britischen Kriegsschiffen aus entdeckt und gerettet. Die überwältigende Mehrheit der osmanischen Armenier besaß dieses Glück nicht, sondern ging, für europäische Augen unsichtbar, im Landesinneren zugrunde. Trotz Verbot und Verbrennung schuf Werfels Roman für viele Deutsche der älteren Generation einen ersten Zugang zum Thema Armenien. Ich aber las ihn erst Jahre später, obwohl mein Vater damals noch anmerkte, dass Werfel das Schicksal der europäischen Juden vorausgeahnt habe, die er mit der Schilderung des armenischen Widerstands habe wachrütteln wollen.

Meine nächste Begegnung mit Armeniern erfolgte im Sommer 1972. Ich studierte inzwischen an der Freien Universität Berlin slawische Literaturen sowie Soziologie und befand mich auf einer wissenschaftlichen Exkursion zum Thema „Die Osmanen auf dem Balkan". In der Altstadt von Plovdiv (Bulgarien) fielen mir an Haustüren geheftete Zettel auf, die nicht mit kyrillischen, sondern mir damals noch unbekannten Lettern bedruckt waren und ein rankenhaftes Kreuz trugen. Es handelte sich um Traueranzeigen der armenischen Einwohner.

Neulich fiel mir beim Aktenblättern ein vergilbtes Schreiben der Volkshochschule Wilmersdorf wieder in die Hände. Es ist auf den 18. Juli 1973 datiert und beinhaltet den Vertrag über eine Vortragsreihe „Die multinationale sowjetische Literatur der Gegenwart", die ich im Spätherbst 1973 an elf Dienstagabenden hielt. Am vorletzten Vortragsabend, den 4. Dezember 1973, referierte ich über den sowjetarmenischen Prosaschriftsteller Hrant Matewosjan. Dieses Datum markiert vermutlich die Verstetigung meines Interesses an Armenien.

Ich begegnete auf dieser Veranstaltung den ersten realen Armeniern meines Lebens: zwei Herren mit ernsten Gesichtern und gerunzelten Augenbrauen, die in der ersten Reihe saßen und mich junge, 23jährige Referentin verunsicherten. Doch nach dem Vortrag stellte sich einer der beiden freundlich als Lehrbeauftragter für Armenisch vor, überreichte als Geschenk das in der DDR gedruckte Lyrikbändchen „Das Taubenkloster" mit Gedichten von Howhannes Tumanjan und erklärte, dass es nicht ausreiche, über armenische Literatur nur an Hand russischer Übersetzungen zu sprechen. Ich solle Armenisch an der Universität lernen. Praktischerweise war der Kritiker, Gerayer Koutcharian, soeben zum Lehrbeauftragten für diese Sprache benannt worden. Von nun an übte ich mich im Erlernen des Armenischen in Wort und Schrift. Gerayer blieb über die Jahrzehnte ein enger Freund, Kollege und Mitstreiter in der Menschenrechtsarbeit.

Meine Beschäftigung mit dem fernen Land, seiner Geschichte, Kultur und dem Schicksal seiner Menschen nahm systematischen Charakter an. Gleichzeitig erkannte ich, dass es nicht genügte, sich diesem Thema mit dem üblichen akademischen Abstand zu nähern.

Zum Ararat

Im Oktober 1974 bot sich die Gelegenheit, für ein knappes Jahr als Forschungsstipendiatin in die Sowjetunion zu fahren. Die Freie Universität Berlin hatte als erste westdeutsche Universität mit der Petersburger Staatsuniversität – damals noch Leningrad bzw. die LGU – ein direktes Abkommen über den Austausch von Nachwuchswissenschaftlern geschlossen. So verschwand ich im Herbst 1974 buchstäblich hinter dem Eisernen Vorhang, in einer vordigitalen Zeit, als sich noch niemand das Internet, Handys, Smartphones oder andere Mittel globaler, fortgesetzter Kommunikation vorzustellen vermochte. Die „schnellste" Briefverbindung zwischen Leningrad und Deutschland bot die diplomatische Kurierpost des Generalkonsulats, was jeweils eine Woche dauerte. Anrufe nach Deutschland waren nur vom Hauptpostamt mit Voranmeldung möglich, Anrufe aus Deutschland in mein Studentenheim dagegen unmöglich. Wir drei Westberliner Stipendiaten blieben völlig auf uns allein gestellt.

Mein Antrag beim Außenamt der LGU, im April 1975 eine „kommandirowka", eine „Entsendung" bzw. Dienstreise zur Jerewaner Staatsuniversität zu unternehmen, wurde zunächst abgelehnt. Im April, so hieß es, befinde sich die Bevölkerung Armeniens in zu großer emotionaler Erregung. Für die Sicherheit von Ausländern könne man da nicht garantieren. Gemeint waren damit die Massenaufmärsche, die, obwohl nicht offiziell genehmigt, seit 1965 auf dem Hügel „Schwalbenfestung" (Zizernakaberd) in Jerewan stattfanden. Hunderttausende hatten bei der ersten inoffiziellen Massendemonstration in der sowjetischen Geschichte ertrotzt, dass auf diesem Hügel zwei Jahre später ein eindrucksvolles Mahnmal errichtet werden durfte, dem ein Institut und Museum angeschlossen sind. Auch zehn Jahre nach der Massendemonstration von 1965 waren westliche Ausländer am sensiblen Datum des 24. April in Armenien unerwünscht. Erst im Juni 1975 durfte ich dorthin.

Völlig übermüdet traf ich nach einem Nachtflug auf dem Flughafen Swartnoz ein, blinzelte in das grelle Sonnenlicht und wurde herzlich von Angehörigen meines Armenischlektors empfangen. Ihren Berliner Halbbruder hatten sie noch nie gesehen. Mich rührte diese Gastfreundschaft gegenüber einer Unbekannten zutiefst. Überhaupt wirkte Armenien auf mich erstaunlich unsowjetisch. Im Vergleich zu Georgien beschränkten sich politische Plakate, Banner und Losungen auf ein diskretes Mindestmaß. Die armenische Universitätsbehörde erlaubte völlig unbürokratisch, dass ich nicht in einem Studentenheim wohnen musste. Der Baggerfahrer Samwel, Halbbruder meines Lektors, und seine Frau Knarik gewährten mir nicht nur Unterkunft und überwältigende Verpflegung in ihrer beengten, bereits von vier Erwachsenen bewohnten Dreizimmerwohnung im Plattenvorort Adschapnjak, sondern organisierten und begleiteten meine ersten Ausflüge ins Landesinnere, nach Garni, dem Felsenkloster Gerard, an den Sewansee und zum armenischen „Vatikan" nach Etschmiadsin. Das war für sowjetische Verhältnisse sehr kühn, denn westliche Ausländer durften sich nicht weiter als 40 Kilometer von ihrem offiziell registrierten Aufenthaltsort entfernen.

Erst fünf Jahre später bot sich die Möglichkeit einer Rückkehr. Als Leiterin kunsthistorisch orientierter Studienreisen konnte ich fortan den Südkaukasus regelmäßig besuchen, um in Kontakt mit Armenien und Georgien zu bleiben. Meine dortigen Kolleginnen bei der sowjetischen Reiseagentur „Intourist" überließen mir freundlicherweise stets das Mikrofon, um meinen Touristen aus dem deutschsprachigen Raum die Sehenswürdigkeiten und Geschichte beider Länder zu erläutern. Auch dieses kollegiale Vertrauen war für die damalige Sowjetunion höchst ungewöhnlich; in Usbekistan, Sibirien und im europäischen Teil Russlands arbeitete ich unter „kontrollierten" Verhältnissen.

Mit Breschnjews Tod endete 1982 die „era sastoja", die Zeit der Erstarrung. Nach kurzen Übergangsregierungen unter Jurij Andropow und Konstantin Tschernenko folgte die von Michail Gorbatschow eingeleitete Reformperiode, im Russischen treffend charakterisiert durch die Ziele „glasnostj" (Transparenz) und „perestrojka" (Umgestaltung). Doch das verkrustete, autoritäre Sowjetregime erwies sich als unverbesserlich und zerbrach während der Reformierungsversuche in seine nationalstaatlichen Bestandteile. Gorbatschow ging in das Gedächtnis seiner sowjetischen Landsleute nicht als Reformator, sondern als Zerstörer eines Großreichs ein.

Bis zum Sommer 1988 hatte ich die Entwicklung im Südkaukasus aus unmittelbarer eigener Anschauung miterlebt. Das Schicksalsjahr 1988, das den Ausbruch der Gewalt im lange schwelenden Konflikt um die armenische Exklave Berg-Karabach markierte und mit einem verheerenden Erdbeben in Nordarmenien endete, brachte auch den Gruppenreise-Tourismus nach Armenien für Jahre zum Erliegen.

In das postsowjetische Armenien gelangte ich erst wieder im Herbst 1995 als Teilnehmerin eines internationalen Kongresses; es ging um die interethnische Gewalt, die der Karabach-Konflikt freigesetzt hatte, und um als Geiseln verschleppte Zivilisten. Ich war auf Anraten der Organisatoren mit meiner Taschenlampe angereist, denn in Armenien herrschte – auch dies eine Folge des Konflikts – seit 1989 Energieknappheit. Die Blockade und Embargen der Nachbarländer Aserbaidschan und Türkei (seit 1993) bewirkten, dass Armenien in der ersten Hälfte der 1990er Jahre in die Dunkelheit und Kälte vorelektrischer Zustände versank.

Mit der Sowjetunion endete auch deren restriktives Passregime. Ich reiste nun im Gefolge der schottischen Baronin Caroline Cox, zeitweilig stellvertretende Vorsitzende des britischen Oberhauses, zu humanitären Hilfslieferungen nach

Berg-Karabach – inzwischen offiziell mit seinem historischen armenischen Landesnamen als Arzach bekannt – und lernte eine neue Facette des landschaftlich, wie kulturell höchst diversifizierten Berglandes kennen. Wir sprachen in Karabach und Armenien auch mit Überlebenden von aserbaidschanischen Massakern. Sie deuteten ihr Schicksal als Wiederholung der armenischen Vernichtungserfahrung aus dem Ersten Weltkrieg.

Seither bin ich, aus wissenschaftlichen und anderen Anlässen, verschiedentlich nach Armenien zurückgekehrt. Die Reisen in das postsowjetische Land bewahrten mich vor unkritischer Idealisierung, denn es fällt nicht schwer, für Armenien zu schwärmen. Aber die von Armeniern inner- und außerhalb Sowjetarmeniens herbeigesehnte Unabhängigkeit brachte auch zahlreiche neue Probleme bzw. machte die alten offenkundiger, ganz zu schweigen davon, dass Armenien wahre Unabhängigkeit bis heute nicht erreicht hat. Lange bevor das Wort „Wutbürger" im deutschen Sprachgebrauch auftauchte, lernte ich das Phänomen im postsowjetischen Raum kennen, nicht nur in Armenien.

Zeraspanutjun – Genozid

Im Verlauf meiner Beschäftigung mit armenischer Sprache, Literatur und vor allem Geschichte stieß ich bald auf den Genozid. Ein nicht abgeschlossenes Kapitel. Ein düsterer, sich über die Gegenwart breitender Schatten, ein vergifteter Pfeil, der alles durchdringt, eine Wunde, aufgeklammert und blutigschmerzhaft gehalten von der hartnäckigen Weigerung der Mehrheitsgesellschaft, der Regierung und dem Gesetzgeber der Türkei, die Verbrechen der Vorfahren aufzuarbeiten und sie als das zu bezeichnen, wofür sie schon Raphael Lemkin, Verfasser der Völkermordkonvention der Vereinten Nationen (1948), hielt: für einen Genozid. Ein Verbrechen, das nicht vergeben werden kann, so lange kein Schuldbewusstsein besteht und nicht um Vergebung gebeten wird, sondern umgekehrt die Opfer zu Schuldigen erklärt werden. *„Kaum etwas vergiftet die Atmosphäre zwischen Täter- und Opfervölkern stärker als die Leugnung",* schreibt der Bremer Genozidforscher Gunnar Heinsohn in seinem „Lexikon der Völkermorde" unter dem Stichwort „Leugnung von Völkermorden": *„Während letztere ihre Toten beweinen, behaupten erstere, dass es diese Toten gar nicht gibt, womit sie die Leidgeprüften auch noch als Wahnsinnige hinstellen, was deren Verbitterung noch steigern muss."*[1] Im

---

[1] Heinsohn, Gunner: Lexikon der Völkermorde. (Reinbek bei Hamburg, 1998), S. 238.

achtstufigen Entwicklungsmodell des US-amerikanischen Genozidwissenschaftlers Gregory Stanton bildet die Leugnung die letzte Stufe jeden Völkermords.[2]

Der osmanische Genozid an anderthalb Millionen Armeniern bleibt nach dieser Definition ein anhaltendes, die türkisch-armenischen Beziehungen zutiefst belastendes Verbrechen. Deutschland, das im Ersten Weltkrieg der wichtigste Militärverbündete des Osmanischen Reiches war und dieses in den Weltkrieg gedrängt hatte, trug zwar am Verbrechen seines osmanischen Verbündeten nicht ursächlich schuld, lud aber durch seine duldende und teilweise sogar billigende Hinnahme der jungtürkischen Staatsverbrechen Mitschuld auf sich; es profitierte zudem von der Zwangsarbeit armenischer Deportierter auf den Baustellen der Bagdadbahn sowie von deren Kapitaleinlagen auf deutschen Banken. Kurzgefasst: Die deutsche Regierung wusste im Ersten Weltkrieg fast alles über die an Armeniern und anderen Christen begangenen Verbrechen, unternahm aber kaum etwas dagegen.

Gerade als Deutsche erschien es mir deshalb erforderlich, zu diesem vergessenen und verschwiegenen Verbrechen Stellung zu nehmen, und zwar nicht nur als Wissenschaftlerin, sondern auch als Publizistin und Menschenrechtlerin. Der Wunsch, zur armenisch-türkischen Heilung beizutragen, indem ich deutschsprachige Leser nicht nur in die Landesgeschichte und Kultur Armeniens einführte, sondern sie auch mit der Notwendigkeit konfrontierte, die Verbrechen der Weltkriegszeit zu verurteilen, bestimmte fortan meine publizistische Arbeit und mehr noch mein menschenrechtliches Engagement. Dass ich mich mit einer derartigen Einstellung schnell dem Vorwurf der Parteinahme und fehlender wissenschaftlicher Objektivität aussetzte, wurde mir bald klargemacht.

„Unsere Stärke ist unsere Schnelligkeit und unsere Brutalität": Von Stalin zu Talat[3] und Hitler

Ich war als Doktorandin in die Sowjetunion gefahren, weil ich eine Dissertation über das Bauernthema in der sowjetischen Literatur schreiben wollte, auf der Grundlage der russischen, georgischen und armenischen Prosa. Aber zu diesem vergleichenden Ansatz kam es nicht. Nach Berlin zurückgekehrt, suchte ich monatelang vergeblich nach einem Zweitgutachter, der in der Lage gewesen

---

[2] http://www.genocidewatch.org/genocide/8stagesofgenocide.html.

[3] Außer in direkten Zitaten verwende ich die heute übliche türkische Schreibweise anstatt der Schreibweise „Talaat".

wäre, die nicht-russischen Teile meines Forschungsvorhabens zu begutachten bzw. zu betreuen. Mein „Doktorvater" und Erstgutachter weigerte sich, über die russische Literatur hinaus meine Arbeit zu betreuen, mit der glaubhaften Begründung, er kenne sich weder in der armenischen, noch in der georgischen Literatur aus. So blieb es schließlich bei der sowjetrussischen Prosa.

Immerhin verhalf mir meine Dissertation zu einem umfassenderen Verständnis von Genozid, handelte es sich doch bei der „Proletarisierung" der Sowjetunion um einen Soziozid, also die Vernichtung großer Teile der Bauernschaft in den sowjetisierten Ländern. Russland, die Ukraine und alle mittelasiatischen sowie südkaukasischen „Anrainer" Russlands bildeten bis zur Zwangskollektivierung in den 1930er Jahren weitgehend bäuerliche Gesellschaften. In meiner Dissertation schrieb ich: „*Nach einem späteren Bekenntnis I. Stalins gegenüber W. Churchill war die ‚Schlacht', auf die sich der sowjetische Staat mit der agrarisch geprägten Bevölkerungsmehrheit während der Kollektivierungsperiode einließ, ‚gefahrvoller und schrecklicher als die Schlacht um Stalingrad.'*"[4]

Mit dieser Äußerung entblößte sich Stalin indirekt als Völkermörder, denn in der Vorstellung von Völkermordtätern rechtfertigt die angebliche Gefährlichkeit der jeweils designierten Opfergruppe die präventive Vernichtung der vermeintlichen „Gegner", um nicht selbst vernichtet zu werden. Später stieß ich auf vergleichbare Konstrukte sowohl bei Adolf Hitler, als auch den politisch Hauptverantwortlichen für die Vernichtung osmanischer Christen. Die türkische Nationalistin und Schriftstellerin Halide Edip Adıvar zitierte zeitnah in ihren erstmals 1926 auf Englisch veröffentlichten Memoiren den von ihr bewunderten jungtürkischen Innenminister (1909 bis Februar 1917) und nachmaligen Regierungschef (Großwesir) Mehmet Talat: „‚*Sieh mal, Halidé Hanum, ich habe ein Herz so gut wie deins, und es hält mich nachts wach, um an das menschliche Leiden zu denken. Aber das ist eine persönliche Sache, und ich bin hier auf dieser Welt, um an mein Volk zu denken und nicht an meine Sensibilitäten. Wenn ein mazedonischer oder armenischer Führer die Chance und die Ausrede bekommt, wird er sie niemals versäumen. Es gab eine ebenso große Zahl von Türken und Muslimen, die während des Balkankriegs massakriert wurden, doch die Welt schwieg in krimineller Weise. Ich bin überzeugt, dass, solange eine Nation das*

---

[4] Hofmann, Tessa: Das Bauernthema in der sowjetrussischen Prosa der 20er Jahre: Konzeptionen, Konflikte und Figure. München: Verlag Otto Sagner, 1983, S. 17. https://www.academia.edu/12830980/Das_Bauernthema_in_der_sowjetrussischen_ Prosa_der_20er_Jahre_Konzeptionen_Konflikte_und_Figuren

Beste für ihre eigenen Interessen tut und Erfolg hat, die Welt sie bewundert und sie für moralisch hält. Ich bin bereit, für meine Taten zu sterben, und ich weiß, dass ich dafür sterben werde.' 1922 [1921; TH] wurde er in Berlin von einem Armenier erschossen."[5]

Die Gefühlslage der muslimischen Elite des osmanischen Reiches, bei der die Vorstellung von der Notwendigkeit präventiver Vernichtung heranreifte, umschrieb Halide Edip folgendermaßen: *„(...) die Massaker [an den Muslimen] riefen nicht ein Viertel der Entrüstung wie bei den armenischen Massakern hervor. In der Türkei sowie in der islamischen Welt Asiens sprachen diese Tatsachen zutiefst gegen Europa. Ich glaube, dass das Doppelmaß, das Europa an die muslimischen Türken und an die christlichen Völker in der Türkei anlegte, den Nationalismus in der Türkei stark entfacht hat. Es rief außerdem das Gefühl hervor, dass die Türken andere vernichten mussten, um nicht selbst vernichtet zu werden."*[6]

Ein Vierteljahrhundert nach Talat, am 22. August 1939, versuchte Adolf Hitler die Kommandeure der deutschen Heeresleitung auf den Überfall auf Polen einzustimmen und ihre Skrupel vor einem Vernichtungsfeldzug zu zerstreuen. Der Sozialdarwinist Hitler war überzeugt, dass einzig Stärke und Durchsetzungsvermögen Anerkennung finden:

„(...) Unsere Stärke ist unsere Schnelligkeit und unsere Brutalität. Dschingis Chan hat Millionen Frauen und Kinder in den Tod gejagt, bewusst und fröhlichen Herzens. Die Geschichte sieht in ihm nur den großen Staatengründer. Was die schwache westeuropäische Zivilisation über mich behauptet, ist gleichgültig. Ich habe den Befehl gegeben – und ich lasse jeden füsilieren, der auch nur ein Wort der Kritik äußert – dass das Kriegsziel nicht im Erreichen von bestimmten Linien, sondern in der physischen Vernichtung des Gegners besteht. So habe ich, einstweilen nur im Osten, meine Totenkopfverbände bereitgestellt mit dem Befehl, unbarmherzig und mitleidslos Mann, Weib und Kind polnischer Abstammung und Sprache in den Tod zu schicken. Nur so gewinnen wir den Lebensraum, den wir brauchen. Wer redet heute noch von der Vernichtung der Armenier?"[7]

---

[5] Edip, Halidé Adivar: Memoirs of Halidé Edip. Piscataway, 2005, S. 387; übers. aus dem Englischen von Tessa Hofmann.

[6] Dies., a.a.O., S. 333

[7] Zitiert aus: Akten zur Deutschen Auswärtigen Politik 1918 – 1945; aus dem Archiv des Deutschen Auswärtigen Amtes. Serie D (1937 – 1945), Bd. VII (Die letzten Wochen vor

Es war dieser genozidale Zynismus, der mich fortan antrieb. Der Spekulation der Völkermörder auf das kurzlebige Gedächtnis der Menschheit galt es entgegenzutreten. Ist es aber gerechtfertigt, mehr als einhundert Jahre nach einem Staats- und Menschheitsverbrechen immer wieder in Wort und Schrift daran zu erinnern, obwohl seither so viele weitere Völkermorde stattfanden? Allein zu meinen Lebzeiten waren dies Guatemala, Kambodscha, Ruanda, Bosnien, Darfur, der Genozid an JasidInnen sowie an MusliminInnen in Myanmar.

Der jeweils aktuelle Völkermord wird jedoch sehr schnell zum vergessenen oder gar geleugneten Verbrechen, wenn er nicht in unserem historischen Kollektivgedächtnis festgehalten wird. Woran wir uns nicht erinnern, hat gleichsam nie stattgefunden. Das Beharren auf Erinnerung, die stetige Einforderung der Erinnerung erscheinen angesichts der zynischen Spekulation der Völkermörder als Beitrag zur Verbrechensprävention. Doch dafür muss zunächst das verschwiegene und vergessene Ereignis in den öffentlichen Raum gerückt und wieder sichtbar gemacht werden.

Das Schweigen durchbrechen

Wer sich in Deutschland mit dem osmanischen Genozid befasst, stößt schnell auf das jahrzehntelange Schweigen sowohl in der Öffentlichkeit, als auch in der Wissenschaft und Publizistik. Dieses Schweigen besitzt mehrere Gründe. Historisch begann es mit der verschärften Militärzensur, die in Deutschland während des Ersten Weltkrieges über die Türkeiberichterstattung und insbesondere das Vorgehen des osmanischen Bündnispartners gegen die Armenier verhängt wurde. Nach dem Ersten Weltkrieg wurde es für wenige Jahre durchbrochen, und der Berliner Strafprozess gegen den armenischen Attentäter Soromon Tehlerjan fand 1921 ein breites, wenn auch sehr geteiltes Echo in der deutschen Presse, je nach dem politischen Standpunkt der Autoren. Doch schon Anfang der 1930er Jahre war das Interesse stark abgeflaut. Franz Werfels Roman „Die 40 Tage des Musa Dagh" war vermutlich der letzte deutschsprachige Buchbeitrag, der noch einmal auf breites Interesse stieß. Allerdings nur kurzfristig, denn der im November 1933 erschienene Roman des jüdisch-österreichischen Autors wurde schon im Februar 1934 wegen angeblicher Gefährdung der öffentlichen Sicherheit und Ordnung in Deutschland verboten. Eine Orientreise

---

Kriegsausbruch, 9. August bis 3. September 1939). Baden-Baden, 1956, S. 171, Fußnote 1.

hatte 1929 Werfel in Kontakt mit armenischen Völkermordüberlebenden in Damaskus sowie im Libanon gebracht. Ihre Schicksale hatten den Autor umgehend zu seinem Roman angeregt. Viele jüdische Leser lasen die „40 Tage" aber auch als Anspielung auf ihr eigenes Schicksal und begriffen die Darstellung eines erfolgreichen Sonderfalls armenischer Selbstverteidigung auf dem „Mosesberg" als Aufforderung zum jüdischen Widerstand gegen deutsche Vernichtungsabsichten.

Die im Zweiten Weltkrieg an Juden, Sinti und Roma sowie anderen Opfergruppen begangenen Völkermorde übertrafen an Zahl die Opfer osmanischer Christen im Ersten Weltkrieg um mindestens das Doppelte. Da es sich zudem um Genozide handelte, die mitten in Europa und nicht *„hinten, fern in der Türkei"* begangen wurden, wie es ein Bürger in Goethes „Faust" (1. Teil, Osterspaziergang) ausdrückte, ist es nachvollziehbar, dass sich die geschichtliche Aufarbeitung der Weltkriegsvölkermorde in der Bundesrepublik Deutschland auf die nationalsozialistischen Verbrechen beschränkte.

Diese Beschränkung verstärkte allerdings die ohnehin stark ausgeprägte deutsche Tradition des Schweigens über den osmanischen Genozid. Auch in der deutschen Weltkriegsforschung wurde zu lange nicht nach den Zusammenhängen zwischen den beiden Weltkriegen des 20. Jahrhunderts gefragt. Es lag besonders in Deutschland nahe, dass diejenigen, die das ändern wollten, zunächst nach Parallelen zwischen den nationalsozialistischen und den jungtürkischen Völkermorden suchten. Beide – und besonders der Genozid der Jungtürken und Kemalisten – erfolgten in Transformations- und Kriegssituationen, die, wie die Genozidforschung festgestellt hat, jeweils besonders anfällig für Völkermorde und Staatsverbrechen sind.

Doch die Fokussierung auf Parallelen zwischen den Verbrechen der Nazis und der Jungtürken rief bald auch Einwände hervor. Vor allem auf türkischer Seite wurde darauf hingewiesen, dass die jungtürkischen und kemalistischen Akteure im Unterschied zu den Nationalsozialisten keine Rassisten waren. Eine solche Behauptung lässt sich freilich nur bei einem engen, biologistisch determinierten Rassismusbegriff aufrechterhalten. Die Rhetorik der Jungtürken, die beispielsweise ihre griechischen Mitbürger als „Krebsgeschwüre" entmenschlichte, steht für gruppenbezogenen Hass im Sinne eines heute weiter gefassten Rassismusverständnisses. *Die Europäische Kommission gegen Rassismus und Intoleranz* definiert entsprechend Rassismus als eine *„Überzeugung, wonach (…) die nationale oder ethnische Herkunft die Missachtung einer Person oder Personengruppe oder das Gefühl der Überlegenheit gegenüber einer Person* *oder Personengruppe rechtfertigt".* Gleichwohl hatte sich inzwischen in der wissenschaftlichen wie nicht-akademischen Publizistik die Ansicht durchgesetzt, dass der Genozid im Zuge der türkischen Nationalstaatsbildung erfolgt sei. Auf diese These wird noch zurückzukommen sein.

1979 nahmen Gerayer Koutcharian und ich Kontakt zur *Gesellschaft für bedrohte Völker* (GfbV) auf. Sie ist bis heute nach *amnesty international* die zweitgrößte Menschenrechtsorganisation in Deutschland. Ein Jahr zuvor hatte die GfbV ein Buch von Gabriele Yonan über Assyrer veröffentlicht, in dem auch auf den osmanischen Genozid hingewiesen wurde. Nun erhielten wir Gelegenheit, in drei Schwerpunktausgaben der Vereinszeitschrift „pogrom" den jahrzehntelang in der deutschen Publizistik vergessenen Völkermord an den osmanischen Armeniern wieder in Erinnerung zu rufen.[8]

Zugleich gab ich 1980 und 1985 für die *Gesellschaft für bedrohte Völker* Neuauflagen des *Prozessberichts Talaat Pascha* (Berlin, 1921) sowie die Beiträge der Armenien-Verhandlung des *Tribunals der Völker* heraus, die 1984 an der Sorbonne stattfand und unmittelbaren Einfluss auf die erste von insgesamt vier Resolutionen des Europäischen Parlaments zum osmanischen Genozid nahm. Ich war bei dem Pariser Tribunal Berichterstatterin für die deutschen Beweise zum Völkermord an den Armeniern, die ich hauptsächlich in der deutschen diplomatischen Korrespondenz sowie den veröffentlichten Berichten deutscher Zeitzeugen fand; der Beitrag erschien außerdem in einer englischen und französischen Ausgabe.[9] 2015, anlässlich der 100. Jährung des Gedenkens an diesen Völkermord, lud mich der Herausgeber der Fachzeitschrift *Genocide Studies International* ein, noch einmal über die deutschen Quellen zu publizieren.[10]

Wie (mit)schuldig war Deutschland?

Die Rolle Deutschlands beim jungtürkischen Völkermord war bereits zur Tatzeit umstritten. Osmanische Muslime und Christen waren sich wenigstens in einem Punkt einig: Die Deutschen waren schuld oder zumindest mitschuldig. Für die

---

[8] https://www.academia.edu/16019945/Armenien_-_V%C3%B6lkermord_Vertreibung_Exil_Menschenrechtsarbeit_f%C3%BCr_die_Armenier_ 1979- 1987

[9] https://www.academia.edu/10894367/A_Crime_of_Silence_The_Armenian_Genocide_Per manent_Peoples_Tribunal

[10] https://www.academia.edu/11137071/The_Genocide_against_the_Ottoman_Armenians_German_Diplomatic_Correspondence_and_Eyewitness_Testimonies

Jungtürken war dieser Verdacht eine willkommene Ablenkung von ihrer Verantwortung. Der deutsche armenophile Theologe und Missionar Johannes Lepsius sah das anders und bemühte sich um die Entlastung Deutschlands.

Fast einhundert Jahre später bemühten sich vor allem die deutschen investigativen Journalisten Wolfgang Gust und Jürgen Gottschlich um den Nachweis deutscher Schuld und Verantwortung, ohne ihn wirklich erbringen zu können. Das dürfte auch weiterhin schwerfallen, allein schon aufgrund der gezielt von Jungtürken und deutscher Militärführung im Osmanischen Reich vernichteten Archive und Quellen, aber auch infolge der gewaltigen Spanne zwischen der Tatzeit und den Recherchen späterer Autoren.

Ich selbst habe stets ein differenzierteres Bild vertreten und das offizielle kaiserliche Deutschland als Mitwisser und Nutznießer charakterisiert, ohne es der Urheberschaft für die Verbrechen zu bezichtigen. Die kaltschnäuzige Prioritätensetzung der bemerkenswert wenigen Deutschen, die im Ersten Weltkrieg die Türkei- bzw. Orientpolitik (allein)bestimmten, liest sich allerdings auch heute noch mit Empörung, wie etwa die häufig zitierte Randnotiz des deutschen Reichskanzlers Bethmann-Hollweg; er hatte sich offenbar über einen Vorstoß des deutschen Sonderbotschafters zu Konstantinopel, Graf Wolff-Metternich, geärgert. Metternich wollte nämlich erreichen, dass sich Deutschland stärker öffentlich von der türkischen „Armenier-Verfolgung" distanzierte, um seine internationale Reputation zu retten. Das lehnte der Reichskanzler strikt ab: *"Die vorgeschlagene öffentliche Koramierung eines Bundesgenossen während laufenden Krieges wäre eine Maßregel, wie sie in der Geschichte noch nicht dagewesen ist. Unser einziges Ziel ist, die Türkei bis zum Ende des Krieges an unserer Seite zu halten, gleichgültig ob darüber Armenier zu Grunde gehen oder nicht. Bei länger andauerndem Kriege werden wir die Türken noch sehr brauchen. Ich begreife nicht, wie Metternich diesen Vorschlag machen kann (...)."*[11]

Ähnlich wie Wolff-Metternich war auch dem Pazifisten, Zeit- und Augenzeugen Heinrich Vierbücher daran gelegen, dass Deutschland nicht als Mittäter der Jungtürken verdächtigt wurde. In seinem Pamphlet „Was die Kaiserliche Regierung den deutschen Untertanen verschwiegen hat: Armenien 1915; die Abschlachtung eines Kulturvolkes durch die Türken", das 1930 als eines der letzten deutschsprachigen Bücher über den osmanischen Genozid erschien, kritisiert

---

[11] http://www.armenocide.net/armenocide/armgende.nsf/$$AllDocs/1915-12-07-DE-001

er die deutsche Regierung dafür, dass sie *„trotz aller Unverschämtheiten Talaats und Envers"* niemals in Erwägung gezogen habe, *„das Bündnis mit den Stambuler Mordgesellen aufzugeben. Man hatte sich in die Gesellschaft von Verbrechern begeben, die alle Trümpfe in der Hand hatten, und erlag deren stärkerem Willen. Der Jagd nach dem Phantom des Sieges wurde alles, auch jede moralische Erwägung, untergeordnet."*[12]

Der Deutsch-Kanadier Ulrich Trumpener, der wohl als erster die deutsche diplomatische Korrespondenz systematisch studierte, kam 1968 zu ähnlichen Schlussfolgerungen wie die Zeitgenossen Lepsius und Vierbücher vor ihm. Trumpener wies die Annahme zurück, dass die deutsche Regierung die Verfolgung der Armenier eingeleitet oder unterstützt habe; Deutschland sei nur vorzuwerfen, dass es außer Remonstranzen und diplomatischen Protesten nichts unternommen habe, um die türkische Regierung zu einer Änderung ihrer brutalen Politik zu bewegen. Trumpener stellt sogar die Frage, ob dies überhaupt möglich gewesen wäre: *„Im Gegensatz zu dem, was manchmal behauptet wurde, lag der direkte Schutz der Armenier völlig außerhalb der deutschen Möglichkeiten."*[13]

Der schottische Genozidwissenschaftler Donald Bloxham zog später ähnliche Schlüsse hinsichtlich der deutschen Schuld am Genozid an den Armeniern. Gegen die Befürworter von Komplizenschaft und Schuldzuweisung argumentierte Bloxham, dass weder die antiarmenischen Vorurteile und Rhetorik der deutschen Offiziere noch die Zensur der zivilen oder militärischen Medien in Deutschland ein ausreichender Beweis dafür seien, *„dass diese Männer eine prägende Rolle in der türkischen Politik gegenüber den Armeniern gespielt haben"*[14]: *„Die Idee einer deutschen Rolle bei der Gestaltung der Völkermordpolitik (...) findet in der verfügbaren Dokumentation keine Grundlage. Sie*

---

[12] Vierbücher, Heinrich: Was die Kaiserliche Regierung den deutschen Untertanen verschwiegen hat: Armenien 1915; die Abschlachtung eines Kulturvolkes durch die Türken. (Hamburg-Bergedorf: Fackelreiter-Verlag, 1930 (Nachdrucke: Bremen: Donat Verlag, 1985; 3., erw. Aufl.: Bremen: Donat Verlag, 1987; Bremen: Donat Verlag, 2003; 2004; 2005), S. 76.

[13] Trumpener, Ulrich: Germany and the Ottoman Empire 1914-1918. Princeton, N. J.: Princeton University Press, 1968; Reprint: Delmar, N.Y.: Caravan Books, 1989; Beirut: Hamaskaine Press, S. 73.

[14] Bloxham, Donald: The Great Game of Genocide: Imperialism, Nationalism, and the Destruction of the Ottoman Armenians. (New York and Oxford: Oxford University Press, 2005), S. 189.

scheint auf Missverständnisse über die Natur des deutschen Imperialismus, militärischer Zielsetzungen und des Bündnisses mit der Türkei zurückzuführen zu sein. (...) Es könnte sogar sein, dass dieser Imperialismus aus einer postnazistischen Perspektive wahrgenommen wird."[15]

Dennoch gelangt Bloxham zu dem Schluss, dass das *„deutsche Bündnis mit der Türkei die führenden türkischen Staatsmänner in ihren Positionen (...) bestätigt und ihnen erlaubt habe, ihrer fremdenfeindlichen Politik freie Hand zu lassen".*[16] Der deutsche imperialistische Plan, die muslimischen Kolonien Großbritanniens und Frankreichs durch die Allianz mit dem Osmanischen Reich zum Aufstand anzustacheln, schuf eine für die indigenen osmanischen Christen tödliche Gelegenheit, bereits bestehende türkische Vernichtungspläne zu verwirklichen. Kriegsminister Enver nutzte den von Deutschland aus kriegsstrategischen Gründen induzierten Dschihad, um den religiösen Hass muslimischer Menschen inner- und außerhalb des Osmanischen Reiches anzustacheln. Etwa ein Jahr danach erläuterte Johannes Lepsius in einem nicht-öffentlichen Vortrag für Journalisten in der deutschen Hauptstadt, warum die deutsche Anstiftung zum Heiligen Krieg ihr eigentliches Ziel verfehlen musste: *„Der Nationalismus ist auf jenem Boden aber ein europäischer Importartikel, denn der Islam neutralisiert die Nationen. Deshalb ist der heilige Krieg ein Schlag ins Wasser gewesen, weil die anderen islamischen Nationen auf den türkischen Nationalismus pfeifen, dem dieser heilige Krieg in Wahrheit dienen sollte, und sich unter Russen und Engländern wohler fühlen als unter Türken. Wenn wir einen Frieden bekommen, ehe wir nach Suez gegangen sind, so wird die Position Englands im Süden der Türkei außerordentlich gestärkt. Denn dort sitzen Araber, und deren Gegensatz zu den Türken ist nie verschwunden. Jemal Bei, der Oberkommandierende in Syrien, der Araber ist und für den Süden dasselbe bedeutet wie Enver für den Norden, und nur mit Ach und Krach Truppen nach dem Norden abgegeben hat, würde auch sofort mit den Engländern Frieden machen, wenn die Sache an den Dardanellen schief ginge. Der Krieg ist eben nicht Krieg der Gläubigen gegen die Ungläubigen, sondern nur ein türkischer Krieg, aber gegen alle Nichttürken."*[17]

---

[15] Bloxham, a.a.O., S. 131
[16] Bloxham, a.a.O., S. 132
[17] Zitiert nach einer Zusammenfassung des Berliner Büros der „Magdeburger Zeitung": http://www.armenocide.net/armenocide/armgende.nsf/$$AllDocs/1915-10-12-DE-001

Wichtiger noch als der Nachweis deutscher Mitschuld erschien mir die verhängnisvolle Kontinuität in der Orient- bzw. Türkeipolitik Deutschlands seit Anfang des 20. Jahrhunderts. Zu den geschichts-und erinnerungspolitischen Auswirkungen dieser den meisten heutigen Deutschen nicht mehr bewussten, gleichwohl aber wirkmächtigen Kontinuität veröffentlichte ich seit 2015 mehrere Aufsätze.[18]

Erweiterung des Themas, oder: Cherchez l'homme

Die während der beiden Weltkriege des 20. Jahrhunderts vom Osmanischen Reich bzw. Deutschland und Japan begangenen Verbrechen wurden von Serien- und Wiederholungstätern verübt. Im Osmanischen Reich sowie dem 1914 und 1918 osmanisch besetzten NW-Iran waren nicht nur Armenier betroffen. Vielmehr ging es, wie europäische und nordamerikanische Zeit- und Augenzeugen rasch erkannten, um die Vernichtung aller Christen; Raphael Lemkin bezeichnete deshalb in seiner Autobiographie den Völkermord an den Armeniern als „religious genocide". Traditioneller Religionshass, Misstrauen gegen christliche Andersgläubige, sozialer Neid und wirtschaftliche Habgier bestimmten Anfang des 20. Jahrhunderts die Gedanken, Worte und Handlungen osmanischer Muslime vermutlich noch stärker als der aufkeimende türkische Nationalismus. Nicht zufällig wurden Islam und Islamisierung Schlüsselbegriffe jener Epoche.

Der serielle, gegen die einheimischen Christen gerichtete Charakter des osmanischen Genozids war mir früh bewusst. In einem 1980 publizierten Aufsatz schrieb ich entsprechend: *„In diesem Zusammenhang darf nicht unerwähnt bleiben, dass im Verlauf des Völkermords an den Armeniern auch andere christliche Völker umgebracht wurden, – so Hunderttausende assyrischer*

---

[18] https://www.academia.edu/36992402/Erinnern_und_Gedenken_-_aber_wie;
https://www.academia.edu/35132721/Der_osmanische_Genozid_an_Christen_in_der_deutschen_Geschichts-_und_Erinnerungspolitik;
https://www.academia.edu/30506719/From_Silence_to_Re-Remembrance_The_Response_of_German_Media_to_Massacres_and_Genocide_against_the_Ottoman_Armenians;
https://www.academia.edu/13681412/Le_g%C3%A9nocide_Arm%C3%A9nien_vu_dAllemagne_La_mise_en_place_dun_tradition_dindiff%C3%A9rence
https://www.academia.edu/13785398/Nur_keine_klare_Position_beziehen_-_Deutschland_entzieht_sich_seiner_Verantwortung
https://www.academia.edu/36999386/Diskrepanzen_Erfolge_und_Desiderate_in_der_wissenschaftlichen_juristischen_und_gesellschaftlichen_Aufarbeitung_von_Genozid-_Altf%C3%A4llen_eine_komparative_Analyse

Christen und Zehntausende arabischer Christen, ganz zu schweigen von der während der Kemalistenkämpfe hingeschlachteten griechischen Zivilbevölkerung Kleinasiens."[19]

Die griechisch-orthodoxen Christen des Osmanischen Reiches wurden in Ostthrakien und Ionien seit den Balkankriegen (1912/3) bzw. noch vor dem Kriegseintritt des Osmanischen Reiches in den Weltkrieg Opfer von Massakern, Deportationen und Zwangsarbeit. Eine nennenswerte Rolle spielte diese Erkenntnis in meiner menschenrechtlichen und publizistischen Praxis aber erst seit 1999, als mich der Vorsitzende der Armenischen Gemeinde Berlin, Vartkes Alyanak, mit Lampros Savvidis von der Hellenischen Gemeinde zu Berlin bekannt machte. Es ging damals darum, eine Fotoausstellung des türkischen Menschenrechtsvereins IHD über die „Istanbuler Kristallnacht" vom 6./7. September 1955 – auf Griechisch als „Septembriana" bezeichnet – in Berlin auszustellen. Herausgekommen ist zwar keine Ausstellung, wohl aber die Zusammenarbeit mit Lampros, die schon bald in eine Freundschaft und dann in eine Ehe mündete.

„Cherchez l'homme" galt schon früher in meinem Leben, obwohl ich mich stets vehement gegen die Unterstellung verwahre, meine Engagements hingen mit meinen jeweiligen Freundschaften zusammen. Ich sah es eher umgekehrt: erst war das Interesse da, dann der dazu passende Mann. Aber natürlich gibt es Zusammenhänge und Wechselwirkungen. Wir alle engagieren uns vermutlich stärker, falls ein Thema bzw. ein Interesse mit der Beziehung zu einem Menschen einhergehen. Auch Männer können Musen sein.

Anerkennung bzw. Verurteilung von Völkermord

Nach dem Ersten Weltkrieg fand kein internationales Tribunal über die jungtürkischen Völkermörder statt, wie es ursprünglich von der Entente geplant und schon im Kriegsjahr 1915 angekündigt worden war. Die Versuche der alliierten Weltkriegssieger, die Verantwortlichen festzunehmen und vor Gericht zu stellen, scheiterten infolge des heftigen Widerstands der kemalistischen Nationalisten, die auch vor Geiselnahme und Erpressung nicht zurückschreckten.

---

[19] Hofmann, Tessa: Der Völkermord an den Armeniern und seine Auswirkungen. „Pogrom – Zeitschrift für bedrohte Völker", 11. Jahrgang, Nr. 72/73, Mai 1980, S. 12

Als sich 1965 das Gedenken an den Völkermord an den Armeniern zum 50. Mal jährte, begann in Urugay, danach in anderen Staaten die Arbeit für die Anerkennung bzw. Verurteilung des osmanischen Genozids durch nationale Gesetzgeber. Inzwischen haben die Parlamente von etwa 30 Staaten entweder ganz oder teilweise – bei nur einer „anerkennenden" Kammer in Zweikammersystemen – den Völkermord als Genozid verurteilt. Zugegebenermaßen ist dies eine Ersatzhandlung anstelle der juristischen Aufarbeitung.

In Deutschland war es gelungen, während der 1980er und 1990er Jahre den vergessenen Genozid wieder publizistisch und menschenrechtlich in Erinnerung zu rufen und ein Problembewusstsein zu schaffen, dass hier in der deutschen Geschichtspolitik noch eine Bringschuld besteht. Ende des 20. Jhs. schien auch in Deutschland die Zeit für eine parlamentarische „Anerkennung" bzw. Verurteilung des osmanischen Genozids an indigenen ChristInnen gekommen. Als mir darum 1999 Raffi Bedikian vom *Armenischen Zentralrat in Deutschland* (ZAD) vorschlug, eine entsprechende Kampagne zu initiieren und zu koordinieren, sagte ich gern zu und verfasste unter der Überschrift „Es ist Zeit – Völkermord anerkennen!" einen Petitionstext, der sich an den Deutschen Bundestag richtete.[20]

Im April 2000 reichten Gerayer Koutcharian, Ali Ertem und ich diese Petition bei der Vorsitzenden des Petitionsausschusses ein, zusammen mit 12.000 Unterschriften, die vor allem Ali Ertems *Verein der Völkermordgegner e.V.* (Frankfurt/Main) unter türkeistämmigen EinwohnerInnen Deutschlands gesammelt und zunächst der Großen Nationalversammlung in Ankara geschickt hatte. Diese allerdings sandte das Unterschriftenpaket ungeöffnet zurück, so dass es in Deutschland „recycelt" werden konnte. Damit war die Anerkennungsforderung zwar im deutschen Parlament offiziell angekommen und wurde Gegenstand parlamentarischer Erörterungen, aber mit dem Auftreten der *Turkish-Armenian Reconciliation Commission* im Frühjahr 2001 fand der Bundestag einen Vorwand, um sich weiterhin vor einer eigenen völkerrechtlich qualifizierten Stellungnahme zu drücken.

Die Anerkennungsbewegung in Deutschland war zunächst noch ein unverbindlicher Zusammenschluss von mehreren Initiativen, Vereinen und Organisationen unter dem Namen „Arbeitsgruppe Anerkennung". Daraus ging 2003 ein eingetragener gemeinnütziger Verein *Arbeitsgruppe Anerkennung – Gegen Genozid, für Völkerverständigung* (AGA) hervor. Die Aktionsformen dieses

---

[20] Vgl. http://www.aga-online.org/documents/attachments/aga_02.pdf

Vereins reichten von Mahnwachen, Protesten und Unterschriftensammlungen bis zur Organisation und Durchführung von Kunstausstellungen, Lesungen, Vorträgen, Workshops (unter anderem zu den Themen „Kinder und Genozid, Kinder im Genozid", „Das Unsagbare schreiben: Literatur über Völkermord", „Geschlecht, Gewalt, Genozid" sowie „Genozid und Migration"), Wochenendseminaren und Lernreisen, gern in Zusammenarbeit mit anderen Vereinen oder Einrichtungen wie der *Deutsch-Armenischen Gesellschaft*, dem Menschenrechtsverein *Akebi* e.V., der *Landeszentrale für Politische Bildung Berlin* sowie der *Stiftung Erinnerung, Verantwortung, Zukunft*.

Die Förderung durch die beiden letztgenannten Einrichtungen stellt ihrerseits eine Art Anerkennung unserer Leistungen in der politischen und menschenrechtlichen Bildungsarbeit dar. Dabei verschob sich im Verlauf der Jahre der Fokus immer mehr auf einen komparativen Blick auf die Völkermordbeispiele des 20. und 21. Jahrhunderts. Auf unserer suchbaren Webseite *www.aga-online.org* sind sowohl die Veranstaltungen, als auch zahlreiche Dokumente zur parlamentarischen „Anerkennung" dokumentiert.[21] Von besonderem Interesse für unsere NutzerInnen sind die Webseiten über die „Täterverehrung" in der heutigen Türkei und über die „verschwiegenen Helden" (rescuer) bei der zumindest versuchten Rettung osmanischer ChristInnen.[22]

Im April 2002 organisierte ich mit Hilfe von Lampros Savvidis einen internationalen Kongress an der Technischen Universität Berlin, der erstmals die ganze Dimension der nicht nur an Armeniern begangenen Verbrechen dokumentieren sollte. Die Konferenzbeiträge erschienen unter dem Titel „Verfolgung, Vertreibung und Vernichtung der Christen im Osmanischen Reich" in bisher zwei Auflagen (2004, 2007), denen 2013 die türkische Erstausgabe folgte. Aus der Konferenz ging das Netzwerk *Organisationskomitee „Mit einer Stimme sprechen!"* hervor, das ab 2003 mehrere Großdemonstrationen in Berlin durchführte und ab 2008 in Berlin-Charlottenburg nach einem Ort suchte, wo sich eine Gedenktafel oder ein Denkmal für die christlichen Opfer des osmanischen Genozids errichten ließ. Die Wahl fiel auf den Bezirk Charlottenburg, weil sich in ihm besonders zahlreiche Schnittstellen der osmanisch-türkisch-preußisch-deutsch-armenischen Geschichte nachweisen lassen.

---

[21] http://www.aga-online.org/event/index.php?locale=de; http://www.aga-online.org/documents/index.php?locale=de
[22] http://www.aga-online.org/worship/index.php?locale=de; http://www.aga-online.org/hero/index.php? locale=de

Die Suche nach dem geeigneten Trauer-, Mahn- und Lernort führte das *Organisationskomitee* schließlich auf den Evangelischen Luisenkirchhof III, wo es bereits ein armenisches Gräberfeld gibt. Dort allerdings sollte das Denkmal nicht stehen. Wir fanden eine weit prominentere Stelle am Ende der Sichtachse und im Zentrum der pompösen westlichen Erbbegräbniswand. Hier entstand 2013 – 2019 nach umfangreichen Restaurations- und Konservierungsarbeiten eine *„Ökumenische Gedenkstätte für Genozidopfer im Osmanischen Reich" (FÖGG)*, der bald eine Virtuelle Gedenkstätte (Virtual Genocide Memorial) folgen wird. Der 2012 begründete Förderverein FÖGG e.V. besitzt bereits seine eigene Webseite.[23] Der Kontrast zwischen dem Prunk, den einst die wohlhabenden Berliner noch nach ihrem Tod mit Marmorgrabmalen und Goldinschriften zur Schau stellten, und dem Elend der an die drei Millionen Christen, die im Osmanischen Reich und dem osmanisch besetzten Nordwest-Iran 1912 bis 1922 bei Massakern, Todesmärschen, Zwangsarbeit und dadurch ausgelösten Seuchen ums Leben kamen, ist gewollt. Cortenstahl und nüchterne Kalksteinplatten erinnern an den genozidalen Anlass und den Heimatverlust der Überlebenden.

Der ökumenische Ansatz, den Lampros und ich seit Beginn unserer Zusammenarbeit verfolgten, hat sich durchgesetzt und bewährt, denn Opfersolidarität statt Opferrivalität wird zunehmend als der richtige Weg erkannt.

Conclusio: Es gibt noch viel zu tun!

Fast fünfzig Jahre meines Lebens habe ich mich also mit dem osmanischen Völkermord auseinandergesetzt, als Wissenschaftlerin, Publizistin und zu einem hohen Grad auch als Menschenrechtlerin. Meiner akademischen Karriere war das alles andere als förderlich. Schnell galt man in der deutschen Academia des vorigen Jahrhunderts als Sonderling oder schlimmer noch als Fanatikerin, falls man sich bei einem politisch so strittigen Thema eindeutig positionierte. Auch aus diesem Grund musste ich die beiden Sphären meines Lebens – Brotberuf und Berufung – getrennt halten, was anstrengend bzw. oft eine Doppelbelastung war. Zwar habe ich unter Türken und vor allem unter Armeniern viele Freunde gefunden, aber ich wurde auch zur Zielscheibe von Anfeindungen. Von Türken wurde mir immer wieder unterstellt, dass ich mit meinen Publikationen und Aktivitäten nur von der ungeheuren deutschen Schuld des Holocaust ablenken wolle. Als Reaktion auf die Anerkennungsinitiative im Deutschen Bundestag startete Anfang 2001 in türkischen Medien

---

[23] http://www.genozid-gedenkstaette.de/ueberuns/index.php

eine Verleumdungskampagne gegen mich, in der mir unter anderem unterstellt wurde, Chefin des deutschen Geheimdienstes mit dem Spezialauftrag zu sein, in der Türkei interethnischen Hass zu schüren.

Anfang 2020 informierte mich „Google Alert" darüber, dass eine Neuauflage dieser Kampagne soeben angelaufen ist. Sie richtet sich gegen Taner Akçam und mich. Wir beide werden als Agenten des BND dargestellt. Auslöser für diese neuerliche Attacke dürften die Erfolge der französischen Ausgabe von Taners neuem Buch „Killing Orders" („Tötungsbefehle") zum Genozid an den Armeniern sein. Er hat damit in Frankreich viel positives Aufsehen erregt, im Unterschied zu Deutschland, wo bisher diese Neuerscheinung kaum zur Kenntnis genommen wurde.

Am Ende dieser langen Zeitspanne stellt sich natürlich auch die Frage, ob ich noch einmal dieselbe Themenwahl treffen würde, um dann den Großteil meines Lebens der Erinnerungsarbeit für ein inzwischen mehr als einhundert Jahre zurückliegendes Verbrechen zu widmen. Mein anhaltendes Interesse an den Kulturen Armeniens, Griechenlands und Irlands einschließlich der jeweiligen Verfolgungsgeschichte in diesen Ländern erfolgten zeitbedingt, wie wohl jede derartige Wahl. Mit einem Anteil von zwei Wochen bin ich noch ein Kind aus der ersten Hälfte jenes 20. Jahrhunderts, das man auch das Jahrhundert der Völkermorde genannt hat. Das traf besonders auf die beiden Weltkriege in der ersten Hälfte des 20. Jhs. zu, in denen erst das Osmanische Reich, dann das nationalsozialistische Deutschland und sein japanischer Verbündeter eine Serie von Völkermorden beging. Genozid ist das größte, das ultimate *atrocity crime*, das Menschen an Menschen begehen. Die Aufarbeitung der genozidalen Geschichte des 20. Jhs. erfolgte erst in der vermeintlich friedvolleren zweiten Hälfte.

Dass Deutschland gleich dreifach in das Völkermordgeschehen des 20. Jhs. involviert war – in „Deutsch-Südwest" (Namibia), im Osmanischen Reich sowie in Europa während des Zweiten Weltkrieges – war für mich als Deutsche ein zusätzlicher Antrieb, die vergessenen Verbrechen im Ersten Weltkrieg in Erinnerung zu rufen. Und nicht nur das: Es sollte den Nachfahren der Opfer die Genugtuung bereitet werden, dass der deutsche Gesetzgeber diese Verbrechen mit dem einzigen dafür infrage kommenden völkerrechtlichen Begriff qualifizierte, nämlich als Völkermord.

Für mich persönlich treten inzwischen die Verbrechen, die Menschen an Menschen begehen, quantitativ sowie qualitativ hinter die Verbrechen zurück, die die Menschheit an ihren tierischen Mitgeschöpfen und an der Umwelt begeht. Allein in Deutschland werden täglich 2 Milliarden (sic!) so genannte Nutztiere ermordet, oft unter grausamen, stets unter entwürdigenden Bedingungen (es gibt für „Nutztiere" kein würdevolles Ende). Jeder, der es wissen will, weiß ja, dass diese Mitgeschöpfe über dasselbe Nervensystem verfügen wie Menschen, und dass sie deshalb Schmerzen sowie Qualen ebenso stark empfinden wie wir.

Von ganzem Herzen wünsche ich den Greta Thunbergs dieser Welt, dass sie ihr Engagement mit starken Flügeln über die Jahrzehnte tragen möge, denn nur so, durch jahrzehntelange Beharrlichkeit, kann am Ende etwas bewirkt werden. Und: es wird am Ende immer sehr viel weniger als notwendig sein. Und: Bereits errungene Fortschritte sind nie dauerhaft gesichert.

In Deutschland hat es nur drei Monate gedauert, bis der Regierungssprecher die Anerkennungsresolution vom 2. Juni 2016 mit Rücksicht auf türkische Empfindlichkeiten in ihrer Bedeutung herunterredete. Alles, was an Handlungsanweisungen in dieser nichtlegislativen Resolution aufgeführt wurde, muss noch durchgesetzt werden: die Inklusion des osmanischen Genozids in den deutschen Schulunterricht über Völkermord ebenso wie die wissenschaftliche Aufarbeitung dieses Genozids in Deutschland. Bis heute wurde in Deutschland keine einzige geschichtswissenschaftliche Dissertation zu meinem Lebensthema verfasst. Und dennoch: Wenn ich heute mit mir Unbekannten ins Gespräch komme und erwähne, wofür ich mich interessiere und einsetze, stellte ich immer wieder fest, dass Armenien und der Genozid an den Armeniern nicht mehr unbekannt sind. Zahlreiche Vorträge, Ausstellungen, Kulturveranstaltungen, Medienberichte haben hier eine Informationslücke anscheinend dauerhaft geschlossen. Dass ich dazu einen Beitrag leisten konnte, erfüllt mich manchmal mit Freude.

Literatur

Aharonian Marcom, Micheline: Drei Äpfel fielen vom Himmel. Roman. München 2002

Akçam, Taner: Armenien und der Völkermord. Die Istanbuler Prozesse und die türkische Nationalbewegung. Hamburg 1996

Ders.: Tötungsbefehle. Talat Paschas Telegramme und der Völkermord an den Armeniern. Weilerswist-Metternich 2019

Altınay, Ayşe Gül; Çetin, Fethiye: The Grandchildren. The Hidden Legacy of "Lost" Armenians in Turkey. New Brunswick, London 2014

Akhanli, Doğan: Der Richter des Jüngsten Gerichts. Roman. Klagenfurt, Wien 2010

Altuğ, Barbaros: Sticht in meine Seele. Roman. Berlin 2020

Andreadis, Georgios: Tamama. Die Vermißte aus Pontos. Roman. Thessaloniki 1994

Arslan, Antonia: Das Haus der Lerchen. Roman. München 2005

Balakian, Grigoris: Armenian Golgotha. A Memoir of the Armenian Genocide 1915 – 1918. New York 2009

Balakian, Peter: Die Hunde vom Ararat. Eine armenische Kindheit in Amerika. Roman. Frankfurt am Main 2004

Bauer, Elisabeth: Armenien. Geschichte und Gegenwart. Luzern 1985

Baum, Wilhelm: Die christlichen Minderheiten der Türkei in den Pariser Friedensverhandlungen (1919 – 1923). Kemal Atatürk und der Genozid. Klagenfurt, Wien 2007

Bernstein, Eduard; Umfrid, Otto: Armenien, die Türkei und die Pflichten Europas. (Hg. Helmut Donat). Bremen 2005

Captanian, Pailadzo: 1915. Der Völkermord an den Armeniern. Eine Zeugin berichtet. (Hg. Pehlivanian, Meliné). Wiesbaden 2015

Çetin, Fethiye: Meine Großmutter. Erinnerungen. Engelschoff 2011

Charalambidis, Michalis: The Pontian Question in the United Nations. Thessaloniki 2004

Courtois, Sébastien de: The Forgotten Genocide: Eastern Christians, the Last Arameans. Piscataway, New Jersey 2004

Dabag, Mihran; Platt, Kristin (Hg.): Verlust und Vermächtnis. Überlebende des Genozids an den Armeniern erinnern sich. Paderborn 2015

Deranian, Hagop Martin: Präsident Calvin Coolidge und der Armenische Waisenteppich. Berlin 2014
Dink, Hrant: Von der Saat der Worte. (Hg. Günter Seufert). Berlin 2008
Donabedian, Patrik; Thierry, Jean Michel (Hg.): Armenische Kunst. Freiburg, Basel, Wien 1988
Drost-Abgarjan, Armenuhi; Jankofsky, Jürgen; Militonjan, Edward (Hg.): Eine Handvoll Asche. Texte armenischer Autoren. Oschersleben 2015
Drost-Abgarjan, Armenuhi; Goltz, Hermann (Hg.): Armenologie in Deutschland. Beiträge zum Ersten Deutschen Armenologen-Tag. Reihe: Studien zur orientalischen Kirchengeschichte, Band 35. Münster 2005
Fotiadis, Konstantinos Emm: Der Genozid an den Pontosgriechen. Thessaloniki 2015
Ficiciyan, Yetvart (Hg.): Der Völkermord an den Armeniern im Spiegel der deutschsprachigen Tagespresse 1912 – 1922. Bremen 2015
Ganjalyan, Tamara; Troebst, Stefan; Kovács, Bálint (Hg.): Armenier im östlichen Europa. Eine Anthologie. Köln 2018
Garden, Victor: Brunnen der Vergangenheit. Roman. Zürich 2016
Gaunt, David (Hg.): Massacres, Resistance, Protectors. Muslim-Christian Relations in Eastern Anatolia During World War I. Piscataway 2006
Gottschlich, Jürgen: Beihilfe zum Völkermord. Deutschlands Rolle bei der Vernichtung der Armenier. Berlin 2015
Gust, Wolfgang (Hg): Der Völkermord an den Armeniern 1915/16. Dokumente aus dem Politischen Archiv des deutschen Auswärtigen Amts. Springe 2005 – www.armenocide.net
Ders.: Der Völkermord an den Armeniern. Die Tragödie des ältesten Christenvolkes der Welt. München 1992
Hacikyan, Agop J.; Soucy, Jean-Yves: Jenseits der Morgenröte. Roman. München 1997
Halo, Thea: Not even my name. From a death march in Turkey to a home in America. A young girl's true story of genocide and survival. New York 2000
Hartwig, Thomas: Die Armenierin. Roman. München 2014
Heinemann, Mirko: Die letzten Byzantiner. Die Vertreibung der Griechen vom Schwarzen Meer. Eine Spurensuche. Berlin 2019
Hesemann, Michael: Völkermord an den Armeniern. Mit unveröffentlichten Dokumenten aus dem päpstlichen Geheimarchiv über das größte Verbrechen des Ersten Weltkriegs. München 2015

Hilsenrath, Edgar: Das Märchen vom letzten Gedanken. Roman. München 2011
Hofmann, Tessa: Der Völkermord an den Armeniern vor Gericht. Der Prozess Talaat Pascha. Göttingen 1985
Dies.: Annäherung an Armenien. Geschichte und Gegenwart. München 2006
Dies. (Hg.): Verfolgung, Vertreibung und Vernichtung der Christen im Osmanischen Reich 1912 – 1922. 2. Aufl. Münster u.a. 2007
Hofmann, Tessa; Koutcharian, Gerayer (Hg.): Todesvision. Eine Hommage an die ermordeten Dichter Armeniens (1915 – 1945). Bremen 2020
Hofmann, Tessa; Bjørnlund, Matthias; Meichanetsidis, Vasileios (Hg.): The Genocide of the Ottoman Greeks. Studies on the State-Sponsored Campaign of Extermination of the Christians of Asia Minor 1912 – 1922 and its Aftermath. History, Law, Memory. New York 2011
Hosfeld, Rolf: Operation Nemesis. Die Türkei, Deutschland und der Völkermord an den Armeniern. Köln 2005/2009
Ders. (Hg.): Johannes Lepsius. Eine deutsche Ausnahme. Der Völkermord an den Armeniern. Humanitarismus und Menschenrechte. Göttingen 2013
Ders.: Tod in der Wüste. Der Völkermord an den Armeniern. München 2015
Katschadurian, Stina: Efronia. Eine grenzenlose Liebe. Roman. Berlin 1996
Kévorkian, Raymond: The Armenian Genocide: A Complete History. London, New York 2011
Klan, Ulrich (Hg.): Armin T. Wegner. Ausgewählte Werke in Einzelbänden. Göttingen 2012
Klan, Ulrich; Kiwitt, Tobias (Hg.): Wer die Wahrheit spricht, muss immer ein gesatteltes Pferd bereithalten. Menschenrechtslesebuch. Wien 2010
Knocke, Roy; Treß, Werner (Hg.): Franz Werfel und der Genozid an den Armeniern. Berlin 2015
Künzler, Jakob: Im Land des Blutes und der Tränen. Erlebnisse in Mesopotamien während des Weltkrieges. (1914 – 1918). Zürich 1999
Laufenberg, Maria: Als der Kranich flog. Roman. München 1998
Lepsius, Johannes: Armenien und Europa. Eine Anklageschrift. Berlin 1897
Ders.: Der Todesgang des armenischen Volkes. Bericht über das Schicksal des armenischen Volkes in der Türkei während des Weltkrieges. Potsdam 1919
Mangelsen, Jochen: Ophelias lange Reise nach Berlin. Eine Familiensaga. Bremen 2001
Mangelsen, Jochen: Planet Armenien. Pilgern in unbekanntem Land. Eine Text-Collage. Frankfurt am Main 2012

Mardigian, Arshaluys: ... meine Seele stehen lassen, damit mein Körper weiterleben kann. Ein Zeitzeugenbericht vom Völkermord an den Armeniern 1915/16. Springe 2020

Markosjan-Kasper, Gohar: Penelope, die Listenreiche. Roman. Berlin 2002

Meier, Andreas (Hg.): Armin T. Wegner. Die Austreibung des armenischen Volkes in die Wüste. Göttingen 2011

Militonyan, Edward; Jankofsky, Jürgen (Hg.): Verleugnet – Vergessen. Texte schreibender Schüler aus Armenien und Deutschland. Erfurt 2014

Mirak-Weißbach, Muriel (Hg.): Wolfgang Gust – Festschrift zum 80. Geburtstag. Wiesbaden 2015

Dies.: Jenseits der Feuerwand. Armenien-Irak-Palästina. Vom Zorn zur Versöhnung. Berlin 2011

Morris, Benny; Ze'evi, Dror: The Thirty-Year Genocide: Turkey's Destruction of its Christian minorities 1894 – 1924. Cambridge, MA; London 2019

Museum Bochum und Institut für Armenische Studien (Hg.): Armenien. Wiederentdeckung einer alten Kulturlandschaft. Tübingen 1995

Nansen, Fridtjof: Betrogenes Volk. Eine Studienreise durch Georgien und Armenien als Oberkommissar des Völkerbundes. Leipzig 1928

Novello, Adriano Alpago (Hg.): Die Armenier. Brücke zwischen Abendland und Orient. Zürich 1986

Nawasardjan, Hermine; Kapojan, Tigran (Hg.): Die Erde spricht. Texte armenischer Autoren, Opfer des Genozids 1915. Jerewan 2015

Ordukhanyan, Azat: Armenier in Deutschland. Geschichte und Gegenwart. Erfurt 2009

Petrossian, Gurgen: Staatenverantwortlichkeit für Völkermord. Unter besonderer Berücksichtigung der Ereignisse der Jahre 1915 – 1923 im Hinblick auf die armenisch-türkischen Beziehungen. Berlin 2019

Poladjan, Katharina: Hier sind Löwen. Roman. Frankfurt am Main 2019

Richter, Manfred (Hg.): Armenisches Berg-Karabach/Arzach im Überlebenskampf. Christliche Kunst, Kultur, Geschichte. Berlin 1993

Rieck, Heide; Mrktchian, Agapi (Hg.): Parujr Sewak. Und sticht in meine Seele. 24 und 4 Gedichte. Berlin 2015

Sakayan, Dora (Hg.): Smyrna 1922. Das Tagebuch des Arztes Garabed Hatscherian. Klagenfurt 2006

Sargsyan, Ofelya: Pleading for Armenia's Accession to the European Union. Rangendingen 2014

Selek, Pinar: Weil sie Armenier sind. Essay. Berlin 2017
Seyda, Demirdirek; Guttstadt, Corry (Hg.): Die auf den Weg ohne Heimkehr getrieben wurden. Lebenswege und Todeswege von Armeniern in literarischen Quellen. Hamburg 2013
Seyffarth, Kai: Entscheidung in Aleppo. Walter Rößler 1871 – 1929. Helfer der verfolgten Armenier. Bremen 2015
Shafak, Elif: Der Bastard von Istanbul. Roman. Zürich-Berlin 2015
Shirinian, George N. (Hg.): Genocide in the Ottoman Empire. Armenians, Assyrians and Greeks 1913 – 1923. New York 2016
Surmelian, Leon: Armenische Märchen und Volkserzählungen. Leipzig 1991
Strzygowski, Josef: Die Baukunst der Armenier und Europa. Ergebnisse einer vom Kunsthistorischen Institute der Universität Wien 1913 durchgeführten Forschungsreise. Wien 1918
Svazlian, Verjiné: The Armenian Genocide and the People's Historical Memory. Jerewan 2005
Ternon, Ives: Tabu Armenien. Geschichte eines Völkermordes. Berlin 1981
Thelen, Sibylle: Die Armenierfrage in der Türkei. Berlin 2015
Thoumassian, Rafaela: Werwolf oder Taube. Roman. BoD 2015
Travis, Hannibal (Hg.): The Assyrian Genocide: Cultural and Political Legacies. New York 2018
Tschiftdschjan, Ischchan (Hg.): Stimmen aus Deutschland. Antworten, Aufsätze, Essays, Reden, armenische Augenzeugenberichte. Antelias 2004
Venesis, Elias: Nr. 31328. Leidensweg in Anatolien. Mainz 1969
Verneuil, Henri: Meine Mutter Mairig. Erinnerungen an meine Kindheit und an meine Familie, die allen Schwierigkeiten des Lebens in der Fremde standhielt. Roman. Bern, München, Wien 1988
Vierbücher, Heinrich: Was die kaiserliche Regierung den deutschen Untertanen verschwiegen hat. Armenien 1915. Die Abschlachtung eines Kulturvolkes durch die Türken. Bremen 2004
Voss, Huberta von (Hg.): Porträt einer Hoffnung. Die Armenier. Lebensbilder aus aller Welt. Berlin 2004
Vosganian, Varujan: Das Buch des Flüsterns. Roman. Wien 2013
Wegner, Armin T.: Am Kreuzweg der Welten. Berlin 1982
Werfel, Franz: Die vierzig Tage des Musa Dagh. Roman. Frankfurt am Main 1933/1990

Yacoub, Josef: Year of the Sword. The Assyrian Genocide. A History. Oxford 2016
Yalçın, Kemal: Die anvertraute Mitgift. Vertriebenenschicksale diesseits und jenseits der Ägäis. Roman. Wasserberg 2001
Ders.: Mit dir lacht mein Herz. Roman. Wasserberg 2002
Yonan, Gabriele: Ein vergessener Holocaust. Die Vernichtung der christlichen Assyrer in der Türkei. Göttingen, 2. Auflage 2006

Filme und andere Medien

Webseiten

www.houshamadyan.org

www.genocide-museum.am

www.gomidas.org

www.virtual-genocide-memorial.de

www.armenocide.net

www.seyfocenter.com

www.assyrianpolicyconference.org

Filme

Aghet – Ein Völkermord. Regie: Eric Friedler, Deutschland, 2010

Ararat, Regie: Der kanadisch-armenische Filmregisseur Aton Egoyan, 2002

Das Haus der Lerchen, Regie: Paolo Taviani, Italien 2007

Die Farbe des Granatapfels, Regie: Sergej Paradschanov, Armenien 1968

The Cut, Regie: Fathi Akin, Deutschland 2014

The Promise – Die Erinnerung bleibt, Regie: Terry George, USA 2017

Mayrig – Heimat in der Fremde, Regie: Henri Verneuil, Frankreich 1991

Mayrig – Die Straße zum Paradies, Regie: Henri Verneuil, Frankreich, 1992

Seyfo – A Documentary on the Assyrian genocide of 1915 (mit Untertiteln)

Zimt und Koriander, Regie: Tassos Boulmetis, Griechenland 2003

Hörbücher

Klan Ulrich (Musik): Oratorium für Hrant Dink: Wie eine taube/bir güvercin gibi /aghavni ne neman. für Sprecher/in, Chor, Orchester, Duduk, Saz, Violine, Violoncello, Klavier, Percussion. Texte: Hrant und Rakel Dink, Djallaludin Rumi, Armin T. Wegner, Bert Brecht, Else Lasker-Schüler. Live-DVD, Wuppertal, 2011

Klan, Ulrich (Hg), Armin T. Wegner: Bildnis einer Stimme/Görünen Ses/Patker mezaini, Hör- und Lesebuch mit internationalen Vertonungen, Göttingen, 2008

Autoren- und Autorinnenverzeichnis

Altounian, Janine
wurde 1934 in Paris als Tochter von Überlebenden des Völkermordes an den Armeniern geboren. Sie arbeitet als Essayistin und Übersetzerin und befasst sich seit über vierzig Jahren mit den psychischen Folgen des Völkermordes für die Überlebenden. Sie gehört zu dem Team, das Freuds Gesamtwerk ins Französische übersetzt hat.

Altuğ, Barbaros
arbeitete als Journalist für türkische Zeitungen, unter anderem als Kolumnist für Ahmet Altans Tageszeitung *Taraf*, und war Herausgeber der Anthologie *Istanbul of Writers*. Sein erster Roman aus dem Jahr 2014 erschien 2017 auf Deutsch: *Es geht uns hier gut*. Sein von der Hrant-Dink-Stiftung durch ein Reisestipendium geförderter Roman über den Völkermord an den Armeniern wurde 2020 in Deutschland veröffentlicht: *Sticht in meine Seele*. Für 2021 ist die Erscheinung seines dritten Romans *Ausländer* geplant.

Bakircian-Dolas, Lusin-Arshaluys
geb. 1968 unter dem Namen Necla Bakirci in Ceylanpinar, Türkei, als sechstes von 13 Kindern. In Gümüssu Isletmesi die Volksschule besucht. Versteckt als armenische Minderheit gelebt. 1986 Heirat mit einem Armenier in Deutschland. Sie ließ ihren Namen ändern, nahm den Vornamen der Großmutter väterlicherseits an und lernte eigenständig Deutsch. 1996 Gründung einer eigenen Firma. Teilnahme an einem Sprachkurs der armenischen Gemeinde Köln. Bis heute ist sie auf der Suche nach Mitgliedern der Familie, die während des Genozids getrennt wurde.

BarAbraham, Abdulmesih
seit 1967 in Deutschland, hat einen Diplomabschluss in Ingenieurwissenschaften von der Universität Erlangen/Nürnberg und hat zahlreiche Artikel zu Themen mit Bezug auf assyrische Geschichte, Diaspora und Menschenrechte publiziert. U. a. ist er Autor von "Turkey's Key Arguments in Denying the Assyrian Genocide" in David Gaunt et al. (Hg.), Let Them Not Return (New York: Berghahn Books, 2017). Er ist auch Vorsitzender des Kuratoriums der Stiftungen Yoken-bar-Yoken und Mor Afrem.

Beledian, Krikor
geb. in Beirut 1945, seit 1967 in Frankreich lebend, ist mit seinem Œuvre in den Bereichen Lyrik, Essayistik, Erzählungen einer der Hauptvertreter der modernen armenischen Literatur, auf die er einen kaum zu unterschätzenden Einfluss ausgeübt hat. Einige seiner zahlreichen Werke sind in französischer Übersetzung bei *Parenthèses* und *Garnier,* zwei weitere, in französischer Sprache geschriebene, 1994 bei *Brepols* ("Les Arméniens") und 2001 bei *CNRS Éditions* („Cinquante ans de littérature arménienne en France: Du Même a l'autre") erschienen.

Christoforidis, Efstathios; alias Sarpoglis
1905 in Kounaka, Trabzon (heute Bağişli) geboren, ließ sich nach dem Völkermord an den Pontosgriechen und nach dem türkisch-griechischen Bevölkerungsaustausch (laut dem Vertrag von Lausanne 1923) in Xirolimni, Kozani in Griechenland nieder und lebte dort bis zu seinem Tod 1984.

Chopourian, G. H.
ist der Neffe eines Überlebenden des Völkermordes an den Armeniern, der mit zehn Jahren seinen Onkel in Kanada interviewt hat und später aus den Notizen einen Roman verfasste. Lore Ajemian-Schäfer übertrug diesen aus dem Englischen ins Deutsche.

Claude, Catherine
Ich wurde 1960 in Paris geboren. Mein armenischer Großvater wurde 1904 in Konstantinopel geboren. Ich arbeite als Gerichtsschreiberin am Gericht von Paris.

Ermazyan, Aleksan Louis
geb. 1955 in Jerewan, Armenien. Dort 1972 Abitur, studiert von 1974 – 1979 Maschinenbau an der Polytechnischen Hochschule Jerewan. Bis 1991 Arbeit als Diplom-Ingenieur. Danach selbstständig. Von 1994 – 2009 Arbeit in der Stadtverwaltung Jerewan. Verheiratet, hat 2 Söhne, 2 Enkelinnen.

Ertem, Ali
geb. in Göllü, Türkei. Nach achtjähriger Schulbildung folgte er 1961 dem Aufruf eines Ruhrkohle-Unternehmens nach Deutschland, um sich dort zum Elektro-Ingenieur weiterzubilden. An der Ruhr-Universität Bochum erfuhr er von dem jungtürkischen Genozid an den Armeniern, Griechen und Assyrern 1915 – 1918. Jahrzehntelange Auseinandersetzung mit dem dunkelsten Kapitel seines Heimatlandes. Mit dem Entschluss, gegen Verleumdung und Hass für Versöhnung durch die Anerkennung dieses Genozids zu kämpfen, gründete er am 26.09.1998 den *Verein der Völkermordgegner e. V.*, türkisch: „Soykırım Karşıtları Derneği (SKD)" in Frankfurt am Main.

Gantralyan, Stepan
1963 in Jerewan geboren, ist Schauspieler, Regisseur, Liedermacher und Autor. Das wichtigste Thema seines künstlerischen Schaffens ist der *Völkermord an den Armeniern*: u. a. Dramatisierung „Das Märchen vom letzten Gedanken" nach Edgar Hilsenrath (2006/07, Berlin/Jerewan), Performance „Nicht ich bin der Mörder – Der Prozess Talat Pascha" (2010/12, Berlin, Köln, Hannover). Gantralyan vertont Gedichte, schreibt Lieder und singt Lieder in mehr als zehn Sprachen. Er hat Auftritte auf vielen, auch internationalen Festivals. Zuletzt in Torfu, Estland.

Gasparyan, Karen
geboren in Jerewan, Armenien. Studierte Mathematik und Wirtschaftswissenschaften. Interessiert sich für Geschichte und Philosophie. Spricht 4 Sprachen. Wohnt in Wien.

Gyulasaryan, Hrant
geb. 1937 in Kuris, Bezirk Meghri, Südarmenien. Abitur. 1956 – 1959 Militärdienst in der Sowjetarmee. 1965 – 1967 Journalist bei der Regionalzeitung „Arax" in Meghri. Studium an der Pädagogischen Hochschule Jerewan. 1967 – 1972 Leiter des Kulturpalastes von Agarak. 1972 – 1979 Redakteur beim Verlag „Sowjetischer Schriftsteller", Jerewan, beim Staatlichen Radio-und Fernsehamt. Leiter des Verlages „Neues Jahrhundert" vom Verband Armenischer Schriftsteller. 26 Bücher verfasst. Mehrfach ausgezeichnet, u.a. mit der Goldenen Medaille des Kultusministeriums der Republik Armenien. Seit 2013 lebt er bei seinem Sohn Hrayr in Oberhausen.

Güleryüz, Sevgi
ist in der Provinz Sivas/Çepni geboren. Als Mitglied einer Gastarbeiterfamilie kam sie mit elf Jahren 1980 nach Deutschland. Nach dem Abitur hat sie das Studium Germanistik und Romanistik an der Ruhr-Universität Bochum mit dem Abschluss Magister absolviert. Sie ist Lehrerin und lebt in Dortmund.

Hofmann, Tessa
ist Philologin (Armenistik, Slawistik) und Soziologin. Sie publizierte zahlreiche Bücher zur Geschichte, Kultur und Gegenwartslage Armeniens, zur Genozidforschung sowie zu Minderheiten in der Türkei. Hofmann engagiert sich menschenrechtlich und erinnerungspolitisch, u.a. als Ehrenmitglied der *Gesellschaft für bedrohte Völker* und als Vorsitzende der *Arbeitsgruppe Anerkennung – Gegen Genozid, für Völkerverständigung e.V.* Sie ist wissenschaftliche Redakteurin der Website *Virtual Genocide Memorial*.

Hosvepyan, Taguhi
ich bin 1986 in Jerewan geboren, wo ich Programmieren lernte. Seit 2011 in Deutschland, studiere ich an der Ruhr-Universität Bochum Angewandte Informatik. Meine Familienwurzeln von der mütterlichen und väterlichen Seite stammen aus West-Armenien (heute Ost-Türkei). Wegen des Genozids an den Armeniern mussten meine Großeltern aus ihrer Heimat fliehen.

Kasapidou-Dick, Anastasia
wurde in Griechenland als viertes Kind von Überlebenden des Völkermordes an Pontosgriechen geboren. Nach dem Abitur 1969 kam sie als Gastarbeiterin nach Deutschland, zunächst nach Hilkerode (Südniedersachsen). Seit 1970 lebt sie in München, wo sie sich in pontosgriechischen Vereinen engagiert. Seit 1979 setzt sie sich auch aktiv für Menschenrechte ein. Sie ist Koordinatorin des Genozid-Ausschusses des pontosgriechischen Dachverbandes OSEPE.

Knocke, Roy
ist stellvertretender Direktor des Lepsiushauses Potsdam und Lehrbeauftragter an der Universität Potsdam. Zu seinen Forschungsschwerpunkten gehören die vergleichende Genozid-Forschung und die Geschichte des Humanitarismus im 19. Jahrhundert. Er wurde mit einer Arbeit zu moralischen und sozialphilosophischen Aspekten von Genoziden promoviert. Als Mitherausgeber und Autor veröffentlichte er Bücher und Aufsätze über Franz Werfel und den Genozid an den Armeniern sowie über die Ursprünge, Erscheinungsformen und Nachwirkungen vernichtender Gewalt im 20. Jahrhundert.

Martirosyan, Hasmik
geb. 1995 in Jerewan. 2012 – 2018 Bachelor in Englisch u. Deutsch an der Brusov Staatsuniversität Jerewan. Seit 2015 angestellt am Armenischen Genozid-Museum als Guide für Englisch und Deutsch. Zwischen 2018 und 2019 Teilnahme in Jerewan, Toronto und Seoul an diversen Studienprogrammen zum Thema Genozid und Menschenrechte. Doktorandin am Armenischen Genozid-Museumsinstitut mit dem Thema: „Erinnerung an den Genozid an den Armeniern in Deutschland. Wissensstand, Entwicklung, gegenwärtige Situation 1975 – 2016"

Mirak-Weißbach, Muriel
wurde in Amerika als Tochter zweier Überlebender des Genozids an den Armeniern geboren. Sie hat 15 Jahre lang in Italien gelebt und mehrere Jahre als Dozentin an der staatlichen Universität in Mailand unterrichtet. Seit den 80er Jahren hat sie sich als politische Journalistin auf den Nahen Osten spezialisiert. Aus dieser Arbeit sind drei Bücher entstanden. Sie ist seit 2012 Korrespondentin des Armenian Mirror-Spectators. In Vorbereitung ist ein Buch über Liman von Sanders und die Armenier.

Ordukhanyan, Azat
geb. in Jerewan, Armenien. Studium in Jerewan: Geschichte, Geographie, Pädagogik, Theologie. Seit 1993 in Deutschland. Studium an der Ruhr-Universität Bochum: Osteuropäische Geschichte. Archiv- und Forschungsarbeiten in Deutschland, Österreich, Frankreich, Russland u. Armenien. Journalist für armenische Zeitungen und Zeitschriften in der Diaspora u. in Armenien. Seit 2001 erster Vorsitzender: *Armenisch-Akademischer Verein 1860 e.V.* mit dem Sitz in Bochum. 2009 – 2014 erster Vorsitzender: *Zentralrat der Armenier in Deutschland.*

Rieck, Heide
geb. 1941 in Stettin, heute Szczecin, Polen. 1944 – 1945 Flucht nach Krefeld. Dort erste Gedichte. Pädagogik u. Schauspiel in Köln studiert. Jahrzehnte gelehrt an Volks- u. Grundschulen an der Ruhr, auch in Frankreich. 70 Theaterstücke mit Schülern entwickelt. Ab 1999 frei schreibend: Lyrik, Prosa. Publizierte in Zeitschriften, Anthologien. Vierzehn Bücher u.a. zum Thema *Holocaust*. Lesereise in sieben Länder Ost- und Westeuropas, Mexiko und Südkorea. Seit 2013 Engagement: *Armenien und der Genozid.*

Stamboltsyan, Saruhi
geb. 1964 in Baku, ist Konzertpianistin und Kammermusikerin. Ihr Studium absolvierte sie an den Musikhochschulen in Jerewan und in Hannover. Als Solistin und Mitglied des Neuberin Trios und des Calliope Duos führt sie eine rege Konzerttätigkeit im In- und Ausland. Sie ist Gründerin u. künstlerische Leiterin der Calliope Kammermusikreihe u. Geschäftsführerin des Vereins „Kammer-Musik-Welten". Sie unterrichtet auch im Fach Klavier am Robert-Schumann-Konservatorium Zwickau und an der Musikschule Vogtland.

Toghanyan, Arman
geb. 1997 in Jerewan, Armenien. 2011 Abitur, studiert 2014 – 2019 am Studienkolleg und an der Hochschule für Landwirtschaft: Agrarwirtschaft, Buchhaltung, Audit, Ökonomie mit dem Abschluss Bachelor. 2016 – 2018 Militärdienst in Armenien. Seit 2019 Student am Moskauer Institut für Ingenieurphysik (MEPhI). Mehrere wissenschaftliche Publikationen.

Tumak, Jaklin
Mein Vater ist 1961 aus Istanbul/Üsküdar nach Berlin immigriert. 1964 haben meine Eltern geheiratet. Ich bin 1971 in Berlin geboren, habe noch einen älteren Bruder. In Berlin habe ich Jura studiert. 2001 bin ich mit meinem Mann und meiner Tochter nach Königswinter gezogen. Habe 2004 zwei weitere Töchter (Zwillinge) bekommen und bin heute selbstständig als Immobilienverwalterin tätig.